# Direito e Economia

## para melhores decisões da Administração Pública

Marcelo Bonelli

# Direito e Economia

## para melhores decisões da Administração Pública

2025

EDITORA JusPODIVM
www.editorajuspodivm.com.br

EDITORA
JusPODIVM
www.editorajuspodivm.com.br

Rua Canuto Saraiva, 131 – Mooca – CEP: 03113-010 – São Paulo – São Paulo
Tel: (11) 3582.5757
Contato: www.editorajuspodivm.com.br/central-de-relacionamento

**Copyright:** Edições *Jus*PODIVM

**Diagramação:** Equipe *Jus*PODIVM

**Capa:** Fabio Cardoso Giglio

B712d Bonelli, Marcelo
Direito e Economia para melhores decisões da Administração Pública / Marcelo Bonelli. - São Paulo: Editora JusPodivm, 2025.

352 p.

Inclui Bibliografia
ISBN: 978-85-442-4984-0

1. Administração Geral e Pública. 2. Auditoria e AFO. I. Bonelli, Marcelo. II. Título.

CDD 350

Bibliotecária responsável:
Ana Carolina Ribeiro Mois – CRB7 – RJ 007348/0



**1.ª ed.,** *2.ª tir.:* nov./2024.

Para Luíza e Gabriela,
por tanto amor e por serem a razão pela qual
todas as manhãs acordo, abro os olhos
e permaneço sonhando.

"The difficulty lies, not in the new ideas, but in escaping the old ones, which ramify, for those brought up as most of us have been, into every corner of our minds".

John Keynes.

A Teoria Geral do Emprego, do Juro e da Moeda.

"Em certo aspecto, o ser humano é o que há de mais aparentado a nós, na medida em que nos cabe fazer o bem aos demais indivíduos humanos e suportá-los; em outro, na medida em que algumas pessoas se opõem às minhas ações, o ser humano torna-se para mim uma entre aquelas coisas que me são indiferentes, não menos que o sol, o vento, o animal selvagem. Em decorrência disso, podem tolher minha ação, mas não são obstáculos para meus impulsos e disposições, porquanto meus atos estão na esfera de minha escolha, podendo eu superar o fato de ser tolhido. Com efeito, a inteligência, a fim de rumar para sua meta, converte todo tolhimento à sua atividade em um auxílio, resultando que a barreira se torna promotora da ação; e aquilo que é barreira na estrada nos auxilia nessa estrada".

Marco Aurélio. Meditações.

"Chaos is a ladder".

Petyr Baelish (Littlefinger). Game Of Thrones.

# PREFÁCIO

Recebi com imensa satisfação a tarefa de prefaciar o livro de Marcelo Bonelli, meu aluno e orientando no Programa de Pós-Graduação em Direito da UFRN. O trabalho que o leitor agora tem em mãos é o produto final de sua dissertação de mestrado que foi aprovada perante banca examinadora com nota máxima. Há nela uma proposta bastante inovadora e interessante que passo agora a expor ao leitor na esperança de ir introduzindo-o nessa nova e necessária relação entre o Estado e a nossa sociedade.

Ao longo da história do homem foram poucos os fenômenos socioeconômicos que impactaram profundamente o nosso modo de vida. No passado o processo de divisão do trabalho nas sociedades primitivas, a era das grandes navegações nas sociedades europeias mercantilistas e a Revolução Industrial surgida na Inglaterra durante a era moderna mudaram profundamente a forma como o homem se relaciona com seus semelhantes no meio social.

Agora, o fenômeno da globalização tem marcado mais uma profunda mudança no estilo de vida das pessoas em todos os recantos do mundo. As informações, antes restritas aos ambientes internos de cada país, agora chegam a todos os recantos do globo de forma quase que instantânea. Informações acerca da disparidade de desenvolvimento entre as diversas nações ficam patentes nesse contexto. É natural que com isso as pessoas comecem a questionar seus governantes sobre o porquê dessas diferenças de desenvolvimento entre seus países.

A verdade é que com isso nunca antes os Estados foram tão demandados no que concerne à melhoria da qualidade de vida das pessoas que estão sob os efeitos de sua soberania. Aliás, isso fica claro já na nossa Constituição Federal quando, em seu Artigo 3º, II, estabelece como função básica do nosso Estado "garantir o desenvolvimento nacional".

Não estamos aqui falando de um processo simples. A tarefa delegada ao Estado brasileiro (nas suas três órbitas de governo) na verdade é hercúlea. Isso envolve a garantia da educação de qualidade para todos, de saúde integral, assistência social, moradia, emprego, renda, transporte público, melhoria contínua dos índices sociais dentre inúmeros outros.

Não é de fato uma tarefa simples. Existe aí uma palavra de ordem que deve nortear as ações do Estado nesse novo contexto de mundo globalizado: eficiência! Se, como diria Seabra Fagundes, "o Estado é um escravo da Lei" e "administrar é aplicar a lei de ofício", é intuitivo que a interpretação desta lei por parte desse Estado deva pautar-se também pelo princípio da eficiência. A melhor forma de guiar a interpretação da lei e consequentemente a gestão do Estado por esse princípio, não resta dúvida, é por meio da Análise Econômica do Direito, afinal a globalização é, antes de tudo, um fenômeno econômico, e eficiência é o objetivo maior da economia. Em linha com o que estamos falando, note que os vários prêmios nobeis que saíram nos últimos anos foram exatamente para essa relação entre o Direito e a Economia, citando apenas alguns: Robert Altman e John Nash (1994), Jean Tirole (2014), e Ronald Coase (1991).

Como advogado da Administração Pública Federal que é, Marcelo Bonelli, neste trabalho, captou exatamente essa necessidade, e expõe ao longo do texto os vários mecanismos que podem e devem ajudar a Administração Pública brasileira a gerir de forma mais eficiente suas decisoes a partir da aplicação da lei.

Observe que, com enfoque especial para as agências reguladoras, busca-se aqui trazer a Administração Pública para mais perto da dinâmica economia globalizada, extraído o máximo de eficiência do Poder Público em benefício do cidadão. Tudo isso para que seja alcançado o objetivo maior de nossa Carta, que é o desenvolvimento social e econômico do país. Ao longo do texto há uma ampla e atualizada doutrina e jurisprudência que vão deixar o leitor atualizado no que há de mais moderno sobre a temática.

É leitura obrigatória para todos aqueles que lidam de alguma forma com a gestão pública e, sobretudo, aqueles que querem se inteirar dessa nova relação entre o Estado e a sociedade globalizada que nós temos. Desejamos que você, caro leitor, tenha uma excelente leitura e que, principalmente, consiga extrair daí uma nova visão crítica e construtiva do tema. Boa leitura!

**Otacilio dos Santos Silveira Neto**

Professor de Direito Econômico da UFRN.

Doutor em Direito pela Universidade de Zaragoza/Espanha.

# SUMÁRIO

## Capítulo 4

# INTRODUÇÃO

**O que faz uma decisão ser melhor que outra? E qual a necessidade de nos preocuparmos em produzir melhores decisões para a Administração Pública e o Direito Público de uma forma geral?** Essas duas perguntas representam a mola mestra que conduz o caminho percorrido neste livro. Querer "melhores decisões" é algo que parece natural e inerente a todos que são responsáveis por decidir, seja ao reagir a problemas administrativos que reclamam algum tipo de definição, seja ao imaginar uma ação inicial de planejamento, voltada a concretizar futuramente algum objetivo ou direito público tutelado pelo ordenamento jurídico (e, potencialmente, criar outros problemas, que demandarão outras decisões *et cetera et cetera*...). Optar deliberadamente por **piores decisões** ou não se importar com a produção de decisões ruins é algo que cada vez mais costuma gerar reações fortes e duras por parte das instituições responsáveis pela ordem e a manutenção da sociedade.

Para tentar responder a essas duas perguntas fundamentais e várias outras que decorrem delas, apresento já no começo do título do presente livro o indicativo de proposta, caminho e clarividência: Direito e Economia. O Direito e a Economia, entendidos separadamente, comportam duas das principais linhas de pensamento sobre a ação humana em sociedade. Tomados em conjunto e em interação, "Direito e Economia" dão vida a uma expressão que traz novos contornos para a compreensão da realidade e o enfrentamento de problemas sociais.

**Economia**, **Direito e Economia** e **Direito** são início, meio e fim para a construção de melhores decisões da Administração Pública para a sociedade. Nesse contexto, o próprio trilhar de investigação contido no sumário já nos indica isso, começando com a apresentação das noções conceituais econômicas fundamentais, evoluindo para todo um universo trazido pelo movimento teórico do Direito e Economia, até o momento em que se revisita o Direito e se apresentam as novas propostas voltadas a ofertar soluções jurídicas para velhos e novos problemas que reclamam por um agir estatal.

Sem a pretensão de esgotar todas as camadas possíveis de reflexões que podem derivar dos universos do Direito e da Economia, o estudo busca mostrar como a consideração da variável juseconômica tem o potencial de aprimorar tomadas de decisão pela Administração.

Voltando ao **primeiro questionamento**, é possível se entender uma decisão como melhor que outra quando ela consegue concretizar mais direitos, economizar mais recursos, gerar mais riquezas, resolver problemas de forma mais célere ou alcançar maiores níveis de estabilização e segurança. Isso, obviamente, numa lógica comparativa, ao se imaginar decisões que fazem as mesmas coisas, só que de modo mais modesto, vagaroso, medíocre ou insuficiente para atender as expectativas existentes. A lógica comparativa, por uma questão de justiça e pertinência com a realidade, deve sempre considerar a possibilidade de variação dos contextos e circunstâncias que influem decisivamente na eficiente promoção das coisas planejadas e esperadas na tomada de decisão. De todo modo, eleger uma decisão como *standard* ou parâmetro de julgamento para outras tomadas de decisão apresenta-se como natural num contexto de experiência humana evolutiva, em que se busca aperfeiçoar e corrigir ações humanas.

A questão se torna ainda mais sensível ao se perceber que muitas das decisões que posteriormente são consideradas piores que outras foram, muitas vezes, tomadas com o mesmo aparato e as mesmas boas intenções que motivaram as melhores decisões: os objetivos constitucionais eram semelhantes, as circunstâncias, potencialidades e limitações, muito próximas; os valores, igualmente tutelados pelo ordenamento, e os fins, reconhecidos pelo sistema jurídico. Para a presente pesquisa, o divisor entre melhores e piores decisões administrativas é a compreensão dos fundamentos e demandas juseconômicas presentes nas questões sociais postas à definição.

Na proposta teórica aqui desenhada, o movimento Direito e Economia se mostra apto a ser o alicerce teórico capaz de acolher propostas jurídicas preocupadas com as consequências das decisões – teorias do Direito voltadas a valorizar a experiência dos órgãos especializados e preocupadas com a promoção das melhores decisões possíveis para as questões apresentadas. Como instrumentos, Direito e Economia buscam espaços adequados de funcionamento e utilidade para melhor servir aos que são investidos na missão de resolver problemas de caráter público. Como se percebe, esses dois ramos de conhecimento não são antagônicos por natureza. Isso, todavia, não exclui cenários de tensionamento, ruídos e ruptura de comunicação entre eles. Aproximar Direito e Economia, de modo a se compreender melhor suas respectivas potencialidades criativas, é, nessa perspectiva, útil e necessário, especialmente em questões difíceis e complexas e diante de uma realidade de escassos e desiguais recursos disponíveis em sociedade.

Dentro dessa visão, são considerados os fundamentos econômicos que permeiam os institutos socialmente reconhecidos e tutelados pelo Direito. Essas variáveis econômicas são aqui compreendidas como regras básicas externas ao Direito, destinadas a fundar e dar razão aos desenhos dos institutos jurídicos que atuam na geração de riquezas, garantem a identidade e autonomia dos indivíduos, promovem uma coexistência pacífica em cenários de divergência e segurança e estabilidade nas relações sociais. Decisões administrativas devem atentar ao contexto econômico em que estão inseridas, de modo a gerar reações estatais compatíveis com a realidade regrada – a atual e a futura –, parcialmente modificada pelo atuar administrativo. A reação estatal a problemas sociais deverá considerar, inclusive, quando premissas econômicas sejam debatidas na formulação de políticas públicas, dada a multiplicidade de perspectivas da Economia (neoclassicismo, escolha pública, institucionalismo...) e a influência dessas abordagens no desenho e na interpretação do ordenamento jurídico posto.

De todo modo, o fenômeno jurídico não se resume ou não deve resumir-se à consideração dos elementos econômicos, justamente por ter regras próprias de funcionamento e objetivos que não se resumem à eficiência. O sistema jurídico deve se abrir à comunicação com o sistema econômico, sem que isso signifique renúncia à sua funcionalidade interna, que é guiada pela lógica jurídica. Problemas começam a surgir, todavia, quando a busca pela autoridade e higidez do sistema jurídico se dá com o sacrifício à realidade econômica institucionalmente estabelecida. A falta de comunicação sistêmica do Direito com a Economia não costuma ser muito duradoura, já que a realidade se impõe, tornando o sistema jurídico inoperante, ineficaz e, finalmente, fragilizado. E poucas coisas são mais graves para o Direito Público que a sua irrelevância ou disfuncionalidade frente aos eventos econômicos por ele regulados.

Diante desse cenário, a definição dos limites jurídicos e econômicos para a solução de problemas de caráter público que clamam por respostas da Administração Pública demanda do jurista a compreensão de um dado fundamental: a realidade é pluridimensional. Para o presente trabalho, a pluridimensionalidade da realidade é premissa de extrema grandeza. Dessa forma, o recorte da investigação recairá sobre as influências jurídicas e econômicas nas questões de direito público, sem prejuízo de considerações pontuais próprias de outras ciências sociais, como a política.

Numa realidade pluridimensional, Direito e Economia são a aposta para melhores decisões administrativas, conforme será demonstrado nos capítulos seguintes, fornecendo novas camadas de resposta ao primeiro questionamento que inicia essa introdução. Quanto à necessidade de nos preocuparmos com melhores decisões para a Administração Pública, o **segundo questionamento** apresentado, cabem algumas considerações.

Com mais de 30 anos de promulgação, os mandamentos e objetivos de edificação de uma sociedade justa, inclusiva, livre e próspera, previstos na Constituição Federal de 1988, permanecem distantes. A leitura do texto constitucional não deixa dúvidas: os constituintes de 88, nossos "pais fundadores", foram caprichosos e não pecaram pela omissão. Os compromissos do Estado brasileiro com o seu povo alcançam ampla gama de direitos prestacionais, como direito à saúde, educação, moradia, lazer, segurança, trabalho, previdência e assistência social, dentre outros. Infelizmente, todo o esforço despendido na feitura do texto constitucional em plasmar textualmente o ideário de promoção de uma sociedade realizada e protegida não se reflete na realidade, permanecendo o descompasso entre o "ser" e o "dever ser", entre o que se imaginava para a população brasileira e o que ela vive.

Por se tratar de uma Constituição claramente principiológica e dirigente, os direitos constitucionalmente estabelecidos são dotados de considerável abstração. Para que passem a ser percebidos pela sociedade, são necessárias leis e atos infralegais voltados a conferir maior especificidade e concretude às promessas constitucionais. Impulsionados e legitimados pelas normas constitucionais, os Poderes constituídos passaram a agir para materializar os direitos e garantias previstos na Constituição, e assim o fazem até o exato momento em que escrevo estas linhas. Ainda assim, se as mudanças sociais esperadas dependessem exclusivamente do Direito (normas, decisões administrativas normativas, decisões judiciais formadoras de precedentes e demais manifestações estatais voltadas a tecer pormenores normativos ao texto constitucional), o Brasil estaria numa situação muito melhor que a atual. De fato, o Legislativo brasileiro, em suas três esferas, já editou milhares de leis bem-intencionadas, refinadas políticas públicas já foram pensadas pelo Executivo, assim como é possível se perceber no Judiciário e nos Tribunais de Contas diversas decisões fundadas em refinadas construções teóricas que reconhecem direitos constitucionais relevantes e determinam a órgãos administrativos a adoção de medidas voltadas à efetivação de direitos. Apesar da funcionalidade formal desses Poderes e de suas manifestações, a realidade vivida pela sociedade permanece desafiadora e afastada dos ideários dos constituintes.

Esse distanciamento entre direito e realidade é acompanhado de diversos prejuízos à população brasileira, carente dos mais básicos direitos necessários à autodeterminação efetiva. Um ponto de extrema relevância, porém ignorado por vários anos, é que editar leis e regulamentos sem uma prévia compreensão de seu impacto na dinâmica econômica pode ser extremamente prejudicial ao público ao qual eles se destinam. O que se percebe na história legislativa brasileira é uma profusão de atos normativos bem-intencionados, até mesmo com esteio constitucional, mas que não conseguiam resolver os problemas da vida real (isso quando não agravavam a situação supostamente a ser resolvida).

Políticas públicas, gestadas em lei e concretizadas por ações administrativas, são intervenções estatais voltadas a resolver problemas sociais, planejadas para concretizar compromissos do Estado brasileiro, disciplinar e conferir segurança jurídica à exploração de atividades econômicas e à prestação de serviços públicos. Elas não são um fim em si mesmas, mas instrumentos úteis à sociedade (nos casos em que efetivamente funcionam). O objetivo final das intervenções viabilizadoras de políticas públicas é promover melhoria efetiva na vida das pessoas; no entanto, a possibilidade de captura do ente governamental por organizações influentes e a desconsideração de repercussões econômicas representam elevado risco de tornar a política pública geradora de graves problemas sociais, alguns deles sequer imaginados pelo planejador social.

Exemplo prático disso foram as políticas de congelamento de preços de produtos para controle da inflação que ocorreram com o Plano Cruzado, em 1986; com o Plano Bresser, em 1987; Plano Verão de 1989; Plano Collor 1, em 1990; e Plano Collor 2 em 1991[1]. Basicamente, o tabelamento de preços objetivava reduzir a inflação a partir do controle estatal do valor das coisas, notadamente, os itens de consumo. A intenção era louvável: preservar o poder de compra das pessoas, especialmente dos mais humildes, em contextos de elevada inflação, com o tabelamento dos valores que poderiam ser cobrados por determinados produtos. De todo modo, o meio eleito para se alcançar o objetivo pensado contrariava as mais básicas

1. LOPES, Christian Sahb Batista. Correção monetária – tempo e dinheiro no direito. Belo Horizonte: Lider, 2011. p. 124.

lições de Economia de Mercado, como a dinâmica de oferta e demanda, de modo que todas as tentativas de tabelamento fracassaram. Além disso, elas estimularam mercados paralelos dos produtos tabelados, desestimularam relevantes setores econômicos que, diante do tabelamento, não tinham mais interesse em produzir e, finalmente, não conseguiram diminuir os índices inflacionários que buscavam reduzir. Por mais que fossem bem-intencionadas, as políticas de combate normativo à inflação resultaram na perpetuação de altos índices inflacionários e em grandes prejuízos sociais e econômicos.

Essas políticas públicas que tentaram alcançar o controle de preços estavam respaldadas pelo ordenamento jurídico vigente, mas se distanciavam das mensagens encaminhadas pelo sistema econômico. Em cada uma dessas tentativas, havia um evidente descompasso entre as regras jurídicas e as regras de funcionamento do Mercado, em prejuízo da efetividade dos comandos normativos e com risco para a integridade do sistema jurídico.

A questão, portanto, não é resumir o desafio posto ao formulador de políticas públicas, reguladores ou intérpretes ao binômio lícito/ilícito. É fundamental explorar as potencialidades de efetividade da ação estatal para promover melhorias na sociedade, investigar as relações de custo-benefício que se apresentam em tomadas de decisão, avaliar se as normas editadas contrariam os fundamentos econômicos básicos aplicáveis e, finalmente, preservar de forma plena a vigência de normas jurídicas editadas pelo Estado brasileiro, de modo a garantir que sejam socialmente observadas, acatadas e promovam as alterações fáticas planejadas.

Resultado dessas e de outras experiências normativas negativas são os observados nos relatórios intitulados "Doing Business", da Organização para a Cooperação e Desenvolvimento – OCDE, em que o Brasil sempre apresentou indicadores ruins relativos à avaliação do ambiente de negócios. A OCDE, de um modo geral, busca avaliar as normas estatais que disciplinam o funcionamento das empresas em todas as suas fases: criação, instalação e funcionamento em ambiente de Mercado, falência e fechamento de portas. Na última publicação realizada, o Brasil ocupava a 124ª posição no ranking relativo à "facilidade de se fazer negócios", que avalia justamente as regras relativas ao exercício eficiente e a liberdade em explorar atividades econômicas[2].

Uma tradição de experiências e expectativas frustradas nos traz hoje uma clareza de **resposta ao segundo questionamento: precisamos nos preocupar em produzir melhores decisões para a Administração Pública porque a realidade é recamada de escassez e não se satisfaz com voluntarismos normativos bem-intencionados.** Muitas oportunidades só aparecem uma ou duas vezes para uma determinada geração, que pode ser condenada a diversas limitações sociais pela ausência de consideração da realidade econômica pelos que propõem e materializam políticas públicas em decisões administrativas. Nesse sentido, ações administrativas devem não apenas atentar ao que estabelece textualmente a Constituição e demais normas que compõem o sistema jurídico brasileiro para viabilizar concretas mudanças benéficas à sociedade. É imprescindível também compreender o contexto socioeconômico, mensurar as possíveis consequências econômicas das políticas públicas escolhidas e respeitar a tradição jurídica até então existente, bem como a probabilidade de aceitação da inovação pela sociedade. Para que refinadas construções jurídicas não tornem a redundar nas conhecidas e lamentáveis inefetividades bem-intencionadas, é necessário considerar a realidade, as consequências do que se decide e a variável econômica em tomadas de decisão administrativa.

A permanência das promessas sociais constitucionais e a necessidade de efetivá-las reclamam novas abordagens, construções teóricas e uma análise crítica da atual forma de compreensão do fenômeno jurídico. Com esse cenário de múltiplas meditações possíveis, observa-se no Direito Administrativo, ramo do Direito que estuda as ações e decisões administrativas, a abertura a novos influxos teóricos, numa tentativa de reimaginar a dinâmica mediada entre realidade e ordenamento para resolver velhos e novos problemas. Sem

---

2. BANCO MUNDIAL. *Ranking Doing Business*. Disponível em: https://portugues.doingbusiness.org/pt/data/exploreeconomies/brazil. Acesso em 19/08/2021.

desconstruir avanços doutrinários já sedimentados, abre-se a oportunidade de avaliar o melhor modo de oferecer novos instrumentos para que a Administração Pública tenha condições de concretizar políticas públicas numa sociedade tão carente como a brasileira e tão envolta em desafios complexos, técnicos e sem precedentes.

Neste livro, a jornada para a consolidação de uma proposta teórica promotora de melhores decisões da Administração Pública inicia no Capítulo Primeiro com a apresentação dos fundamentos econômicos em ações e fatos que possuem relevância jurídica. Ao se traçar linhas gerais sobre os principais fundamentos da Ciência Econômica, serão feitas considerações que demonstram a importância da compreensão da **Economia** no desenho de institutos e na compreensão do funcionamento de relações sociais que são, ao mesmo tempo, jurídicas e econômicas. Nesse capítulo, serão apresentadas as noções básicas de escassez, eficiência, racionalidade, e falhas de mercado. Em cada um desses pontos se trabalhará, sempre que possível, com a repercussão desses elementos em questões jurídicas, de modo a tornar a abordagem mais próxima dos que trabalham com o Direito.

Firmados os pressupostos para o desenvolvimento de um pensamento econômico apto a ser absorvido e aplicado em nossa sociedade, o Capítulo Segundo apresenta o movimento teórico **Direito e Economia**, fase do livro em que se exploram as noções básicas dessa forma de pensar uma realidade pluridimensional e as tensões e recíprocas influências exercidas entre os sistemas jurídico e econômico. Para a compreensão da potencialidade da Análise Economia do Direito (AED) na oferta de novas formas de abordagens a problemas sociais, analisaremos as origens e as diferentes escolas do Direito e Economia – até para afastar quaisquer preconceitos no sentido de que essa proposta estaria necessariamente alinhada ou capturada por algum tipo específico de linha econômica, jurídica ou filosófica.

Também apresentaremos pensadores e doutrinadores que se preocuparam, em seus trabalhos, com as relações firmadas entre os sistemas jurídico e econômico na definição dos institutos e na resolução dos problemas existentes na sociedade. O estudo de vida e obra desses escritores se dará num trilhar necessário para a reaproximação das perspectivas jurídica e econômica, sem que esse esforço tenha a menor pretensão de homogeneidade. Ao contrário, como se perceberá, os autores escolhidos contribuíram cada um à sua maneira para o desenvolvimento de propostas que, embora distintas, possuem em comum o esforço para aproximar e tensionar as relações entre Direito e Economia na criação de novos desenhos para soluções a questões sociais sensíveis.

Finalizando o Capítulo Segundo, adentrar-se-á nas linhas juseconômicas fundamentais sobre Propriedade, Contrato, Responsabilidade Civil e Processo, institutos jurídicos reputados fundamentais para o desenho e o funcionamento das sociedades. O objetivo é apresentar os principais pressupostos econômicos desses instrumentos para a vida em sociedade, a influência de mensagens econômicas no acabamento e a relevância da conformação estatal para a sustentabilidade do desenho desses institutos jurídicos.

Sinalizado o caminho necessário para o acolhimento de uma visão pluridimensional dos fatos que reclamam uma resposta jurídica que respeite e acolha demandas e exigências econômicas, o Capítulo Terceiro é o Capítulo do **Direito**, etapa em que fecharemos o ciclo "Direito e Economia". A partir daí, serão debatidas as propostas teóricas jurídicas acolhidas em recentes reformas legislativas para a promoção de melhores tomadas de decisão pela Administração Pública.

Trataremos do Pragmatismo, Consequencialismo e Empirismo jurídicos, propostas teóricas que reforçam a necessidade de se compreender o Direito em sua plenitude, em harmonia com a realidade posta e a realidade pensada. Considerando a apresentação dos fundamentos econômicos, em especial, a escassez de recursos existentes para a concretização de plúrimas e, muitas vezes, excludentes políticas públicas, demonstraremos como o pragmatismo, o consequencialismo e o empirismo podem se aliar para possibilitar uma compreensão juseconômica dos fatos havidos em sociedade, abrindo portas para atuações administrativas mais eficientes e promotoras de melhorias para a população assistida pelo Estado.

Na sequência, estudaremos o Institucionalismo enquanto teoria destinada a compreender as vocações e o perfil das instituições que participam do planejamento, efetivação e controle de políticas públicas e escolhas estatais. O institucionalismo é aqui apresentado como perspectiva fundamental para a valorização das mediações administrativas diante dos problemas postos constitucionalmente para que a Administração Pública atue.

Firmados todos os pressupostos jurídicos referidos, passar-se-á à reflexão sobre as reformas legais vocacionadas à promoção de melhores decisões pela Administração Pública, à qual é atribuída a responsabilidade de materializar todo o plexo de direitos prestacionais presentes no texto constitucional e na legislação existente. Nessa etapa, exploraremos os principais pontos da Lei de Introdução às Normas do Direito brasileiro (LINDB), avaliando como os novos dispositivos fornecem balizas razoáveis para juízos consequencialistas, assim como servem de base para o desenvolvimento de uma ideia de deferência aos juízos administrativos.

Ficará claro nesse ponto como a LINDB, em conjunto com o novo Marco Legal das Agências Reguladoras e com a Lei de Liberdade Econômica, fornece as novas balizas legais para o processo decisório das agências reguladoras, entidades de reconhecida e destacada especialidade de atuação normativa e regulatória para contextos econômicos complexos. A aproximação entre Direito e Economia realizada pelas Agências Reguladoras poderá alcançar maiores níveis de refinamento com os instrumentos jurídicos legais fornecidos pelas novas leis apresentadas, voltadas a acolher o movimento Direito e Economia e a promover respostas estatais regulatórias mais pragmáticas e preocupadas com os cenários que derivam de tomadas de decisão. O fechamento do capítulo fica com a apresentação da Análise de Impacto Regulatório (AIR), procedimento institucionalizado pelas leis então estudadas no capítulo. Como se perceberá, trata-se de instituto jurídico de grande potencial para a promoção de refinadas intervenções regulatórias, conforme já demonstram os exemplos destacados de Agências Reguladoras Federais.

Finalmente, o Quarto e último Capítulo se destina a analisar como e se os novos influxos teóricos e as novas leis estão sendo absorvidos pelo Supremo Tribunal Federal, pelo Superior Tribunal de Justiça e pelo Tribunal de Contas da União. A razão de se pesquisar decisões desses três Tribunais está no fato de serem os principais órgãos de controle externo e responsáveis pela definição final da compreensão de institutos jurídicos, orientações para a atuação administrativa e interpretações jurídicas sobre normas e direitos. A pesquisa realizada nos mecanismos de buscas dos tribunais superiores explorou termos e expressões que identificam os temas pesquisados e serve para sinalizar a recepção pelos Tribunais dos novos diplomas legais e a acomodação das novas propostas teóricas no direito brasileiro.

A expectativa que se tem ao olhar para todo o trabalho pela frente é avaliar como as novas propostas de compreensão de fundamentos jurídicos e econômicos, considerados em conjunto, podem auxiliar na promoção de melhores decisões da Administração Pública na realização de seus compromissos constitucionais. O resgate institucional das decisões da Administração Pública na consecução de seus objetivos constitucionais visa melhorar o resultado final das políticas públicas aprovadas pelo Legislativo, implementadas pelo Executivo e controladas pelo Judiciário.

Não desconheço que muitas das ideias aqui desenvolvidas conflitam com consolidadas visões da doutrina nacional sobre o estudo do fenômeno jurídico e sobre decisões da Administração Pública. Não buscamos, todavia, ter um unânime acolhimento, tampouco desfazer a contribuição de tantos doutrinadores que ajudaram a construir o que temos de Estado, Economia e Direito no Brasil. O esforço deste autor é feito tão somente no intuito de contribuir para o florescimento de novas perspectivas que auxiliem na sustentabilidade e melhoria das decisões da Administração Pública, especialmente em questões inusuais e que demandem um olhar para o futuro.

Sustentado nas palavras de Keynes, sinto, em meu íntimo, que a dificuldade reside não na criação de novas ideias, mas em escapar das velhas, que se ramificam e buscam criar raízes profundas para fugir do arado promovido pelo influxo de novas propostas e criações[3]. Por isso, convido você, caríssimo leitor, a pensar num Direito aberto à Economia, que tenha condições de refletir sobre o posicionamento institucional da Administração Pública numa realidade tão complexa e dinâmica como a nossa, e, ainda, que valorize as efetivas promoções de melhorias para a sociedade, desapegando-se de construções jurídicas teoricamente sofisticadas, porém exclusivamente acadêmicas, "de laboratório" e alheias à realidade.

3. KEYNES, John Maynard. *A Teoria Geral do Emprego, do Juro e da Moeda*. São Paulo: Nova Cultural, 1996. p. 29.

# CAPÍTULO 1

## ECONOMIA. NOTAS FUNDAMENTAIS APLICÁVEIS AO ESTUDO DO FENÔMENO JURÍDICO

A Economia pode ser definida como a ciência social que estuda as formas mais eficientes pelas quais a sociedade consegue administrar seus escassos recursos[1]. A Ciência Econômica se propõe a analisar os comportamentos humanos e as decisões adotadas em sociedade na administração de recursos escassos, em cenários de múltiplas possibilidades de ação. O Direito, enquanto construção humana, não fugiria dessa investigação: dentre os desafios postos aos economistas, destaca-se o estudo das normas e das instituições jurídicas e como elas modulam o comportamento humano, incentivando ou induzindo a tomadas de decisões relativas aos recursos disponíveis e respectivas alocações.

Ao se realizar um breve resgate histórico das primeiras reflexões econômicas enquanto Ciência em busca de autonomia observa-se que o fenômeno jurídico já estava presente como objeto de investigação. Nesse sentido, temos a obra de Adam Smith, "A Riqueza das Nações", e a sua preocupação com o ambiente de Mercado gerado pelo Direito; o estudo de Victor Mataja sobre a influência das regras de Responsabilidade

1. MANKIW, Nicholas Gregory. *Introdução à economia*. Trad. Allan Vidigal Hastings, Elisete Paes e Lima. 3. ed. São Paulo: Cengage Learning, 2016. p. 04.

Civil no comportamento dos indivíduos; os estudos de David Ricardo sobre defesa do livre-comércio e a crítica a leis protecionistas no comércio internacional; a proposta utilitarista de Jeremy Bentham, alçando o Utilitarismo a fundamento das políticas públicas e do Direito; e as contribuições de John Stuart Mill, defensor do Utilitarismo e da ideia de promoção de bem-estar ao maior número possível de pessoas (perspectiva identificada, por exemplo, na fundamentação de normas de seguridade social, normas tributárias indutoras e chanceladoras de progressividade fiscal).

A consolidação da Economia como Ciência social trouxe diversas contribuições para a investigação de ações e decisões de relevância jurídica tomadas em sociedade. A compreensão das interações econômicas existentes em ambiente de Mercado e dos fundamentos da ciência econômica se revelou crucial para considerar os mecanismos de incentivos comportamentais economicamente exercidos pelos institutos e instituições jurídicas nas dinâmicas sociais. E compreender essa dinâmica é fundamental para tatear possibilidades de solução de problemas sociais que demandam a consideração da realidade econômica, dos custos e dos impactos orçamentários que podem advir de uma decisão a ser adotada por uma determinada autoridade administrativa.

Para auxiliar na compreensão e disciplina de um mundo complexo e pluridimensional, em que se percebe, ainda que intuitivamente, a importância da variável econômica no desenho dos institutos jurídicos, faz-se necessária a apresentação de notas conceituais dos principais fundamentos do pensamento econômico e a forma como eles são aplicáveis à compreensão dos fenômenos sociais juridicizados. Sem a pretensão de esgotar toda a vasta contribuição da Ciência Econômica, serão apresentados a seguir os alicerces do pensamento neoclássico, sem prejuízo de breves apontamentos e ponderações que defluem do trabalho de outras correntes de pensamento econômico, como a Economia Comportamental e o Institucionalismo.

## 1.1. ESCASSEZ

A **Escassez** é o elemento central, o ponto nodal de todo o pensamento econômico. Trata-se do parâmetro que funda a absoluta maioria de teorias econômicas e nada mais é do que a apreensão da realidade de que os recursos não são infinitos. Dada a finitude dos recursos existentes e a multiplicidade de usos possíveis pelas mais diversas pessoas que compõem a sociedade, a Economia estuda o comportamento dos agentes econômicos na tomada de decisões e as respectivas ponderações acerca dos recursos escassos e seus usos alternativos[2].

O enquadramento de um recurso como escasso está intimamente relacionado à importância de seu uso e à sua disponibilidade na sociedade. O petróleo, por exemplo, encontra-se disponível para uso desde os primórdios da história humana. A sua utilidade, no entanto, era diminuta, já que ele se destinava basicamente a construções rudimentares ou para iluminação de tochas. A própria obtenção não demandava maiores custos, pois era obtenível em simples incursões em locais com falhas geográficas que resultavam em sua emersão. Nesse contexto, seu valor de troca era reduzido, semelhante a insumos básicos. Com o refino, a multiplicidade de aplicações dos derivados do petróleo e a elevação dos custos para prospecção, já que não era mais de fácil ou evidente localização, a noção de escassez foi se consolidando no petróleo, que se tornou uma das commodities mais significativas existentes. Perdeu-se, portanto, a ingenuidade sobre o petróleo[3]. Por outro lado, imaginar que toda a areia das praias do mundo fosse de ouro retiraria a escassez desse metal.

Não haveria razão de existir a Ciência Econômica se não fosse a escassez. Como as necessidades humanas existentes são praticamente impossíveis de serem saciadas a um só tempo, há que se avaliar os meios disponíveis para as necessidades que se apresentem. E é justamente a Economia que se

---

2. ROBBINS, Lionel, *An Essay on the Nature and Significance of Economic Science*. London: Macmillan and Co, 1932, p. 15.
3. MACKAAY, Ejan; ROUSSEAU, Stéphane. *Análise econômica do direito*. Trad. Rachel Sztajn. 2. ed. São Paulo: Atlas, 2015. p. 28.

propõe a analisar as escolhas individuais e coletivas em cenários recamados de escassez[4].

Todos os dias os seres humanos realizam escolhas e renúncias num ambiente marcado pela escassez. Dizer "sim" para algo é dizer "não" para uma infinidade de oportunidades que se perdem com a escolha realizada. Escolher uma carreira profissional, por exemplo, significa, via de regra, renunciar a outras. Optar por trabalhar, em si, já é renunciar a uma vida de contemplação e imersão pessoal em troca da obtenção de recursos para manutenção mínima, sobrevivência, realização pessoal. Isso sem falar em como os variados níveis de escassez moldam a mentalidade e as perspectivas das pessoas sobre a vida, influenciando decisivamente a tomada de decisões e os comportamentos. Uma mente ciente da escassez tende a ser mais eficiente que a de um indivíduo alheio[5].

Dentro da Economia, isso é conhecido como ***tradeoff***, expressão que se aplica aos casos de escolha conflitante, quando ter algo significa abrir mão de outras possibilidades[6]. Como brilhantemente diria o saudoso cantor Alexandre Magno Abrão, o Chorão, "*cada escolha, uma renúncia, isso é a vida*".

De fato, a noção de escassez foi evoluindo em função da necessidade de os seres humanos decidirem cada vez mais sobre diversos aspectos de suas vidas. Em princípio e por muitos anos, a vida do homem era essencialmente determinada pelo seu pertencimento a um grupo social: nascido numa família de artesãos, artesão seria; nascido escravo, escravo permaneceria; nascida mulher, subjugada estaria a determinações de pai e do marido pelo resto da vida. Em suma, o que a pessoa faria/seria era essencialmente determinado pelo seu *status* na comunidade. Hoje o indivíduo continua sujeito às circunstâncias e ao contexto social em que está inserido, mas o papel de

4. ARAÚJO, Fernando. *Introdução à economia*. 3ª ed. Coimbra: Almedina, 2005. p. 19.

5. MULLAINATHAN, Sendhil; SHAFIR, Eldar. *Escassez: uma nova forma de pensar a falta de recursos na vida das pessoas e nas organizações*. Rio de Janeiro: Best Business, 2016. p.11.

6. MANKIW, *op. cit.* p. 05.

suas escolhas individuais, o que contratar para satisfazer seus interesses, alcançou parâmetros impensáveis séculos atrás[7]. Trata-se do que ficou conhecido como a "**Lei de Maine**", desenvolvida por Henry James Sumner Maine, no sentido de que as sociedades humanas transitam do "status" ao "contrato", recaindo cada vez mais sobre os indivíduos a responsabilidade pela satisfação de suas próprias necessidades[8]. Como os recursos disponíveis para a contratualização da vida são escassos, saber o que e quando contratar é tarefa que se renova e que permeia a rotina das pessoas. Diante de cenários de escassez, os indivíduos são estimulados a agir de modo a gerar maior utilidade para si em suas atividades diárias[9].

Contratar, na maioria das vezes, é optar por algo em detrimento de outra coisa, seja um outro objeto contratual (p. ex.: comprar um carro ou uma casa quando se está diante de um orçamento limitado), seja a abdicação do tempo despendido em trabalho para angariar os recursos necessários para perfectibilização do contrato (p. ex.: abrir mão de tempo pelo dinheiro proveniente do trabalho para viabilizar uma vida em sociedade no status social que reputa adequado ou possível). Os contínuos sacrifícios que se realizam para a realização de contratos são também chamados de **custos de oportunidade**, dado que uma escolha normalmente significa renunciar a outras possibilidades de aplicação de recursos[10].

Ter assentada a noção de Escassez numa sociedade com difusas, complexas e, muitas vezes, conflitantes demandas sociais revela-se crucial no debate de políticas públicas. Para serem protegidos e efetivados pelo Estado, os direitos

---

7. ROPPO, Enzo. *O contrato*. Trad. Ana Coimbra e M. Januário C. Gomes. Coimbra: Almedina, 2009. P.26.
8. MAINE, Henry James Summer. *Ancient Law: It's connection whith the early history of Society and its relation to modern ideas*. 11ª ed. London: John Murray, 1887. p. 170.
9. BELLUZZO, Luiz Gonzaga; GALÍPOLO, Gabriel. *A escassez na abundância capitalista*. São Paulo: Editora Contracorrente, 2019. p. 27.
10. SALAMA, Bruno Meyerhof. *Estudos em direito & economia: micro, macro e desenvolvimento*. Disponível em: <https://works.bepress.com/bruno_meyerhof_salama/135/>. Acesso em 04 de novembro de 2019. p. 15.

consomem recursos[11]. O agir estatal tem um custo de oportunidade assim como o agir individual, sendo que as consequências, os resultados sociais e o custeio são muito maiores. A adoção de uma política pública de inclusão social, como o seguro-desemprego por até 12 meses, por exemplo, pode representar o aumento de tributos ou a impossibilidade de alocação de mais recursos estatais em um programa de saneamento básico, por exemplo.

Os debates legislativos em projetos de lei que veiculam políticas públicas normalmente apontam os *trade-offs*, os custos de oportunidade que legitimamente estão envolvidos numa determinada política pública. Enquanto nas escolhas individuais o próprio indivíduo arca com os custos e aufere os benefícios envolvidos em uma determinada tomada de decisão, nas escolhas coletivas, especialmente as estatais, os beneficiários de uma determinada política pública nem sempre são os que arcão com os custos envolvidos[12]. Esse é um tema que será mais bem explorado no capítulo seguinte, no estudo da Escola da Análise Econômica do Direito que ficou conhecida como a Escolha Pública (*Public Choice*).

## 1.2. RACIONALIDADE

Fixadas as premissas de escassez, *trade-off* e custos de oportunidade, o ser humano é lançado a decidir e contratualizar diversos aspectos da sua vida: alimentação, saúde, segurança, moradia, transporte, educação, etc. Ainda que viva num país que garanta, em algum nível, algumas dessas necessidades por meio de prestações estatais, a multiplicidade de demandas reclamará dos indivíduos algum momento de escolha. E é exatamente no decidir que entra a complexa investigação sobre a racionalidade.

---

11. HOLMES, Stephen; SUNSTEIN, Cass R. *O custo dos direitos: porque a liberdade depende dos impostos*. Trad. Marcelo Brandão Cipolla. São Paulo. Martins Fontes, 2019. p. 05.

12. BUTLER, EAMONN. *Escolha pública: um guia*. Trad. Matheus Pacini. São Paulo: Bunker editorial, 2015. p. 19.

Dentro de uma perspectiva neoclássica, a **escolha racional** será a que considere todo o plexo de ilimitadas necessidades e desejos sem descurar da escassez, inerente aos recursos disponíveis para satisfazer as vontades existentes e as que podem surgir. Os seres humanos se valem da razão para optar entre os bens e serviços que consideram de maior valor, de acordo com o grau de satisfação que seu consumo lhes confere. Agir racionalmente, portanto, seria escolher o bem que, subjetivamente, conferisse maior utilidade e mais benefícios que custos[13].

Essa perspectiva do agir racional, inclusive, é a que funda a célebre frase de Adam Smith acerca do funcionamento dos mercados e do crescimento econômico das nações. Dada a atemporalidade do ensinamento e a relevância para a compreensão da importância das escolhas individuais em um contexto social, transcreve-se a seguir:

> *"Não é da benevolência do açougueiro, do cervejeiro ou do padeiro que esperamos nosso jantar, mas da consideração que eles têm pelo seu próprio interesse. Dirigimo-nos não à sua humanidade, mas à sua autoestima, e nunca lhes falamos das nossas próprias necessidades, mas das vantagens que advirão para eles"*[14].

Impulsionados a maximizar o seu bem-estar, os agentes econômicos passam a decidir considerando os benefícios e custos, monetários e não monetários. O incremento ou decréscimo de custos ou de benefícios influem diretamente no decidir, do que exsurge a máxima de que as **pessoas reagem a incentivos**[15]. A influência dos incentivos é percebida em vários cenários, desde o aumento no preço de maçãs, estimulando em substituição o consumo de laranjas, até o aumento das penas nas infrações de trânsito, resultando na diminuição de acidentes e estimulando setores da economia, como o de

13. RODRIGUES, Vasco. *Análise económica do direito: uma introdução*. 2. ed. Coimbra: Almedina, 2016. p. 14.

14. SMITH, Adam. *A riqueza das nações: investigação sobre a natureza e suas causas*. Trad. Luiz João Baraúna. São Paulo: Nova Cultural, 1996. p. 74.

15. MANKIW, op. cit. p.07.

desenvolvimento de aplicativos para transporte urbano, controle de velocidade e detecção de radares.

Ao contrário do que possa indicar a primeira impressão que temos quando vamos investigar as escolhas humanas, a racionalidade não é objetiva ou mensurável exclusivamente em função de aspectos absolutos ou materiais (como o monetário), mas variável de acordo com a valoração egoística de cada pessoa, num dado contexto, consoante o juízo de utilidade que se faz acerca de um dado objeto contratual. O paradoxo da água e do diamante, desenvolvido para diferenciar "valor de uso" de "valor de troca" ilustra bem a subjetividade da avaliação racional. Como ensina Adam Smith:

> *"Nada é mais útil que a água, e, no entanto, dificilmente se comprará alguma coisa com ela, ou seja, dificilmente se conseguirá trocar água por alguma outra coisa. Ao contrário, um diamante dificilmente possui algum valor de uso, mas por ele se pode, muitas vezes, trocar uma quantidade muito grande de outros bens"*[16].

A percepção clássica do valor das coisas acima apresentada, por mais útil que seja, foi desenvolvida numa época em que a valoração dos objetos era compreendida de modo estanque, centralizando a análise na dificuldade de se obter um bem ou no trabalho investido para sua confecção (como ensina David Ricardo). Coube aos neoclássicos a consideração do Mercado e da **relação oferta/demanda na formação do valor das coisas** e a influência no decidir econômico.

Consolidada a ideia de Mercado como ambiente de múltiplas decisões, formado por compradores e fornecedores que decidem a todo instante entre comprar ou economizar, entre prestar um serviço ou entregar um produto a um determinado preço ou aguardar um maior pagamento, desenvolveu-se uma teoria que revolucionou toda a compreensão da Economia. Trata-se da **Revolução Marginalista** e da compreensão de que **pensar racionalmente é pensar na margem de utilidade**.

16. SMITH, *op. cit.* p .85

As origens do pensamento marginalista podem ser identificadas no ensaio *Specimen theoriae novae de mensura sortis* (Exposição de uma nova teoria sobre a medição do risco), escrito por Daniel Bernoulli em 1738. A ideia central de seu trabalho é a de que a utilidade decorrente de qualquer acréscimo de riqueza será inversamente proporcional à quantidade de bens já possuídos[17]. Anos depois Carl Menger e Leon Walras conseguiram desenvolver com mais profundidade o conceito apresentado por Bernoulli dentro da Economia, dando corpo ao movimento que se consolidou como Marginalismo.

O valor das coisas se define não pelo resultado estanque dos seus custos de produção, mas em função da utilidade marginal que o valor de cada unidade adicional de um bem representa para o indivíduo. Mais uma vez buscando os ensinamentos de Adam Smith, mas com um olhar marginalista, revisita-se o paradoxo da água e do diamante. Um copo de água, por exemplo, fundamental à vida, é ordinariamente mais barato que um diamante, metal irrelevante para o funcionamento do organismo, mas raro e intercambiável facilmente por muitos outros insumos e utilidades. Por outro lado, para uma pessoa após alguns dias no deserto, uma porção de água pode alcançar valores inimagináveis. Com a ingestão do primeiro copo de água, no entanto, a utilidade decorrente de ingestão do copo seguinte decresce até chegar o momento em que já não se revela mais útil beber, e sim incômodo, mesmo para a pessoa que estava sedenta. Aqui, o diamante já volta a se valorizar e a água retorna a seus parâmetros de aceitação e empregabilidade ordinárias. Em condições normais, portan to, uma unidade a mais de diamante é mais valorosa que uma unidade a mais de água, pois a utilidade marginal de um produto é inversamente proporcional à quantidade disponível[18].

Os neoclássicos trouxeram uma grande contribuição à compreensão da racionalidade com a noção do pensamento marginal. A Economia, no entanto, como todos os ramos do saber humano, evoluiu e passou a enfrentar novos desafios e

---

17. BERNSTEIN, Peter L. Desafio aos deuses: a fascinante história do risco. Trad. Ivo Korytowski. Rio de Janeiro: Alta Books, 2018. p. 109.
18. MANKIW, *op. cit.* p. 06.

questionar algumas das premissas que pareciam assentadas. Nesse contexto de refundação surge a **Economia Comportamental** e uma nova leitura sobre a racionalidade.

**O quão ciente uma pessoa é de todas as circunstâncias que envolvem uma decisão?** Partindo dessa problematização, encara-se a questão informacional: as escolhas humanas normalmente são realizadas em uma situação de déficit de informações (a assimetria de informações é uma das falhas do Mercado, como se observará adiante). De fato, ainda que se garanta acesso a toda informação possível para a melhor escolha, o tomador de decisão não tem como estar absolutamente certo dessa apreensão.

Com o objetivo de resolver essas e outras questões atinentes à racionalidade desponta a Economia Comportamental como ramo de estudo interdisciplinar, que busca amalgamar economia e psicologia na análise da heurística decisional, de modo a identificar atalhos e regras fundamentais em que agentes tomam decisões, ponderando as informações colhidas com as utilidades e consequências esperadas. A Economia Comportamental estuda os desvios sistemáticos do que se poderia definir como um modelo ideal de escolha racional e autointeressada a ser adotada. Nesses casos, as condutas adotadas podem derivar de razões como ansiedade, distração, cansaço, desequilíbrio emocional, menosprezo ou amplitude desnecessária das consequências. As pesquisas em Economia comportamental auxiliam o estudioso a se distanciar de modelos abstratos de racionalidade ilimitada para alcançar predições mais realistas[19].

Em consequência, o conceito de "**Racionalidade Limitada**", proposto por Henry Simon, toma corpo e apresenta a ideia de que em decisões complexas os seres humanos se afastam de detalhes reputados de pouca importância e são guiados por elementos que lhes proporcionem um nível maior de satisfação[20]. O estudo comparativo entre o modelo de escolha

19. THALER H., Richard. *Misbehaving: the making of behavioral economics*. New York: W. W. Norton, 2015. p. 9.

20. MACKAAY, Ejan; ROUSSEAU, Stéphane. *op. cit.* p. 34.

racional (ideal) e a efetiva ação adotada pelas pessoas, a escolha do que negligenciar na tomada de decisão final e como as decisões se operacionalizam tornaram-se campo fértil para estudos da Psicologia, em especial, da Economia Comportamental. Entre a Irracionalidade e a Racionalidade Absoluta encontra-se a Racionalidade Limitada, entendida como coerência lógica com as preferências do tomador de decisões, seja essa coerência razoável/defensável ou não[21].

As repercussões para o Direito do que deve ser entendido como racionalidade são consideráveis, especialmente na relação Estado/indivíduo. Ao se propugnar a defesa da racionalidade e a total liberdade de decidir (ou de escolher, como diria Friedman), propõe-se uma abordagem libertária das políticas públicas. Dentro dessa perspectiva, interferir na liberdade de decidir seria ineficiente ou, simplesmente, contrário aos interesses sistêmicos. O governo deve afastar-se das decisões tomadas pelas pessoas racionais, cabendo exclusivamente aos indivíduos o sopesar de suas escolhas. Do outro lado está a perspectiva da racionalidade limitada, que não negligencia a importância da liberdade nas decisões individuais, mas entende que o ambiente de escolhas é complexo e que as consequências por escolhas ruins são muitas vezes suportadas por toda a coletividade, o que legitimaria a atuação indutora estatal.

Ilustrando: dentro da perspectiva libertária, propugna-se uma fé absoluta na racionalidade guiadora das ações desenvolvidas em sociedade, não cabendo ao Estado adotar políticas de conscientização dos problemas decorrentes do uso de drogas, da obesidade, de educação financeira, ou de se dirigir de modo imprudente. As decisões por usar entorpecentes, ter uma alimentação hipercalórica, gastar todo o dinheiro ou dirigir usando o celular foram tomadas por seres racionais, capazes de escolher o que mais atende a suas necessidades e os riscos inerentes. Do outro lado temos o paternalismo libertário[22], em que o Estado teria a possibilidade de influenciar a to-

---

21. KAHNEMAN, Daniel. *Rápido e devagar: duas formas de pensar*. Rio de Janeiro: Objetiva, 2012. P. 514.
22. SUNSTEIN, Cass R. *Why nudge? The politics of libertarian paternalism*. New Haven: Yale University Press, 2014. p. 20.

mada de decisões, dando "empurrões" (***nudges***) nas pessoas para que escolham o que atenda aos seus interesses além de uma perspectiva imediatista. O Estado e as instituições atuariam na formação de arquiteturas de escolhas[23], auxiliando os indivíduos a adotar comportamentos que evitassem problemas muitas vezes não antevistos, como desenvolver uma doença cardíaca por hábitos sedentários, privar-se de recursos na velhice ou se acidentar no trânsito.

A evolução e as diferentes concepções do que se deve entender como Racionalidade não fragilizam esse elemento como pressuposto da análise econômica do direito. Pelo contrário, evidenciam a necessidade de novas investigações sobre as escolhas realizadas, aprofundam o questionamento do nível de independência do agir racional frente às influências do ambiente e evidenciam que o modelo da escolha racional permanece como uma relevante aproximação da realidade, um modelo a guiar políticas públicas, projetos de lei e estudos acadêmicos em Direito e Economia[24].

A Racionalidade e a já estudada Escassez são dois elementos fundamentais para compreender o próximo e mais controverso pressuposto da Análise Econômica do Direito: a Eficiência.

## 1.3. EFICIÊNCIA

A apreensão comum e mais evidente do termo "eficiência" pode ser resumida na ideia de produzir mais em menos tempo ou com menos recursos[25]. Dentro dessa perspectiva minimalista, um agir será considerado eficiente se gerar produtos em maior quantidade ou em menos tempo, sem aumentar os gastos.

23. SUNSTEIN, Cass R.; THALER, Richard H. *Nudge: improving decisions about health, wealth, and happiness*. New York: Penguim Books, 2009. p. 03.

24. MACKAAY, Ejan; ROUSSEAU, Stéphane. *op. cit.* p. 38.

25. PORTO, Antônio Maristello; GAROUPA, Nuno. *Curso de Análise Econômica do Direito*. São Paulo: Atlas, 2020. p. 58.

Levada ao extremo pela Escola de Chicago, uma das principais correntes doutrinárias da Análise Econômica do Direito, a Eficiência representa uma das preocupações basilares da ciência econômica, dado que, como foi visto, para a humanidade, os desejos são ilimitados e os recursos, escassos. Logo, a otimização na alocação dos bens para satisfazer a maior quantidade possível de interesses é uma preocupação relevante. Contudo, a supervalorização da eficiência ou a única consideraçao da eficiência em questões jurídicas foi e ainda é uma das principais críticas ao movimento Direito e Economia.

Antes de aprofundar o estudo da Eficiência na AED, revela-se útil entender as duas principais concepções para a Economia: a **eficiência Paretiana** e a **eficiência de Kaldor-Hicks**.

Diante de uma sociedade e da respectiva distribuição de bens e propriedades, o critério Pareto de eficiência postula que as mudanças alocativas de recursos serão eficientes se resultarem em uma melhora individual e não importarem em necessária piora do status de outra pessoa[26]. O ponto ótimo de Pareto, ou seja, a mais eficiente distribuição de recursos, será alcançado quando nenhuma outra mudança for possível sem representar piora na alocação dos bens para outra pessoa[27]. O contrato firmado entre duas pessoas é a típica representação da busca pelo ótimo de Pareto. As partes celebram um contrato em busca da satisfação das suas respectivas necessidades, promovendo a circulação de riquezas. Quem contrata um serviço busca uma solução para sua casa ou seu negócio. O prestador, por outro lado, estipulará o preço de acordo com a escassez do serviço. Com a conclusão do contrato as situações de ambas as partes estarão melhores que as anteriores à avença[28].

---

26. RODRIGUES, Vasco. *op. cit.* p. 27.

27. TIMM, Luciano Benetti; GUARISSE, João Francisco Menegol. *Análise econômica dos contratos*. In TIMM, Luciano Benetti (org.). *Direito e economia no Brasil*. 2 ed. São Paulo: Atlas, 2014, p. 164

28. REBOUÇAS, Rodrigo Fernandes. *Autonomia privada e a análise econômica do contrato*. São Paulo: Almedina, 2017. p. 113.

Duas críticas são possíveis à eficiência Paretiana. A primeira delas reside na desvinculação desse critério de uma melhor alocação de recursos na sociedade. A impossibilidade de diminuir, em qualquer nível, a dotação de recursos de uma pessoa inviabilizaria políticas públicas redistributivas[29]. A segunda crítica decorre da diminuta possibilidade de se verificar sua aplicação, dado que, nas trocas ocorridas em sociedade, perceber-se-á algum nível de assimetria informacional entre as partes quanto ao preço praticado e, consequentemente, verificar-se-á um distanciamento da eficiência[30].

Afastando a reduzida possibilidade de aplicação concreta do critério de Pareto e para alcançar situações mais complexas, desenvolve-se o critério de Kaldor-Hicks. Menos rigoroso que a medida paretiana, o critério Kaldor-Hicks aponta que a eficiência é percebida em realocações de recursos que resultem no aumento, de um modo geral, dos níveis de utilidade atribuídos aos indivíduos de uma sociedade[31]. Eficiente será a medida que trouxer maiores benefícios sociais, ao se comparar com os prejuízos suportados por determinados grupos.

Dada a complexidade da vida em sociedade e a consequente dificuldade em se obter uma apuração *in concreto* do paralelismo e equivalência entre prejuízos e benefícios decorrentes de uma dada realocação de recursos, a base do critério Kaldor Hicks está fundada na potencialidade de compensação entre os indivíduos, que é o principal traço distintivo entre os critérios de eficiência. Ilustrativamente, destaca-se o exemplo desenvolvido pelo professor Bruno Salama na aplicação do critério Kaldor-Hicks em análise de políticas públicas:

> *A prefeitura da cidade de São Paulo recentemente proibiu a colocação de grandes cartazes de propaganda na cidade. Houve "perdedores", e disso não resta dúvida porque várias pessoas perderam seus empregos e outras tantas perderam seus negócios. Por outro lado, o sólido apoio*

---

29. SALAMA, Bruno, *op. cit.* p. 36.
30. POSNER, Richard. *Economic analysis of law*. 3 ed. New York: Wolkers Kluwer, 1986. p 12.
31. PORTO, Antônio Maristello; GAROUPA, Nuno. *op. cit.* p. 60.

> *da população à nova legislação parece indicar que os ganhos do restante da população (os "ganhadores") excederam as perdas do grupo de "perdedores". Novamente, note que pelo critério de Pareto esses "perdedores" teriam que ser de fato compensados, de modo que deixassem de perder. Mas pelo critério de Kaldor-Hicks, basta que essa compensação seja possível, mesmo que de fato não ocorra*[32].

Trazendo a perspectiva da Escassez para as políticas públicas, observa-se a permanente tensão decorrente do *trade-off* que se estabelece entre Eficiência e Igualdade (ou Equidade). Ao passo que a Eficiência é compreendida como a relação estabelecida entre os benefícios e custos agregados em uma dada situação, Equidade se relaciona à distribuição de recursos entre indivíduos de uma sociedade[33]. As políticas públicas redistributivas, voltadas a garantir bem-estar a pessoas mais necessitadas da sociedade, são majoritariamente custeadas por impostos. Logo, ao viabilizar ações estatais realocativas de riquezas, o Governo retira recursos das pessoas e empresas que tiveram condições de desempenhar atividades econômicas, desestimulando, em algum nível imediato, os agentes econômicos tributados[34].

Por outro lado, é importante destacar que o Mercado em que as pessoas desenvolvem suas atividades econômicas é viabilizado justamente pelo ente arrecadador de tributos. A edição de diplomas legais voltados a apresentar à sociedade os desenhos normativos mínimos para as transações econômicas, a manutenção de um Sistema Judicial que faça valer os contratos firmados e não cumpridos e os gastos realizados em infraestrutura são alguns dos exemplos de ações estatais dependentes de impostos, que permitem aos agentes privados a chance de prosperar economicamente. A definição dos contornos das políticas públicas e a compreensão do pêndulo

32. SALAMA, Bruno. *op. cit.* p. 37.
33. POLINSKY, A. Mitchell. *An introduction to law and economics*. New York: Aspen Publishers, 2003. p. 8.
34. MANKIW, *op. cit.* p. 151.

entre eficiência e igualdade são difíceis tarefas que se apresentam e se renovam de tempos em tempos.

Dada a finitude dos recursos, a escassez desponta como elemento de peso para as situações que envolvem discussões sobre eficiência e justiça, notadamente, políticas públicas redistributivas e desenhos de institutos jurídicos afetos a problemas relativos à desigualdade dos indivíduos. Eficiência e justiça são guias para objetivos quantitativos e qualitativos na geração e alocação de riqueza. Logo, sempre há potencial de conflito, que será maior ou menor, a depender da sensibilidade da matéria, da urgência dos bens e do nível de escassez envolvido.

Um ponto a ser considerado é que o uso eficiente de recursos resultará na geração de riquezas apreciada por um maior número de pessoas. Logo, há abertura para reconhecimento da eficiência como critério de Justiça, não necessariamente antagonizando com ela, dada a possibilidade de se atender e agradar um maior número de pessoas. Otimizar recursos é tirar deles o máximo de satisfação possível, dentro dos limites impostos pela escassez[35].

Ao se imaginar um ponto ótimo de eficiência, é possível se conjecturar sobre pontos próximos ou distantes desse parâmetro. Dada a complexidade de uma vida em sociedade, as operações que envolvem transferências de recursos podem ser, em maior ou menor grau, influenciadas por condicionantes que as tornem mais onerosas ou menos dinâmicas. No estudo sobre eficiência despontam as pesquisas sobre falhas de mercado, tema de extrema relevância para os que se preocupam com eficientes níveis de geração e circulação de recursos. Dada a importância das falhas de mercado, vamos a uma análise mais detida a seguir

## 1.4. FALHAS DE MERCADO

As falhas de mercado são variáveis percebidas em transações econômicas que influem diretamente na promoção do

35. ARAÚJO, Fernando. *Economia: conceitos introdutórios para juristas*. Porto Alegre: Livraria do Advogado, 2022. p. 60.

bem-estar socioeconômico. Podem ser compreendidas como elementos que gravitam ao redor da atos negociais e resultam em maiores custos e, consequentemente, ineficiente alocação e geração de recursos[36].

Estudar as falhas de mercado é fundamental para se imaginar soluções ou alternativas para entraves de eficiência nas atividades econômicas. Ao identificar as falhas, instituições públicas ou o próprio Mercado podem adotar ações para corrigi-las ou diminuí-las. A complexidade e o dinamismo que envolvem as operações econômicas, no entanto, devem sempre ser considerados, sob pena de a atuação estatal se tornar uma falha de mercado.

Ronald Coase, um dos maiores economistas do século passado e influente autor em Direito e Economia, estudou especialmente os **custos de transação** e sua influência no agir empresarial e nas transações. Para o autor, a vida acontece num ambiente recamado de falhas, e as análises econômicas devem considerar os custos de transação e a alocação inicial de bens e propriedades para propor arranjos econômicos mais eficientes[37].

As principais falhas de mercado estudadas são os bens coletivos, o monopólio, as externalidades, a assimetria de informações e as falhas de governo.

**Bens públicos** ou **bens coletivos** possuem uma compreensão para a Economia distinta da usualmente empregada no Direito. Para o pensamento econômico, bens públicos são os bens de utilização não rival (o uso ou consumo do bem não exclui a possibilidade de ser feito também por outros) e não excludente (quando não se mostra possível excluir o uso de terceiros)[38], independentemente da configuração jurídica empregada para esses bens pelo ordenamento jurídico. Os bens

36. NUSDEO, Fabio. *Curso de economia: introdução ao direito econômico*. São Paulo: Editora Revista dos Tribunais, 2015. p. 115.

37. COASE, Ronald Harry. *A firma, o mercado e o direito*. Trad. Heloisa Gonçalves Barbosa. Rio de Janeiro: Forense, 2016. p. 16.

38. PORTO, Antônio Maristello; GAROUPA, Nuno. *op. cit.* p. 72.

públicos contrariam a lógica de Mercado, pois não são apropriáveis e alocáveis em função de sua apreciação.

Exemplo clássico de bem coletivo é a defesa nacional, dado que a proteção dela derivada é a mesma para todos os cidadãos pertencentes ao mesmo país. Outros exemplos usualmente invocados são as estradas não submetidas à exploração privada e os faróis sinalizadores para embarcações.

Um dos principais problemas envolvendo os bens públicos é o relativo aos caronas (*free riders*), que tiram proveito desses bens sem auxiliar nos custos de produção e preservação. Retornando ao exemplo das estradas, imaginemos uma via de escoamento de produtos agrícolas utilizada por uma comunidade rural formada por cerca de mil pessoas. A estrada se formou ao longo dos anos pelo uso de carroças, sem que ninguém tenha contribuído decisivamente para a sua instalação. A manutenção inexiste, de modo que as linhas de tráfego são mantidas pelo traçar das rodas de madeira com o transporte das mercadorias. Nesse cenário, o surgimento de um problema na via, como uma cratera, não gera em nenhum indivíduo a responsabilidade por manutenção. Por mais que todos os moradores da comunidade se beneficiem e utilizem a via, não haveria, aprioristicamente, obrigação individualizável para reparação. Um cenário possível é o prejuízo para todos, com a interdição da via de escoamento de produtos.

Com a cratera obstaculizando a via, 10 moradores se unem e conseguem restabelecer a circulação na estrada. Todos os demais que não se sensibilizaram com o problema, não desembolsaram nada com a manutenção e poderão voltar a utilizar a estrada são, para esse caso, caroneiros.

Uma das formas mais comuns de solução dos problemas decorrentes dos bens públicos é a afetação desse tipo de bem ao Estado, atribuindo-se ao ente estatal a responsabilidade pela manutenção dos bens coletivos. Garante-se, com isso, segurança e incremento do bem-estar público e econômico[39].

39. MANKIW. *op. cit.* p. 215.

A segunda falha de mercado a ser explorada é o **Monopólio**. O monopólio ocorre quando o fornecimento de um determinado bem relevante para a sociedade está concentrado em um único fornecedor. No Monopólio o preço de um bem não é determinado pela disputa de empresas por interessados em adquirir seus produtos, mas pela estipulação unilateral do valor entendido como adequado e satisfatório pela empresa monopolista.

Os potenciais riscos gerados por situações de monopólio se revelam de forma praticamente intuitiva; a depender da essencialidade e ausência de substituição do bem, a sociedade poderá ficar integralmente submetida aos preços e juízos da instituição monopolista. Para esses cenários, não é incomum observar a adoção de ações estatais voltadas a estimular um ambiente de concorrência.

Ponto a ser destacado é que a configuração de um monopólio não necessariamente gera prejuízos à sociedade. A depender da complexidade do ramo explorado ou dos elevados investimentos necessários para o desempenho da atividade, o monopólio se dá pela existência de barreiras naturais. Nesses cenários, especialmente verificados em situações de Economia de escala, o produto ou serviço pode ser ofertado à sociedade a um preço menor pela empresa monopolista ao se comparar com os custos que decorreriam da instalação artificial ou forçada de um cenário concorrencial[40]. Em casos como esse, o monopólio não necessariamente ensejará uma atuação interventiva estatal para viabilizar outros agentes fornecedores no Mercado.

A terceira falha de mercado que encontramos são as **externalidades**. Positivas ou negativas, as externalidades afastam em alguma medida o princípio da relatividade dos negócios jurídicos, dado que efeitos de uma operação econômica são gerados a terceiros, estranhos ao pacto negocial ou ação. A externalidade, quando percebida, faz com que uma pessoa passe a considerar comportamentos adotados por outras pessoas, sobre os quais não possui controle imediato, para o

---

40. BENJO, Isaac. *Fundamentos de economia da regulação*. Rio de Janeiro: Thex Editora, 1999. p. 68.

desenvolvimento de suas atividades[41]. Exemplo de externalidade positiva é a valorização imobiliária decorrente da construção de um shopping; os proprietários de casas circunvizinhas em nada concorreram para a construção do empreendimento e serão beneficiados com o aumento do preço venal de seus imóveis. Um clássico exemplo de externalidade negativa, por outro lado, é a poluição gerada por uma fábrica, dado que a empresa retém os lucros decorrentes da exploração de seu negócio e a sociedade suporta os dejetos produzidos.

O Estado, detectando externalidades, se vê diante da possibilidade de intervir, redirecionando os custos aos efetivos responsáveis pelos efeitos e beneficiários das atividades. Possibilidade, obviamente, não significa obrigatoriedade de ação internalizadora, sendo franqueado ao Estado avaliar o custo-benefício de intervenções nesse sentido, bem como outras formas de acomodação dessas externalidades no Mercado, como será demonstrado no estudo da obra de Ronald Coase "O problema do custo social", a ser feito no próximo capítulo.

A quarta falha de mercado que analisaremos atua no agir racional para diminuir a eficiência das relações. Trata-se da **assimetria de informações**. Num mundo de concorrência perfeita e equilibrada, vendedores e compradores disporiam das informações necessárias para celebrar negócios. Isso, no entanto, é inviável, seja pela impossibilidade humana de se obter todas as informações possíveis, seja pelo crescente e impeditivo custo que decorre da obtenção de informações.

Nesse contexto de disparidade de informações entre os contratantes, a ineficiência econômica pode gerar situações de risco moral e seleção adversa. O **risco moral** ocorre nas contratações em que uma das partes adota um comportamento desonesto ou indesejável dada a dificuldade de obter informações que somente seriam possíveis com constante monitoramento ou supervisão. Imagine-se a seguinte situação: o proprietário de um imóvel segurado, passando por dificuldades financeiras, vislumbra no perdimento do bem e na consequente obtenção do prêmio do seguro a solução para

41. VARIAN, Hal R. *Microeconomia: uma abordagem moderna*. Trad. Elfio Ricardo Doninelli. Rio de Janeiro: Elsevier. p. 679

seu restabelecimento econômico. No caso, fica evidente a superveniente desnaturação do intuito que motivou a celebração do contrato de seguro, voltado a segurar riscos e não a ser uma alternativa de obtenção de recursos. A seguradora, refém de informações, não tem como antecipar os comportamentos do segurado (se pudesse, nem sequer celebraria o contrato). Para diminuir o risco moral, a segurada pode exigir contratualmente a instalação de mecanismos de prevenção a incêndios no imóvel, como alarmes e sistema automático de contenção de fogo. O risco, de todo modo, persiste, cabendo à seguradora pulverizá-lo com os demais contratantes, o que, consequentemente, resulta no aumento dos preços dos contratos de seguro.

A **seleção adversa**, por sua vez, é a falha de mercado que se percebe quando a disparidade de informações entre os participantes viabiliza um negócio que não ocorreria (ou não ocorreria no valor praticado) se ambos estivessem em igualdade informacional acerca das condições e qualidades do objeto transacionado. Um clássico exemplo de seleção adversa é a compra de automóveis usados. Os vendedores naturalmente possuem mais informações acerca da atual condição do veículo que os compradores. O risco de comprar gato por lebre (ou um ***lemon***, como os carros ruins são chamados no mercado americano[42]) impulsiona o comprador a gastar tempo em pesquisas, contratar mecânicos para avaliar os veículos, acionar empresas de vistoria veicular, etc... A insegurança gerada pela assimetria de informações incrementa os custos do comprador para tentar obtê-las e sair de um estado de vulnerabilidade perante os vendedores. A depender da dificuldade em se obter informações, o cenário será de reduzido volume de negócios e de ineficiência econômica[43].

42. ARKELOF, George A. *The Market for "lemons": quality uncertainty and the Market mechanism*. In: The Quaterly Journal os Economics, Vol. 84, Nº 3 (August, 1970), p. 489. Disponível em: < https://viterbi-web.usc.edu/~shaddin/cs590fa13/papers/AkerlofMarketforLemons.pdf/>.

43. MANKIW. *op. cit.* p. 444.

Para esses e outros problemas derivados da assimetria de informações têm surgido estudos que apontam a possibilidade de o Estado atuar para auxiliar os indivíduos em tomadas de decisão. Trata-se da absorção de perspectivas da Economia Comportamental dentro do que se entende como Paternalismo Libertário, especialmente em situações de escolha individual sensível, como as que tocam ao planejamento previdenciário dos indivíduos, e as escolhas relativas à saúde. Nesse sentido, legitimar-se-ia a adoção de políticas públicas paternalistas que atuariam de modo a conferir instrumentos de concretização da autonomia privada, condições igualitárias e capacidade de autodeterminação dos indivíduos. A indução ou estímulo a comportamentos ou tomadas de decisão se revelaria, ainda que paradoxalmente, a verdadeira concretização da autonomia privada[44].

A Economia Comportamental, então, se apresenta como possibilidade de instrumento regulatório, com estudos relativos a comportamentos e tomadas de decisão individuais, em cenários de déficit informacional (a realidade). Trata-se de linha de pensamento econômico que não se preocupa com modelos ideais de tomadas de decisão, mas com a forma como são efetivamente realizadas as escolhas dos cidadãos, buscando, inclusive, amparo na Psicologia para explicar desvios consistentes do que se imaginaria como mais útil ou racional para o caso analisado[45].

Com o objetivo de concretizar determinados valores socialmente reconhecidos e até proteger a população em tomadas de decisão relativas a temas sensíveis ou importantes para a própria autodeterminação dos indivíduos, o Estado poderia valer-se de *Nudges* (empurrõezinhos) para alterar a arquitetura de escolha sem se intrometer significativamente na decisão a ser tomada nem alterar significativamente os incentivos econômicos. Nesse cenário é que políticas públicas paternalistas

44. TRAVASSOS, Marcelo Zenni. *A legitimação jurídico-moral da regulação estatal à luz de uma premissa liberal-republicana: autonomia privada, igualdade e autonomia pública. Estudo de caso sobre os argumentos paternalistas.* Rio de Janeiro: Renovar, 2015. p. 29

45. VARIAN, *op. cit.* p. 595.

atuam, alterando minimamente a arquitetura de escolhas dos indivíduos, de modo a induzir melhores comportamentos, sem anular o processo decisório de cada pessoa[46].

De todo modo, como qualquer intervenção estatal que altere ou induza o processo de escolha de indivíduos adultos e racionais está sujeita a críticas e supervisão, dada a potencialidade de fragilizar a autodeterminação das pessoas e o processo de liberdade de decidir. Especialmente, quando as intervenções são sub-reptícias como os *Nudges*, sempre haverá o risco de que os interesses estatais que moveram a política regulatória indutora não sejam efetivamente coincidentes com o interesse dos indivíduos ou até mesmo estejam alinhados com políticas públicas assentadas constitucionalmente.

Em relação à atuação estatal para colmatar déficits de informação em tomadas de decisão, é importante registrar iniciativas concretas de estruturação estatal para o enfrentamento desse problema, que também afeta a própria Administração Pública. Nesse sentido, aponta-se a experiência americana capitaneada com a OIRA (*Office of Information and Regulatory Affairs*), criada nos anos 80 e voltada a colher informações dispersas e avaliações entre órgãos governamentais distintos para auxiliar na tomada de decisão relativa à edição de uma norma regulatória. O objetivo desse departamento administrativo americano é garantir intervenções regulatórias que tragam efetivamente mais benefícios que custos, sejam de fácil apreensão pelo público destinatário, concretizando o princípio da simplificação, e alcancem um consenso, sempre que possível, entre os demais órgãos administrativos e as entidades regulatórias, de modo a incrementar os níveis de estabilidade e aceitação futura da norma regulatória gestada pela Administração[47].

---

46. MENDONÇA, Jose Vicente Santos de. *Direito constitucional econômico: a intervenção do Estado na economia à luz da razão pública e do pragmatismo*. 2. ed. Belo Horizonte: Forum, 2018. p. 368.
47. SUNSTEIN, Cass R. *Simpler: the future of government*. New York: Simon & Schuster Paperbacks. 2013. p. 3.

Por fim, as **falhas de governo** podem ser definidas como as atuações estatais geradoras de ineficiências econômicas[48]. As políticas públicas, enquanto intervenções estatais voltadas a resolver problemas sociais[49], são imaginadas, planejadas e executadas para concretizar compromissos do Estado Brasileiro e, ao final, promover melhoria na vida das pessoas. No entanto, os riscos de captura e a desconsideração de repercussões econômicas, diretas ou indiretas, representam elevados riscos de a política pública resultar em graves problemas socioeconômicos, alguns deles nem sequer considerados pelo planejador social. Exemplos de atuações estatais ineficientes abarcam desde o tabelamento de preços para controle de inflação até incentivos tributários concedidos, em razão de lobby empresarial, desprovidos de prévios estudos de impacto orçamentário e de metas seguras de promoção de eficiência e dividendos sociais no setor prestigiado.

De fato, ao se analisar os "considerandos" dos atos adotados pela Administração, muitas vezes há boas intenções num agir estatal que se revela posteriormente ineficiente por falha no planejamento e na execução da medida. O fato de existir uma falha no mercado não justifica, por si só, a necessidade de atuação estatal. Dada a dinamicidade do Mercado, algumas vezes o papel do Estado diante de um diagnóstico de ineficiência é apenas acompanhar a definição pelos agentes econômicos envolvidos[50].

A ausência de compromisso de importantes agentes políticos com a sustentabilidade no longo prazo é mais um agravante para as políticas públicas. Olhando para a realidade brasileira, eleições ocorrem a cada dois anos em território nacional, e os índices de aprovação/rejeição variam significativamente de acordo com o que existe na atualidade ou com

48. PORTO, Antônio Maristello; GAROUPA, Nuno. *op. cit.* p. 77.

49. GRAU, Eros Roberto. *O direito posto e o direito pressuposto*. 7. ed. São Paulo: Malheiros, 2008. 27.

50. CARDEN, Art; HORWITZ, Steven. *Is market failure a sufficient condition for government intervention?* Livrary of Economics and Liberty, v. 1, 2013. Disponível em https://www.econlib.org/library/Columns/y2013/CardenHorwitz-markets.html Acesso em: 31/10/2020

promessas no curto prazo. Em cenários de queda de popularidade, políticos são estimulados a realizar ações que tragam resultados imediatos, mesmo com riscos de consequências futuras graves e/ou comprometimento orçamentário.

O estudo sobre as intervenções estatais e suas falhas se torna ainda mais desafiador ao se perceber a existência de atuações administrativas capturadas por instituições ou empresas. O agir público, nesses casos, deixa de ser guiado por interesse público ou destinado a corrigir falhas de Mercado e acaba se voltando à concretização de interesses setoriais privados, muitas vezes em detrimento de melhores cenários de bem-estar para a própria população. O estudo sobre a influência decisiva de agentes do Mercado e outras instituições sobre o agir estatal, especialmente o regulatório, será mais bem explorado nos estudos sobre a Escola da Escolha Pública e o processo das entidades regulatórias. De todo modo, fica desenhado desde já que as falhas de governo devem ser estudadas tanto como derivadas tanto de ações negligentes ao analisar o cenário, quanto de influências setoriais em meditações e planejamentos de autoridades administrativas.

Assentados os principais pontos relativos aos fundamentos da Ciência Econômica, já é possível avançar para os próximos capítulos. O esforço aqui realizado para se ter uma visão geral sobre os alicerces teóricas da Economia se revelará fundamental no estudo. Afinal de contas, não faria sentido propor uma aproximação do Direito com a Economia sem que as noções básicas desse ramo de saber fossem minimamente desenvolvidas.

De tudo que foi visto, chamo a atenção para algo que se perceberá recorrentemente nesse estudo, que é a busca pela visão pluridimensional das questões sociais existentes. Por mais que tenhamos centrado esforços para analisar os fundamentos da perspectiva econômica, quase todas as ilustrações ou conceitos construídos nesse capítulo foram feitos próximos ao Direito, ao estudo dos fenômenos jurídicos e do desenho das instituições jurídicas. Assim como o Direito precisa se abrir para a realidade (econômica), o estudo de propostas econômicas deve considerar as noções básicas do Direito, a tradição jurídica e o adensamento constitucional de determinadas ideias para que determinadas propostas não se resumam a modelos econômicos irrealizáveis.

Não se trata de uma evolução de pensamento, mas tão somente de uma proposta de compreensão da realidade econômica juridicizada. Como se perceberá no próximo capítulo, a aproximação entre Direito e Economia é vocacionada a solucionar problemas para os quais a perspectiva de avaliar um dado fenômeno social exclusivamente pelo seu viés jurídico não se mostra satisfatória. Não é nenhuma tentativa de refundação teórica, e, sim, apenas um esforço em propor soluções para casos difíceis, inusuais e que não comportam uma negligência da variável econômica.

Como foi dito na introdução, o estudo se dará na seguinte sequência: **Economia**, **Direito e Economia** e **Direito**. Dessa forma, antes de avaliarmos o Direito em si, oportunidade em que serão analisadas as novas propostas teóricas jurídicas que impulsionaram reformas legais percebidas recentemente no ordenamento jurídico brasileiro, bem como analisadas manifestações do Supremo Tribunal Federal, Superior Tribunal de Justiça e Tribunal de Contas da União, abordaremos o vasto campo do **Direito e Economia**, também comumente designado como **Análise Econômica do Direito**.

# CAPÍTULO 2

## DIREITO E ECONOMIA: PERSPECTIVAS PARA SOLUÇÕES ESTATAIS EM UMA REALIDADE PLURIDIMENSIONAL

Não é à toa que "Direito e Economia" inicia o título do presente capítulo: as páginas que se seguem explorarão conceitos fundamentais, institutos, autores e escolas desse complexo e heterogêneo movimento teórico. Considerando que o objetivo geral do livro está em avaliar novas formas de promoção de melhores decisões da Administração Pública, a pesquisa de Direito e Economia será guiada com o intuito de avaliar, sempre que possível, as camadas jurídicas e econômicas nas ações e reações administrativas aos principais eventos sociais que reclamem por decisões administrativas.

Trabalhamos com a noção de camadas ou influxos jurídicos e econômicos no atuar administrativo, pois partimos do pressuposto de pluridimensionalidade da realidade, ideia sinalizada, inclusive, no próprio título do capítulo. Trata-se de premissa já apresentada na introdução e que se retoma aqui como guia para a formação de melhores decisões da Administração Pública e conduzir a uma aproximação das demandas jurídicas, econômicas e estatais na solução de problemas sociais.

Direito, Economia e Estado são apresentados no presente trabalho como elementos conceituais fundamentais e reciprocamente implicados para a compreensão da regulação de comportamentos e ações humanas por regras estatais. Embora possuam independência terminológica e conceitual entre si, a análise da dinâmica operacional do agir estatal regulador (a mais refinada e complexa atuação do Estado) aponta o entremear de ideias.

Nesse sentido, a regulação, de um modo geral, deflui da observação e imposição de regras (Direito) editadas por um ente estatal regulador (Estado) para normatizar algum evento ou setor econômico relevante (Economia). Propor soluções estatais a demandas pluridimensionais, ou seja, recamadas de expectativas e necessidades jurídicas e econômicas, requer uma compreensão mínima desses elementos. Abre-se, portanto, a oportunidade para uma breve apresentação dessas estruturas conceituais fundamentais.

O Direito, a modalização normatizada de comportamentos humanos e a definição de soluções para os casos concretos são identificados em variados níveis de sofisticação no curso da história. Em comum, os diferentes ordenamentos e sistemas jurídicos visavam, ainda que muitos tenham falhado fragorosamente, a promover regras estáveis, garantidoras da coexistência pacífica dos reconhecidos como pertencentes à sociedade. O Direito sempre foi vocacionado a servir como um instrumento de paz e segurança ofertado aos que ostentassem prerrogativas que os colocassem na condição de cidadãos. Estabilidade das relações, cumprimento dos deveres assumidos, garantia dos compromissos e retribuição premial ou sancionadora formam a base dos principais sistemas jurídicos ao longo dos tempos. A par desses elementos básicos, a conceituação de Direito é renovável e adaptável à ótica investigativa, especialmente ao se considerar que o Direito pode ser compreendido como uma prática social, histórica e variável conforme seja aplicado, transmitido e reforçado[1]. Dada a variabilidade de conceituações, aproveita-se a ideia fundamental de Direito como o conjunto básico de regras

1. LOPES, José Reinaldo de Lima. *Curso de filosofia do direito*. O direito como prática. 2ª ed. Barueri: Atlas, 2022, p. 27.

socialmente aceitas, a ser utilizado para a solução dos problemas que surjam em sociedade.

O exponencial incremento da complexificação das relações humanas, a par de atender (e criar) demandas individuais e coletivas inimagináveis em rudimentares grupos sociais, trouxe novos desafios e problemas entre os indivíduos. Embrionárias organizações sociais disciplinadoras de conflitos e ditadoras de regras (jurídicas) evoluíram por milhares de anos e alcançaram os contornos atuais do que se entende como Estado. Sem tecer maiores minúcias ou adjetivações que não são necessariamente universalizáveis, é possível definir Estado como a entidade suprainstitucional legitimada numa sociedade a se valer da coerção para a manutenção da ordem jurídica, econômica e social[2].

Os Estados, como hoje desenhados, são relativamente recentes na história. Em suas formações iniciais, refletiam a consolidação do poderio econômico e bélico em famílias que conseguiram amealhar terras, títulos e propriedades ao longo do tempo, suficientes para lhes alçar à condição de realeza. Na Europa, muito antes das atuais fronteiras divisórias de países, os Estados Absolutistas despontaram na organização da vida social dentro de seus territórios. As obrigações do Estado perante a sociedade eram reduzidas, mas sensivelmente importantes, como segurança interna e proteção contra invasões estrangeiras, apaziguar conflitos entre súditos e garantir um ambiente de previsibilidade mínima.

Com a consolidação dos Estados Absolutistas, as principais atividades econômicas desenvolvidas dentro das fronteiras dos reinos estavam, em algum nível, submetidas à concordância dos Reinados. Particulares deviam, além de impostos, satisfação à Coroa, que permitiria a exploração de determinadas ações de interesse público.

Como a sociedade e as principais atividades de mercancia eram essencialmente submetidas ao beneplácito do Estado Absolutista, dois grupos sociais foram paulatinamente se

---

2. NOZICK, Robert. *Anarquia, estado e utopia*. Trad. Fernando Santos. São Paulo: Editora WMF Martins Fontes, 2011. p. 32.

formando: os contemplados pelo aval da Coroa, naturalmente satisfeitos, e os limitados ou não autorizados. A par da aparente divisão, esses grupos foram se aproximando ao longo do tempo. A insatisfação quanto a cenários de imprevisibilidade e mudança das condições de exploração de atividades econômicas, a resistência aos tributos cobrados pelo exercício de suas atividades e a natural inclinação do ser humano para buscar maiores níveis de liberdade em seus empreendimentos ou alcançar maior poder ou influência econômica levaram os grupos sociais a se unirem contra Estados absolutistas. Duros confrontos levaram à gradual superação do Absolutismo.

Nesse contexto de irresignações sociais foram consolidados os primeiros alicerces do que futuramente se denominaria cientificamente de Economia. O agir racional, a noção de escassez, o individualismo metodológico, o funcionamento dos Mercados e a eficiência passaram a guiar pensadores em diversos lugares no mundo, reflexo da força pujante identificada na burguesia, estrato social cada vez mais influente na Europa e propulsor de grandes feitos industriais e econômicos. O que se percebia era o desalinhar de expectativas entre os que produziam riquezas e os que delimitavam normativamente as atividades econômicas.

O estudo da relação entre a dinâmica dos atos privados voltados à geração e circulação de riquezas e os motivos que impulsionam a adoção de ações em cenários de incerteza tomou as tintas das gráficas e gerou grandes obras, como "A Riqueza das Nações", de Adam Smith. A grande obra de Smith influenciou milhares de pensadores e ajudou a consolidar a Economia como a ciência social que estuda as formas mais eficientes pelas quais a sociedade consegue administrar seus escassos recursos[3].

Com a queda dos regimes absolutistas, surgiram em momentos distintos dois modelos de Estados conceitualmente antagônicos: o Estado Liberal e o Estado Social. O primeiro deles, o Estado Liberal ou Mínimo, foi o resultado da chegada dos representantes da burguesia ao poder. Em um movimento

3. MANKIW, *op. cit.* p. 04.

claramente antagônico ao cenário em que a realeza e a nobreza ditavam regras e direcionavam a Economia, com episódios de autorização ou intervenção nas atividades de mercancia realizadas por particulares, o Estado Liberal foi construído numa perspectiva absenteísta: a interferência do Estado nos rumos da Economia deveria ser a mínima possível, sendo necessária apenas para reconhecimento e proteção de institutos jurídicos fundamentais à autodeterminação das pessoas, como o direito à propriedade, e para fins de controle e cumprimento dos contratos firmados[4]. Aos agentes privados recairia a responsabilidade pela exploração de atividades econômicas, a fim de gerar riqueza de modo mais otimizado e permitir que os recursos fossem naturalmente direcionados aos que mais os valorizassem.

O movimento liberal é fincado na reserva às interferências estatais na dinâmica econômica e ao dirigismo estatal. A defesa por cenários de liberdade para o agir dos particulares foi viabilizada pelo princípio da legalidade, que permite todas as ações privadas, desde que não contrariem lei previamente editada. A legalidade, portanto, chancela todas as interações espontaneamente firmadas por agentes econômicos e os ajustes mutuamente balanceados que não ofendam as leis vigentes, viabilizando um Mercado sustentável e em condições de se renovar. Nesse cenário, o Estado não tem a atribuição de estabelecer uma ordem econômica e social específica, mas sim a de editar leis que garantam um contexto favorável ao funcionamento não planificado da Economia[5].

O Século XIX trouxe grandes desafios para o Estado Liberal. Elevados índices de desemprego, riscos derivados das concentrações e dominações do Mercado e dificuldade de empresas privadas assumirem compromissos elevados e de perspectiva intertemporal de infraestrutura trouxeram gargalos significativos a diversos setores industriais e mercantis. Diante da ausência de recursos públicos para a efetivação

---

4. NOBRE JUNIOR, Edilson Pereira. *O controle jurisdicional da função normativa das agências reguladoras*. São Paulo: Contracorrente, 2021. p. 53.

5. HAYEK, Friedrich A. von. *The constitucion of liberty: the definitive edition*. Chicago: The University of Chicago Press, 2011. p. 229.

estatal dessas atividades, o Estado se valia de pactos com particulares para a construção de obras públicas relevantes, permitindo que agentes privados explorassem os serviços por sua conta e risco[6]. Mesmo com a possibilidade de arranjos entre Estado e agentes privados, situações de crises de recursos estatais afugentavam particulares da assunção de compromissos maiores, gerando um déficit na oferta de serviços e utilidades básicas à sociedade.

As crises sociais e econômicas que se instalaram em diversos Estados notadamente caracterizados pela pouca intervenção estatal direta em demandas sociais ou econômicas estimularam movimentos populares e organizações sociais a clamar e lutar por mudanças. As Constituições promulgadas no Século XX evidenciam a mudança do perfil do Estado, que passa a ser promotor de direitos individuais e sociais, e ator relevantíssimo no funcionamento da Economia. O Estado Social se formou de diversos modos e em diferentes níveis de intervencionismo, como se percebe ao se comparar as diferentes Constituições e ordenamentos jurídicos de países como Estados Unidos, China, Rússia e outros países da Europa e da América Latina.

A Economia e seus ciclos de expansão e retração percebidos nos últimos 100 anos foram duros para muitos países, especialmente para os que foram construídos a partir de uma visão eminentemente estatal planejadora e planificadora dos objetivos e metas socioeconômicas. O esgotamento da capacidade estatal de investir, os déficits públicos, a dificuldade de adaptabilidade dos planejamentos estatais às complexas e abruptas mudanças socioeconômicas, o quadro inflacionário e as amarras legais e constitucionais que determinavam a efetivação direta pelo Estado de direitos prestacionais trouxeram cenários de insustentabilidade fiscal a diversos países de Mercado fechado, como o Brasil.

Diante da constatação de impossibilidade material para efetivar os planos imaginados pelo constituinte e da necessidade de integração e alinhamento do Brasil à política

---

6. COUTO E SILVA, Almiro do. *Conceitos fundamentais do direito no estado constitucional*. São Paulo: Malheiros, 2015. p. 253.

econômica internacional, traçou-se o caminho para reformas legais e constitucionais que desenharam os contornos do que se entende atualmente como Estado Regulador. O Estado foi deixando de realizar diretamente alguns de seus compromissos constitucionais, passando para a iniciativa privada a exploração de diversos serviços públicos e atividades econômicas relevantes[7]. Como os serviços e atividades absorvidos por agentes privados são fundamentais para o desenvolvimento e a segurança do País, o Estado foi chamado a normatizar e regular a atuação dos agentes econômicos prestadores de serviços sociais e econômicos[8].

A regulação, por sua vez, pode ser definida como a modalidade de intervenção estatal nos domínios econômico e social, destinada a garantir o atendimento de finalidades específicas do setor regulado e concretizar interesses públicos reconhecidos pelo ordenamento jurídico constitucional[9]. Enquanto fenômeno estatal, a regulação demandou a implementação de mudanças normativas e estruturais para que os planos de desestatização e recuo estatal na prestação de serviços fosse possível. O resultado desse trilhar de caminho foi a consolidação, para alguns, do princípio da subsidiariedade no direito público, com o retorno à sociedade das matérias de interesse social passíveis de serem eficientemente exploradas por ela[10]. A opção brasileira pelo recuo estatal se aperfeiçoou essencialmente com as Agências Reguladoras, instituídas para a implementação de políticas públicas em cada um dos setores em que o Estado fosse retirado da prestação direta dos

---

7. MARQUES NETO, Floriano de Azevedo. *Limites à abrangência e à Intensidade da regulação estatal*. RDPE. Ano 1, n. 1, jan-mar/2003. Belo Horizonte. Forum, 2003. p. 12. Disponível em < http://www.direitodoestado.com.br/codrevista.asp?cod=70 >. Acesso em 03 de março de 2023.

8. BINENBOJM, Gustavo. *Poder de polícia, ordenação, regulação: transformações político-jurídicas, econômicas e institucionais do direito administrativo ordenador*. 3 ed. Belo Horizonte: Fórum, 2020. p. 168.

9. FRANÇA, Vladimir da Rocha. *Princípio da legalidade administrativa e competência regulatória no regime jurídico-administrativo brasileiro*. In: Revista de informação legislativa, v. 51, n. 202, p. 7-29, abr./jun. 2014. p. 21.

10. TORRES, Silvia Faber. *O princípio da subsidiariedade no direito público contemporâneo*. Rio de Janeiro: Renovar, 2001. p. 15.

serviços públicos, de modo a garantir padrões de eficiência e segurança pelos agentes privados e, especialmente, proteger a população destinatária dos serviços.

O fortalecimento do Estado Regulador veio acompanhado da crescente valorização da liberdade econômica, em prestígio a antigas premissas liberais, assim como a valorização do Mercado enquanto ambiente gerador de riquezas. Constitucionalmente, o Mercado é reconhecido como sustentáculo da sociedade e do próprio Estado, conforme se depreende da leitura do artigo 219 da Constituição Federal[11]. Mercados minimamente funcionais são identificados em sociedades que prestigiam o exercício efetivo da livre-iniciativa aos agentes privados, cabendo ao Estado atuações estratégicas, com a constituição de instituições que protejam o Mercado e com intervenções na dinâmica econômica que se revelem fundadas, otimizadoras de geração de riquezas e protetoras de direitos constitucionais relevantes.

Vale destacar que a evolução dos perfis estatais trouxe claros reflexos na atividade interpretativa do Direito. Nesse sentido, num Estado Liberal, com reduzido número de funções, a interpretação das normas constitucionais é naturalmente orientada para a contenção do agir estatal. A organização hierarquizada de normas se apresenta como a base para a atividade de subsunção da norma ao fato. Essa concepção formal, todavia, revelou-se insuficiente para a compreensão do sistema jurídico com o advento das Constituições editadas pelos Estados Social e Regulador, que, como já foi visto, estão recamadas de influências originárias dos demais sistemas sociais. A interpretação constitucional com o Estado Social e com o Estado Regulador passou a resgatar valores reconhecidos juridicamente. O exercício da jurisdição, antes alheio a influências políticas numa concepção estanque de separação

11. SILVEIRA NETO, Otacílio dos Santos. *A Constituição Econômica e os contornos moduladores da liberdade monetária no Brasil*. (in) Revista de Direito Constitucional e Internacional, v. 132, p. 113-126, 2022. p. 114. Disponível em <https://www.thomsonreuters.com.br/content/dam/ewp-m/documents/brazil/pt/pdf/other/rdci-132-otacilio-dos-santos-silveira-neto.pdf> Acesso em 24 de dezembro de 2022

de poderes, passa a alcançar e alterar decisões políticas, de modo que a tomada de decisão, tal como numa discussão de projeto de lei, se abre à realização de prognósticos[12].

A variação dos modelos estatais ao longo dos tempos e a evolução das instituições jurídicas e dos sistemas econômicos, todavia, não ocorreram sem desalinhamentos e desajustes. Mudanças em cenários econômicos tendem a ser muito mais rápidas que desenhos institucionais jurídicos e estatais. A busca por soluções monotemáticas não conseguiu impedir que as relações entre Direito e Economia, por exemplo, fossem sensivelmente abaladas. Nesse ponto, vale destacar que Direito e Economia nasceram próximos, mas a busca por metodologias próprias distanciou esses ramos do saber durante o século XX. A independência trouxe cientificidade, mas também cenários de falta de comunicação entre os pensadores de cada uma das disciplinas[13].

Com a pretensão de buscar soluções que atendam exigências jurídicas e econômicas, especialmente em demandas pluridimensionais, ou seja, problemas que demandam do Estado uma pacificação social e atenção a postulados básicos do sistema econômico, é que se entende relevante o resgate de fundamentos econômicos e a sua percepção nos fatos sociais juridicizados.

Há que se ter em mente que soluções estatais que atentem para critérios jurídicos, mas que negligenciem a complexa realidade em que estão inseridas, especialmente as variáveis econômicas num ambiente de falta de recursos e plúrimas demandas sociais, tenderão a manter hígido o sistema jurídico por um tempo, até o momento em que ele se revele incompatível com a sociedade. Os ruídos de comunicação tenderão, portanto, à ruína do próprio sistema jurídico que apenas se

---

12. FERRAZ JUNIOR, Tercio Sampaio: *Consequencialismo, Neoconstitucionalismo e argumentação jurídica.* (in) *Consequencialismo no poder judiciário*. DALLARI, Adilson Abreu ... [et. al.]; org. MARTINS, Ives Gandra da Silva; CHALITA, Gabriel; NALINI, José Renato. Indaiatuba: Editora Foco, 2019. p. 114-117.

13. COOTER, Robert D.; SCHÄFER, Hans-Bernd. *O nó de Salomão: como o direito pode erradicar a pobreza das nações*. Trad. Magnum Koury de Figueiredo. Curitiba: CRV, 2017, p. 09.

preocupou em manter sua independência e autonomia frente aos demais sistemas sociais. Por outro lado, soluções estatais que sejam guiadas por critérios meramente eficientistas tenderão a negligenciar outros valores caros à sociedade, revelando-se, em alguma medida, incompletas e inadequadas. Deve-se ter sensibilidade, portanto, para os compromissos normativos constitucionais impostos ao Estado e compreender que esses mandamentos tanto refletem o contexto socioeconômico em que são gerados, quanto existem para atender a realidade normatizada, que se renova, apresenta desafios não antevistos e clama cada vez mais por soluções inusuais. Assim como a Constituição não se interpreta em tiras[14], fragmentariamente, os fenômenos sociais devem ser compreendidos em seu todo, com os influxos econômicos, políticos e jurídicos existentes.

Ao se comparar o desenvolvimento econômicos entre países, observa-se que o Direito possui papel importante, auxiliando no direcionamento de energia e de recursos. Assim, leis fracas ou desprovidas de aceitação social, ao contrário, podem prejudicar o funcionamento do Sistema Econômico. Há, portanto, que se reatar esse "Nó de Salomão", unindo os reinos da Economia e do Direito para a solução de problemas sociais e o desenvolvimento das nações. Para esse intento, há que se investigar os fundamentos econômicos aplicáveis ao Direito, avaliar as relações entre Direito e Economia e averiguar como o Direito pode buscar novas possibilidades de enfrentamento de problemas mais complexos e desafiadores.

Direito e Economia guiam, controlam e induzem as principais escolhas e eventos humanos havidos em comunidade. De fato, é difícil imaginar situações que envolvam duas ou mais pessoas e não possuam elementos passíveis de sensível repercussão econômica ou jurídica, sendo essas consequências, na maioria das vezes, as principais razões para o estabelecimento das relações. Do nascimento e a aquisição do direito sucessório, passando pelo casamento e as possibilidades de pactos antenupciais, culminando com o óbito, fato gerador

14. GRAU, Eros. *Ensaio e discurso sobre a interpretação/aplicação do direito.* 4ª ed. São Paulo: Malheiros, 2006, p. 44.

do ITCMD, efeitos jurídicos e econômicos são percebidos e ditam o contínuo entremear de ações e reações de indivíduos, grupos sociais e instituições.

Essa premissa não desconsidera a influência de outros elementos ou variáveis sobre as ações socialmente verificadas, muito menos objetiva resumir a ação humana e o encaminhamento das instituições a essas duas ciências. Trata-se tão somente de uma tentativa de evidenciar como aspectos jurídicos e econômicos estão amalgamados em condutas socialmente relevantes.

Em contextos complexos e caóticos, tentativas de alcançar soluções para os problemas identificados nas relações interpessoais se renovam diuturnamente, justamente em função da pretensão de lidar melhor ou mais eficazmente com a complexidade para fins de redução da incerteza em sistemas organizados[15]. Logo, compreender as potencialidades de Direito e Economia para resolver entraves socialmente verificáveis poderá auxiliar na análise e resolução de problemas juseconômicos que reclamem um passo em direção à criatividade segura, previsível e controlável.

Uma das possibilidades de cenário desejável, que se imagina alcançável com essa visão, é a redução da litigiosidade, tradicionalmente elevada na sociedade brasileira. Cada vez mais nuances econômicas são percebidas em ações judiciais, como demonstram os estudos de economia comportamental aplicados ao processo. Nesse sentido, apontam-se as técnicas de dissuasão comportamental por meio de sanções econômicas[16] e os incentivos com os *Nudges*, estimulando comportamentos processuais a relevantes fins públicos identificados pelo legislador[17].

Do mesmo modo, avaliar o impacto econômico de uma inovação normativa ou regulatória, passível de judicialização,

---

15. MORIN, Edgar. *Introdução ao pensamento complexo*. Porto Alegre: Sulina, 2005. p. 35
16. DIAS, Jean Carlos; PEREIRA, Bernardo Augusto da Costa. *Análise econômica do processo civil brasileiro*. São Paulo: Ed. Juspodivm, 2021. p. 29
17. SUNSTEIN, Cass R.; THALER, Richard H. *Nudge: improving decisions about health, wealth, and happiness*. New York: Penguim Books, 2009. p. 06.

é tarefa que se impõe ao legislador e começa a ter reconhecimento institucional em nosso sistema jurídico, como é o caso da Análise de Impacto Regulatório, procedimento voltado à compreensão das consequências potencialmente derivadas de uma determinada alteração do contexto regulatório[18]. Boas intenções normativas que negligenciam as consequências econômicas já causaram diversos problemas sociais na realidade brasileira, como comprovaram algumas experiências de políticas públicas de controle de preços em cenários de hiperinflação.

O contexto jurídico propiciado pelo ordenamento aplicável a uma determinada sociedade naturalmente influencia as decisões econômicas em cenários de escolhas excludentes e nos resultados globais alcançados. Do mesmo modo, dinâmicas econômicas não são desconhecidas pelo Direito para fins de estímulos, controle, indução ou repressão estatal. A relação entre Direito e Economia varia num eterno recriar de harmonia e tensão necessário à evolução de ambos e os ruídos percebidos nessas comunicações são naturais na busca por melhores e mais refinados instrumentos jurídicos e econômicos.

A simultaneidade das variáveis jurídicas e econômicas não está afastada no mundo fático em razão da especialização do Direito e da Economia enquanto ciências sociais autônomas. A Epistemologia, estudo do conhecimento científico[19], impulsiona a compartimentalização dos saberes com o objetivo de preservar a identidade e a autonomia das linguagens que operacionalizam Direito e Economia. De todo modo, a investigação setorial e o recorte da realidade que juristas e economistas fazem ao se engajarem cientificamente em suas atividades não afastam a complexidade inerente ao ato ou fato que é, ao mesmo tempo, jurídico e econômico.

---

18. CONTI, Thomas V. *Análise de impacto regulatório: razões e consequências*. In: ARAÚJO, Luiz Nelson Porto; DUFLOTH, Rodrigo V. (org.) *Ensaios em law and economics*. São Paulo: Editora Liber Arts, 2019, p. 404.
19. MACHADO SEGUNDO, Hugo de Brito. *Epistemologia falibilista e teoria do direito*. (in) Revista do instituto de direito brasileiro da universidade de Lisboa. Ano 3. 2014, n. 1. p. 198.

A dissociação das perspectivas jurídica e econômica deve existir enquanto seja útil à compreensão e investigação técnica do fenômeno social em suas particularidades. Análises jurídicas serão úteis para compreender as repercussões de um evento social para o sistema jurídico. Do mesmo modo, avaliações econômicas auxiliarão a compreensão dos efeitos de um dato fato na dinâmica comportamental dos agentes econômicos em suas decisões sobre os recursos disponíveis. **O que se propõe é a perspectiva de que os esforços setorialmente realizados pelas ciências jurídica e econômica se comuniquem, especialmente em cenários complexos e casos difíceis, dada a necessidade de uma compreensão final que seja absorvida pelo Direito e pela Economia.**

Nesse sentido é que se reforça a ideia de que a realidade é pluridimensional e os problemas nela existentes também o são. Não que todos os problemas demandem uma meditação interdisciplinar. A simplicidade de determinadas questões não reclamará uma análise preliminar inerente à linha de saber que se comunique com o problema posto à apreciação para melhor resolvê-lo. Refletir sobre a eficiência alocativa de uma compra à vista de uma maçã, realizada numa feira de rua, certamente trará diminuto impacto no aperfeiçoamento dessa operação. Ao contrário, avaliar os diferentes níveis de informações disponíveis para a população celebrar contratos de seguro ou previdência pode robustecer políticas públicas nessas duas áreas.

Dentre as possibilidades de se mediar as demandas jurídicas e econômicas para a construção de novas soluções para problemas juseconômicos, destaca-se o movimento teórico Direito e Economia.

## 2.1. DEFINIÇÃO, ORIGENS E ESCOLAS DO DIREITO E ECONOMIA

O Direito e a Economia fornecem as principais "regras do jogo"[20] que viabilizam as operações havidas em ambiente de

20. NORTH, Douglas C. *Instituições, mudança institucional e desempenho econômico*. São Paulo: Três Estrelas, 2018. p. 13.

Mercado e a vida em sociedade. As balizas normativas e econômicas, no entanto, não surgem livres de tensões. Os sistemas jurídico e econômico exercem continuamente recíprocas influências em natural disputa de prevalência ou guinadas para buscas eficientistas ou valorativas, algo natural em contextos complexos.

Enquanto sistemas sociais, Direito e Economia permanecem em constante troca de mensagens para que seus sistemas possam funcionar. De fato, pode-se afirmar que há uma recíproca influência entre os Sistemas Econômico e Jurídico. E essa influência, em si, não é um problema, mas natural em uma compreensão do Direito e Economia à luz da Teoria dos Sistemas[21]. O que não deve haver, sob pena de confusão e subjugação entre os sistemas, é uma transposição não filtrada do discurso econômico para o jurídico, já que além de estarmos lidando com sistemas comunicacionais dotados de códigos próprios, é necessário lembrar que o Direito concretiza outros valores além da eficiência[22].

A abertura comunicacional entre os sistemas se apresenta como pressuposto para que o Direito possa atender às mensagens encaminhadas pelos demais Sistemas Sociais e ter a capacidade de regular, limitar, sancionar e induzir comportamentos econômicos. A interpretação do Direito e a definição de normas (mensagens encaminhadas pelo Sistema Jurídico e concretizadas pelos intérpretes para a solução de problemas que reclamem um disciplinamento normativo) passam a levar em consideração critérios de eficiência, além dos tradicionais elementos inerentes ao discurso jurídico.

Dentre as perspectivas que se lançam a estudar as relações existentes entre o universo jurídico e o universo econômico destaca-se justamente o movimento teórico chamado **Direito e Economia** (*Law and Economics*), que se propõe a compreender a realidade jurídica por meio de fundamentos e elementos jurídicos e econômicos. Trata-se de linha teórica

---

21. GONÇALVES, Guilherme Leite. *Teoria dos Sistemas Sociais: direito e sociedade na obra de Niklas Luhmann*. São Paulo: Saraiva, 2013, p. 58.
22. ARAÚJO, Thiago Cardoso. *Análise econômica do direito no Brasil: uma leitura à luz da teoria dos sistemas*. Rio de Janeiro: Lumen Juris, 2017, p. 15.

com muitos adeptos e críticos. Nos Estados Unidos, país em que essa forma de pensar o Direito alcançou terreno fecundo para obras e teorias, identifica-se, inclusive, controvérsia sobre a expressão que seria idônea para representar essa forma de compreender os fatos sociais dotados de relevância jurídica e econômica.

Nesse sentido, tem-se a divisão entre os adeptos da expressão "Análise Econômica do Direito" (*Economic Analysis of Law*) e os que preferem utilizar a expressão "Direito e Economia". A primeira, segundo alguns críticos, subjugaria o pensamento jurídico ao econômico, por ter a pretensão de guiar o Direito exclusivamente por critérios econômicos, ao passo que a segunda expressão colocaria as perspectivas econômicas e jurídicas em pé de igualdade[23].

A par da controvérsia existente, utilizaremos as duas expressões como sinônimas, seguindo a forma como elas foram majoritariamente recepcionadas pela cultura jurídica brasileira. Ao contrário do que se percebe nos Estados Unidos, não se visualiza por aqui uma profunda divisão e particularização das expressões Análise Econômica do Direito (AED) e Direito e Economia.

De fato, a variabilidade de perspectivas econômicas e jurídicas que podem ser invocadas na interpretação-aplicação do Direito torna irrelevante a fixação de fronteiras entre as duas expressões. Há perspectivas neoclássicas, keynesianas, libertárias e marxistas, assim como há diferentes Escolas do Direito, como o positivismo jurídico, o neoconstitucionalismo, o jusnaturalismo e o pragmatismo. Dessa forma, uma avaliação econômica dos institutos jurídicos variará de acordo com as premissas econômicas firmadas, do mesmo modo que pensamentos jurídicos apontarão para políticas e consequências econômicas distintas em razão dos alicerces teóricos estabelecidos.

A análise de institutos jurídicos à luz de perspectivas econômicas (a ideia por trás da sequência das palavras na

---

23. CALABRESI, Guido. *The future of law and economics: essays in reform and recollection*. New Haven: Yale University Press, 2016. p. 03.

expressão "análise econômica do direito") não afasta necessariamente os valores jurídicos imanentes aos conceitos analisados. Não se desconhece que algumas visões reducionistas buscam atalhos para respostas voltadas a reforçar preconceitos do intérprete ou destinadas a se adequar a modelos sociais de laboratórios, ideais, mas distantes da realidade. O que se defende é a plausibilidade da proposta que se esforce em compreender fatos jurídicos por critérios econômicos, considerando os elementos econômicos e os valores jurídicos aplicáveis, ainda que o analista discorde de algum desses valores ou tenha um juízo crítico em função de sua visão de mundo.

Ao se trabalhar com as mensagens enviadas pelos sistemas jurídico e econômico, o objetivo deve ser mais alcançar possibilidades de melhor compreensão da mutável realidade que se apresenta do que gastar esforços para se identificar "A" resposta ou solução correta. Ao final, o alegado risco de dominação de um saber sobre o outro, comumente levantado pelos críticos da AED, mais aponta uma enviesada ou predisposta conclusão sobre o tema do que o risco de se trabalhar com dois ramos de conhecimento como o Direito e a Economia, unicamente separados para fins científicos, mas amalgamados na vida real.

Enfim, seja chamada de AED ou de Direito e Economia, a perspectiva em que trabalhamos se propõe a investigar a influência de normas nas escolhas e nos comportamentos econômicos havidos em sociedade e mostrar como o pensamento econômico auxilia na criação e reformulação de institutos jurídicos em atenção a premissas econômicas clássicas, como eficiência, racionalidade, escassez, *tradeoff*, custos e utilidades envolvidos, além de outras variáveis.

Com essa breve apresentação, **o Direito e Economia pode ser definido como o estudo das interrelações percebidas entre os eventos, institutos e fenômenos jurídicos e econômicos.** Dentro desta perspectiva, essa proposta teórica avalia a **influência dos comandos normativos no comportamento econômico dos indivíduos, estuda os eventos jurídicos à luz de critérios econômicos** e guia a **criação e reformulação do Direito com atenção à eficiência econômica, à escassez, ao desenho das instituições e aos custos e utilidades envolvidos.**

Em nosso entender, essa proposta de definição é suficiente para consolidar a proximidade das expressões "Direito e Economia" e "Análise Econômica do Direito", dado que uma determinada perspectiva econômica recairá, no final das contas, sobre um fato social juridicizado. Logo, elementos econômicos e jurídicos serão contabilizados ao final do esforço intelectual. Perspectivas reducionistas, obviamente, devem ser compreendidas dessa forma, de modo que serão úteis enquanto modelos de estudo ou propostas teóricas de mudança, infensas a críticas.

Resgatando a "Guilhotina de Hume" e a diferenciação entre os planos do "ser" e do "dever ser"[24], é possível apresentar uma diferença entre Direito e Economia Positivo e Direito e Economia Normativo, tal como ocorre como a distinção entre Economia Positiva e Economia Normativa. Diferenciar essas perspectivas é fundamental para se evitar confusões acerca do que é um fato social e a valoração que se faz acerca desse evento.

Nesse sentido, **Direito e Economia Positivo** é o estudo das repercussões econômicas do Direito sobre a realidade posta: quais os entraves e quais os estímulos econômicos promovidos pelas estruturas jurídicas em um dado mercado. **Direito e Economia Normativo**, por outro lado, assenta-se em juízos de valor feitos acerca de institutos jurídicos. Nesse sentido, verifica-se quais efeitos um dado arcabouço normativo deveria produzir socialmente para se promover maior eficiência econômica, maximização de riqueza e de bem-estar, assim como é possível se investigar criticamente ineficientes normas para que sejam expurgadas do sistema[25]. A dimensão normativa do Direito e Economia, erigida a partir de estudos de sua perspectiva positiva, busca analisar institutos jurídicos enquanto instrumentos de políticas públicas vocacionados à promoção de justiça e eficiência.

---

24. HUME, David. *Tratado da Natureza Humana*. Trad. de Débora Danowiski. Livro III, Parte I, Seção II. São Paulo, Editora UNESP, 2000, p. 509

25. SALAMA, *op. cit.* p. 17.

Falando em eficiência, muitas das resistências doutrinárias no Brasil ao Direito e Economia derivam do grau de relevância e da proporção em que o critério eficientista é adotado na interpretação do Direito e na tomada de decisões. A consolidação da Análise Econômica do Direito está intimamente relacionada às investigações dos institutos jurídicos à luz do critério da eficiência econômica. Afeita a explicar fenômenos jurídicos afetos ao Mercado, a AED avança e realiza um resgate racionalista e utilitarista para aplicar o ferramental microeconômico a todos os ramos do Direito e aos institutos jurídicos.

Nessa fase, a AED capitaneou a aplicação da metodologia econômica ao Direito e estimulou os juristas a enxergarem o Direito não apenas como um emaranhado de regras e procedimentos, mas como um sistema de incentivos[26]. Aperfeiçoa-se a noção de que os comandos normativos estimulam ou desencorajam comportamentos e apresentam consequências econômicas, antevistas ou não pelo órgão criador da norma. Vários são os exemplos possíveis de serem investigados sob esse prisma: recrudescimento das sanções penais e administrativas pelo uso de álcool antes de dirigir e a consequente diminuição da concessão de benefícios por incapacidade causada por acidentes de trânsito dessa natureza; estabelecimento de um Código de Defesa do Consumidor e a avaliação do impacto dessas regras no comportamento de fornecedores; otimização do fluxo de riquezas para a celebração de contratos com a fixação de regras claras e excepcionais para a revisão dos pactos firmados entre empresas.

A eficiência enquanto método de investigação alcança os próprios sistemas jurídicos. Desponta, por exemplo, o entendimento de que o *Commom Law*, sistema fundado em precedentes judiciais, promoveria mais eficiência à sociedade que o *Civil Law*, alicerçado essencialmente em parâmetros legais.

O *Civil Law* apresenta entre suas principais características a codificação jurídica, a elaboração legislativa das normas (o que representa lançar para a futura promulgação da lei o

26. ARAÚJO, Thiago Cardoso. *op. cit.* p. 58

atendimento das necessidades sociais atuais, com o risco de descompasso entre os reclames futuros) e a vocação de uniformização do direito com diplomas legais, o que, em alguma medida, limitaria ou conduziria o papel criativo dos juízes. O *Common Law*, por outro lado, estaria fundado no reconhecimento de usos e costumes (o que resultaria em maior aceitabilidade social dos julgados), regras menos abstratas e protagonismo do Judiciário na consolidação do Direito.

Há estudos sobre o *Commom Law* americano que o identificam como um sistema vocacionado a estimular a geração de riquezas (eficiência econômica) por estar fundado na proteção com viés de exclusividade do direito de propriedade, no direito contratual e na responsabilização civil. A proteção desses três alicerces econômicos evitaria demasiados custos de transação e estimularia as transações econômicas[27]. O juiz no *Commom Law* americano estaria condicionado a interpretar precedentes e estabelecer novas normas a partir dos casos julgados, enquanto o juiz civilista apresentaria um viés fortemente formalista, com um raciocínio que se baseia em premissas e conceitos abstratos, sendo praticamente nula a ponderação consequencialista[28-29].

---

27. SALAMA, *op. cit.*, p. 69.

28. JAKOBI, Karin Bergit; RIBEIRO, Marcia Carla Pereira. *A análise econômica do direito e a regulação do mercado de capitais*. São Paulo: Atlas, 2014. p. 22.

29. Como contraponto ao entendimento de que o sistema Civil Law seria ineficiente ao se comparar à Common Law, destaca-se a crítica no sentido de que a Civil Law consiste em um sistema mais estável e seguro, dada a perenidade dos dispositivos legais. Considerando que a segurança jurídica é um dos elementos mais caros a um sistema que busque geração de riqueza, perceber-se-ia uma maior previsibilidade para os agentes econômicos desenvolverem suas atividades e uma diminuição dos custos de transação. Em reforço à estabilidade da Civil Law, evidencia-se o efeito sinalizador dos dispositivos legais: dada a vocação de aplicabilidade a um número de casos maior que as decisões judiciais, as leis promoveriam maior certeza jurídica aos indivíduos em uma dada sociedade para celebrarem contratos e desempenharem atividades econômicas. Nesse sentido GORGA, Erica. *Tradições do direito – Parte II: Common law é mais eficiente do que a civil Law? Considerações sobre tradições de direito e eficiência econômica*. In: ZyLBER- SZTAJN, D; SZTAJN, R. (Org.). Direito e economia. Rio de Janeiro: Elsevier, 2005, p. 150.

Após a consolidação da eficiência como parâmetro para investigação de institutos jurídicos, desenvolveu-se uma concepção doutrinária extrema da eficiência como fundamento ético para o Direito. Desponta aqui uma corrente reducionista que entende eficiência como sinônimo de Justiça. Justamente essa perspectiva trouxe uma grande divulgação da AED, seguida de consistentes críticas doutrinárias.

O grande nome da perspectiva eficientista da Justiça foi o juiz Richard Posner, que em determinado momento de sua vida acadêmica propugnava que a promoção de maximização de riqueza em sociedade deveria ser o parâmetro para avaliar se as instituições jurídicas são justas[30]. Dessa forma, justos seriam os atos que de modo mais eficiente resultassem em maior riqueza social e justas seriam as regras e interpretações jurídicas que viabilizassem as operações econômicas que promovessem a maior quantidade de riqueza para a sociedade[31].

Há uma evidente aliança entre elementos de utilitarismo (entender que os indivíduos são agentes racionais, maximizadores de seu bem-estar e riqueza) e consequencialismo (maior riqueza para o maior número de pessoas) nessa concepção de Justiça. E as duras críticas a essa proposição de Justiça de Posner não tardaram. As rechaças abarcam desde a vagueza da expressão "maximização de riqueza" e a sua difícil verificação num contexto social de díspares e complexas relações sociais, profundamente marcadas por desproporcionais alocações iniciais de recursos, até a desconsideração de que direitos individuais são caros à sociedade e apresentam valor independentemente da maximização da riqueza. Haveria ainda o risco de se sobrelevar concepções exclusivamente utilitaristas em políticas públicas, o que traria perigos como o de, por exemplo, se legitimar a usurpação ou desconsideração de direitos de minorias vulneráveis sob o pretexto de se promover o bem-estar para o maior número possível de pessoas.

30. POSNER, Richard Allen. *A economia da justiça*. São Paulo: Martins Fontes, 2010. p .104.

31. SALAMA, *op. cit.*, p. 73.

Após a relativização feita pelo próprio Richard Posner de concepções inicialmente construídas e, ainda, com a evolução das teorias do Direito e Economia, resultado da contribuição de diversos juristas das mais variadas concepções jusfilosóficas, o resgate da visão da eficiência como critério não excludente de investigação de institutos jurídicos se estabilizou como percepção de maior aceitabilidade e operabilidade[32].

Mesmo com as críticas, a eficiência permanece como variável fundamental para a compreensão do Direito e sua aplicação. A constitucionalização da eficiência como princípio orientador da Administração Pública no artigo 37 da Constituição Federal trouxe um parâmetro para apreciação e controle do agir administrativo, que deve ser considerado tanto pelo formulador de políticas públicas quanto pelas entidades responsáveis por efetivá-las.

A cláusula geral de eficiência administrativa se posiciona no ordenamento jurídico brasileiro como um postulado interpretativo em decisões que envolvem custos e um guia para a ação estatal, de modo a garantir que as decisões estatais sejam adequadas, rápidas e menos custosas. De fato, a eficiência pode ser encarada como uma proporcionalidade qualificada[33], em que se percebe a preocupação com a relação de custos e benefícios na maximização de riqueza e na otimização da eficiência alocativa dos recursos disponíveis para a concretização dos compromissos constitucionais existentes. Enquanto princípio jurídico, a eficiência aponta que, para se alcançar um determinado resultado esperado e desejado constitucionalmente, a ação deve ser realizada pela organização estatal mais adequada para decidir. Dado o dever de eficiência no agir administrativo, evidencia-se a possibilidade de consideração de argumentos econômicos na interpretação jurídica. Voltando os olhos para a Constituição Econômica, apresenta-se oportuno avaliar em que medida a intervenção do Estado

32. SALAMA, *op. cit.* 98.

33. CABRAL, Flavio Garcia. *O conteúdo jurídico da eficiência administrativa*. Belo Horizonte: Fórum, 2019. p. 160.

na Economia será guiada, legitimada ou limitada por considerações econômicas[34].

O desafio que se apresenta, no entanto, reside não somente em definir uma política pública como totalmente eficiente ou ineficiente, mas em compreender os graus de eficiência possíveis de serem alcançados pelo Estado, assim como considerar todo o cenário posto, com os direitos que serão concretizados e outros que serão relativizados ou que terão sua implementação postergada para um momento ulterior. A eficiência deixa de ser um parâmetro absoluto de legitimação e passa a trazer um ideal de sustentabilidade para ações administrativas atentas aos direitos e custos envolvidos.

Ao se apresentar a ideia de "graus de eficiência", objetiva-se contornar a resistência identificada na doutrina jurídica brasileira à perspectiva reducionista de uma das linhas do Direito e Economia que, como vimos, buscava igualar justiça à eficiência. À luz do texto constitucional, pensadores comprometidos com questões de justiça social, inclusão e redistribuição mínima de riquezas se revelaram resistentes a teorias de Direito e Economia criadas em um contexto jurídico e social diverso do brasileiro.

A recepção de conceitos e perspectivas da análise econômica do direito deve atentar à ordem constitucional, aos compromissos constitucionais e ao próprio desenho do Estado Brasileiro. O mero transplante de institutos sem a devida leitura à luz do texto constitucional estará fadado à inadequação e falibilidade. Transpor conceitos e perspectivas desenvolvidos num sistema jurídico diverso do brasileiro demanda necessariamente uma mínima meditação constitucional e crítica[35].

**A perspectiva que se propõe de AED é a que considera que a sociedade apresenta outros valores necessários a serem alcançados além da eficiência, vetor econômico**

34. CYRINO, André. *Direito constitucional regulatório – elementos para uma interpretação institucionalmente adequada da Constituição econômica brasileira.* Rio de Janeiro: Processo: 2018. p. 169-174.

35. ARAÚJO, Thiago Cardoso. *op. cit.* p. 12.

**e jurídico de extrema relevância, mas condicionado pelo ordenamento jurídico**[36]. Há que se considerar, por exemplo, que além dos tradicionais custos e custos de oportunidade, conceitos já assentados na ciência econômica, os custos morais, especialmente os já juridicizados, podem ser considerados e apreciados em tomadas de decisão[37]. De todo modo, em situações de plúrimas possibilidades e caminhos igualmente reconhecidos pelo Direito, ou seja, sem que se esteja falando em situações do binômio lícito/ilícito, a perspectiva eficientista e os impactos econômicos das decisões deverão pesar na escolha final.

Os primeiros ensaios do que seria futuramente reconhecido como Direito e Economia foram dados pelos teóricos integrantes do **Movimento Institucionalista**. Essa linha de pensamento, em suas origens, tinha o propósito de investigar como institutos jurídicos fundantes da vida em sociedade, como propriedade e contratos, restavam acomodados em diferentes épocas e contextos socioeconômicos[38]. Semelhanças e diferenças em diversos institutos jurídicos são identificadas como decorrência da variabilidade de contextos sociais, econômicos e políticos. Diante dessa constatação, os pesquisadores institucionalistas buscavam avaliar quais moldes normativos mais se aproximavam e se distanciavam dos fins econômicos, éticos e sociais pensados para os institutos jurídicos identificados na legislação investigada.

Autor destacado do Institucionalismo, John Commons nos ensina que as transações econômicas são as menores unidades, a gênese de análise para os institucionalistas. E as transações estão condicionadas pelas regras de funcionamento fornecidas pelo Direito, pela Política, pela Ética e pela

36. FERRAZ JUNIOR, Tercio Sampaio. *Introdução ao estudo do Direito: técnica, decisão, dominação*. São Paulo, Atlas, 2010, p. 61.

37. CALABRESI, *op. cit.* p. 36.

38. MACKAAY, Ejan. *History of law and economics*. In: BOUCKAERT, Bouckaert; DE GEEST, Gerrit. *Encyclopedia of law and economics. Volume I – The history and metodology of law and economics*. Massachusetts: Edward Elgar Publishing Inc., 1999. p. 65.

Economia[39]. Em resgate às lições de David Hume, Commons demonstra que a escassez é uma variável inerente à realidade, perpassando Direito e Economia e quaisquer linhas de saber social. Diante desses firmamentos, Commons informa que a Economia analisa o comportamento dos indivíduos em suas escolhas econômicas, avaliando como as influências das instituições jurídicas, econômicas e políticas podem direcionar o agir econômico nas transações de barganha, administração e distribuição percebidas em uma sociedade marcada pela escassez de recursos. Em outros termos, as instituições são apresentadas como um componente social nos comportamentos individuais[40].

Ao Institucionalismo agregou-se o Realismo Jurídico, movimento teórico construído em reação ao formalismo e ao dogmatismo jurídico. Trata-se de corrente de pensamento que entende o Direito como uma ferramenta de transformações sociais, devendo, portanto, estar afinado com a realidade social existente para que tenha condições de desempenhar seu papel. O Realismo rejeita regras legais rígidas, valorizando análises históricas, e utiliza a lógica dos precedentes para fundamentar as decisões, que devem guardar referibilidade com a realidade por elas disciplinada.

Dentro da perspectiva proposta pelo Realismo, decisões jurídicas (especialmente as judiciais, dada a função criativa normativa dos provimentos judiciais na Common Law) são compreendidas como eventos dotados de implicações sociais, éticas, políticas e econômicas, que refletem o contexto em que inserido o agente que decide[41]. A valoração da interface Direito/Economia se deu naturalmente para o Realismo

---

39. COMMONS, John R. *Institutional Economics*. The American Economic Review, vol. 21, no. 4, 1931, pp. 648–57. *JSTOR*, http://www.jstor.org/stable/495. Acesso em 22 de Julho de 2023. p. 654.

40. Direito e Economia, episódio 76: perspectivas e desafios da economia institucional. Entrevistado: Ramon Garcia Fernandez. Entrevistadora: Ana Frazão. 20 de julho de 2023. Podcast. Disponível em: https://podcasts.apple.com/br/podcast/ep-76-perspectivas-e-desafios-da-economia-institucional/id1516123877?i=1000621739061 Acesso em 01 de agosto de 2023.

41. GODOY, Arnaldo Sampaio de Moraes Godoy. *Introdução ao realismo jurídico norte-americano*. Brasília: edição do autor, 2013. p. 25.

(especialmente para a Análise Econômica do Direito), pois os adeptos dessa corrente percebiam que as relações implicacionais de Direito e Economia influenciam decisivamente no acabamento de instrumentos legais e nas condições econômicas.

A especialização das Ciências Sociais e a busca por autonomia científica, identidade e linguagem próprias arrefeceram o Movimento Institucionalista americano. Somente anos mais tarde, com a severa crise econômica que assolou o mundo nos anos 30, a sensação de permanência da necessidade de decisões mais pragmáticas e condizentes com a realidade, bem como da construção de políticas públicas e modelos jurídicos que viabilizassem geração e circulação de riquezas para o enfrentamento de cenários de intensa miserabilidade, impulsionou a busca por perspectivas interdisciplinares que propugnavam por um Direito mais experimental e pragmático. Nos Estados Unidos, duas correntes do Realismo se consolidaram: a *Critical Legal Studies* e a *Law and Economics*[42].

A contribuição de elevado número de pensadores gerou diversas escolas da Análise Econômica do Direito, que se distanciam e se aproximam, especialmente, em função do peso eficientista no desenho final das interpretações jurídicas e da consideração ou não de outros critérios socioeconômicos. A Análise Econômica do Direito não mais se resume à eficiência, alcançando e problematizando outros elementos da microeconomia na definição conceitual de institutos jurídicos.

Antes de se adentrar nas escolas e correntes da AED, cumpre registrar que o estudo é feito com o objetivo de facilitar a compreensão da evolução do pensamento do Direito e Economia e as influências ocorridas ao longo dos anos. A indicação das escolas ajuda a contextualizar as propostas teóricas e mostrar que Direito e Economia é muito mais do que "economização do Direito".

Em complemento, vale destacar que grandes autores da AED, como Posner, já reformularam alguns de seus

42. GODOY, Arnaldo Sampaio de Moraes. *Direito e economia: introdução ao movimento law and economics*. Revista Jurídica da Presidência da República, Brasília, v. 7, n. 73, 2005. p. 03.

fundamentos ou perspectivas, seja pela inexistência de regra proibitiva de se aliarem argumentos pertencentes a diferentes correntes juseconômicas, seja pela naturalidade no evoluir dos pensamentos. Isso, obviamente, não resulta na expulsão do pensador da Escola com a qual ele estava mais afinado. Mais importante que se preocupar com estanques divisões, com linhas demarcatórias entre as linhas de pensamento do Direito e Economia, o estudo a seguir será útil para a compreensão da variabilidade de pensamentos voltados ao estudo crítico dos eventos juseconômicos.

### 2.1.1. A Escola de Chicago

Certamente, a mais conhecida e influente Escola em Direito e Economia, a Escola de Chicago caminha para alcançar cem anos de histórica, período em que seus seguidores puderam refletir sobre diferentes concepções do Direito e das relações que se estabelecem com a Economia. Os alicerces para a formação da Escola dentro da Universidade de Chicago foram a acolhida do economista **Henry Simons** e a inclusão da disciplina de Economia no curso de Direito nos anos 30.

Simons foi aluno de Frank Knight, chefe do Departamento de Economia e conhecido pela publicação do livro *Risk, Uncertainty and Profit*. Foi por intermédio de Knight que Simons foi aproveitado no Curso de Direito, tendo iniciado suas atividades como docente lecionando o curso "Análise Econômica de Políticas Públicas". Pode até surpreender atualmente, considerando como a Escola de Chicago se consolidou atrelada ao pensamento liberal e ao expansionismo mundial de políticas públicas neoliberais, mas as primeiras manifestações sobre Economia dentro do curso de Direito de Chicago capitaneadas por Henry Simons eram claramente favoráveis ao intervencionismo estatal. Nesse sentido, destaca-se a obra *A Positive Program for Laissez Faire*, publicada por Simons em 1934, em que o autor defendia a necessidade de intervenções regulatórias para a manutenção de condições competitivas, especialmente diante de um ambiente econômico nos Estado Unidos, com casos sensíveis de concentração econômica. Dentre as alternativas para o enfrentamento desse cenário,

Simons propôs nacionalizações e limites legais para o tamanho das empresas, refletindo a perspectiva intervencionista da época do New Deal. De todo modo, a grande contribuição de Simons para a consolidação da Escola de Chicago, além de dar início à tradição de um economista no curso de Direito, foi conseguir levar o economista **Aaron Director** para a Universidade de Chicago[43].

Após o período em que trabalhou no Departamento do Tesouro e uma temporada na *London School of Economics*, Aaron Director chega ao curso de Direito da Universidade de Chicago em 1946. Como professor, Director foi muito influente, ensinando nos cursos de Antitruste e Teoria dos Preços, tanto para juristas quanto para economistas. Para Director, o Mercado, e não o governo, tem melhores condições de coordenar e regular a Economia[44]. Com o firmamento das ideias pró-liberais, Director impulsionou a formação do que se reconhece atualmente da Escola de Chicago, uma corrente claramente defensora do regime de Mercado e refratária a atuações intervencionistas do Estado. É aqui que se estabelece a ideia de que falhas de Mercado não deveriam ser necessariamente corrigidas por atuações regulatórias, mas resolvidas pela própria dinâmica entre os agentes privados.

Outra decisiva contribuição de Aaron Director à consolidação da Escola de Chicago foi a criação do *Journal of Law and Economics*, em 1958, com publicações em variados ramos do Direito, em especial, antitruste, direito corporativo, direito de propriedade e regulação dos seguros. O jornal continua com suas publicações e permanece como referência para os estudiosos em Direito e Economia.

Com a aposentadoria de Director, chega à Universidade de Chicago Ronald Coase, um dos maiores nomes da Análise Econômica do Direito. Falaremos detidamente sobre Coase quando estudarmos os principais pensadores em Direito e

---

43. COASE, Ronald Harry. *Law and Economics at Chicago*. The Journal of Law & Economics, vol. 36, n. 1, 1993, pp. 239–54. JSTOR, http://www.jstor.org/stable/725475. Acesso em 17 de julho de 2023. p. 243

44. DIRECTOR, Aaron. *Defense, controls and inflation*. Chicago: The University of Chicago Press. 1952. p. 286.

Economia e a sua contribuição para os estudos sobre custos de transação no atemporal artigo *O Problema do custo Social*, publicado em 1960. De todo modo, é relevante destacar que Coase foi o maior contribuinte a expandir a análise das relações existentes entre Direito e Economia para além do antitruste e de políticas regulatórias.

O último passo para a consolidação da Análise Econômica do Direito de Chicago se deu com **Armen Alchian** e **Harold Demsetz** e suas respectivas contribuições com estudos sobre o desenho e funcionamento das empresas, assim como sobre o acabamento juseconômico dos direitos de propriedade.

Em relação ao estudo das empresas, Alchian e Demsetz realizaram um resgate do artigo de Coase, *A natureza da Firma*, publicado em 1937, e foram além da noção de custos de transação para o desenho final dessas entidades, explorando variáveis do funcionamento real e efetivo dessas entidades. Nesse campo, destacaram a importância do estudo sobre a organização interna das equipes de trabalho das empresas e mostraram como elas conseguem absorver ações ou utilidades que seriam recrutadas do Mercado, o que as torna mais eficientes na geração de riquezas[45].

Refletindo sobre os direitos de propriedade, os autores se destacam por retomar a perspectiva institucionalista, aproveitando a visão de **Friedrich Hayek**, outro grande nome da Escola de Chicago, no sentido de que o Mercado é viabilizado pelas instituições jurídicas que o sustentam. Dessa forma, a eficiência econômica está atrelada ao bom desenho dos direitos de propriedade e a uma normatização que defina a forma pela qual são exercidos, garantidos e exigidos contratual e judicialmente esses direitos.

Alchian e Demsetz realizaram decisivas contribuições para a formação do não homogêneo Movimento Neoinstitucional, que será visto adiante. Para o momento, cabe destacar que a visão econômica sobre os direitos de propriedade

---

45. YEUNG, Luciana. *Harold Demsetz: a teoria da firma e a teoria dos direitos de propriedade*. In. BECUE, Sabrina Maria Fadel; KLEIN, Vinicius (org). *Análise econômica do direito: principais autores e estudos de casos*. Curitiba: CRV, 2019. p. 174

explorada pelos autores analisa os arranjos legais e institucionais do direito de propriedade, como a natureza e a forma que se constituem os direitos de propriedade, e, ainda, a influência do desenho dos institutos no comportamento dos agentes econômicos na alocação e distribuição de recursos na sociedade.

A pesquisa de Alchian e Demsetz sobre os direitos de propriedade é bipartida, com a análise da influência recíproca entre Direito e Economia. Na primeira perspectiva, defendem que, quanto mais definidos os direitos de propriedade, menores os cenários de incerteza econômica e maiores os níveis de eficiências na alocação de recursos. E, na segunda face, mostram como um ambiente de recursos escassos impulsiona o desenho de novos direitos de propriedade, de modo a atender a dinâmica de Mercado[46]. Mais *Law and Economics* que isso, impossível. Como se percebe, não há uma sobreposição da Economia ao Direito, mas sim um estudo crítico sobre como se estabelecem as interrelações entre os fundamentos jurídicos e econômicos na formação de institutos juseconômicos.

No final dos anos 1970, Richard Posner surge no cenário jurídico americano com suas contribuições para a expansão da análise econômica do direito de Chicago. Nessa fase, Posner guia seus escritos com a premissa de que as pessoas são seres utilitaristas, guiados não pelas normas legais e costumes da sociedade, mas pelo autointeresse. Regras legais são vistas como preços a serem arcados para o alcance dos respectivos interesses[47]. Aqui que se lança a ideia de **eficiência como sinônimo de Justiça**, como será visto no estudo sobre Posner.

Finalmente, cumpre fazer um breve registro sobre a singular contribuição dos trabalhos de **Gary Becker** ao aplicar a análise econômica e a (ir)racionalidade do comportamento humano a temas não convencionais do Direito, como a

46. MEDEMA, Steven G. *Chicago law and economics*. Disponível em: https://papers.ssrn.com/sol3/papers.cfm?abstract_id=560941 Acesso em 03 de agosto de 2023. p. 12.

47. *Idem*, p. 15

discriminação no mercado de trabalho, criminologia, educação e direito de família.

A consolidação da Escola de Chicago abriu portas para economistas do pós-guerra, como **Milton Friedman** e **George Stigler**, e a produção de obras refratárias a intervenções estatais na Economia e panfletárias da ideia de que mercados competitivos geram elevados níveis de eficiência na geração e circulação de renda. A Escola de Chicago, tal como ficou amplamente conhecida, encontra-se alicerçada na **Teoria Econômica de Mercado**, baseada na ideia de que a atuação autointeressada e racional dos agentes do Mercado é suficiente para atender os interesses dos indivíduos e promover bem-estar para a comunidade. Edificada no sistema da *Commom Law*, a Escola toma por objeto essencialmente as decisões judiciais e busca elaborar proposições sobre as interações entre pessoas, instituições e o ambiente que as cerca, bem como propor mudanças normativas à luz da eficiência econômica[48].

O questionamento a paradigmas da Escola de Chicago, a consideração de outros elementos além da eficiência em transações privadas na definição do Direito e o deslocamento do olhar investigativo para além das negociações percebidas no Mercado impulsionaram o surgimento de outras escolas e movimentos. Trazendo o olhar crítico para a análise dos atos governamentais, desenvolveu-se a Escola da Escolha Pública (*Public Choice*).

### 2.1.2. A Escola da Virgínia (*Public Choice*)

Nos anos 1960 toma corpo uma linha de pensamento no movimento Direito e Economia que passa a analisar criticamente atos governamentais e políticas públicas à luz de critérios econômicos. Diferenciando-se da tradição da Escola de Chicago (como foi visto, focada nas decisões judiciais e nos atos privados exercidos em ambiente de Mercado), na *Public Choice* os atos políticos e decisões da Administração Pública

48. VELJANONOVSKI, Cento. *The economics of law*. 2 ed. Londres: The Institute of economic affairs, 2006. p. 30.

passam a assumir destaque na pesquisa. Trata-se de escola de pensamento que usa do ferramental da ciência econômica para tentar explicar como a política, o governo e as escolhas públicas são conduzidos.

A Escola da Escolha Pública alicerça-se na ideia de desconfiança da figura do planejador social benevolente e onisciente de todos os problemas existentes, uma verdadeira reação ao *New Deal*, ao keynesianismo e à visão do Estado como agente principal de promoção do bem-estar social[49]. Contextualizando as razões que levaram ao surgimento da *Public Choice*, é importante lembrar que a Economia do bem-estar do pós-guerra assumiu o desafio de materializar melhorias e benefícios sociais a partir de políticas públicas do Estado-providência num cenário de extremos e desafiadores problemas sociais. A premissa do dirigismo era de que o planejamento estatal, realizado por indivíduos desinteressados e capacitados para essa função (servidores e burocratas em geral), teria melhores condições de captar as dispersas informações disponíveis (resolvendo os problemas de assimetria de informações) e avaliar os custos e benefícios envolvidos em escolhas que atendessem o interesse da coletividade, mediante políticas públicas elaboradas por políticos representantes do povo. Para o Estado Social, a sensibilidade aos problemas existentes não poderia aguardar medidas corretivas que derivariam da dinâmica de Mercado, o que impulsionou o protagonismo estatal na promoção do bem-estar social. Essa perspectiva, no entanto, foi duramente atacada pela Escola da Escolha Pública.

Sem descartar hipóteses em que determinadas necessidades públicas precisariam de uma atuação corretora estatal, a Escola da Escolha Pública buscou demonstrar que os responsáveis pela formulação e execução de políticas públicas e decisões estatais são tão humanos quanto os agentes de mercado guiados pelo autointeresse, sendo possível, portanto, que adotem encaminhamentos dentro da Administração

---

49. MACKAAY, Ejan. *History of law and economics*. In: BOUCKAERT, Bouckaert; DE GEEST, Gerrit. *Encyclopedia of law and economics. Volume I – The history and metodology of law and economics*. Massachusetts: Edward Elgar Publishing Inc., 2000. p. 88.

Pública que negligenciem a escassez dos recursos públicos disponíveis ou, simplesmente, sejam movidos por interesses egoísticos, guiando o agir estatal em benefício próprio[50] .

A Escola da Escolha Pública não diferencia a mente do homem comum da do político ou do burocrata, de modo que entende que todos agem racionalmente para incrementar ao máximo possível suas respectivas situações pessoais. Ao passo que cidadãos comuns atuam basicamente para melhorar suas condições pessoais em seus empreendimentos privados, políticos são compreendidos como orientados a manter ou aumentar seu poder e influência política. Nesse contexto, a *Public Choice* analisa com desconfiança a capacidade do Parlamento de refletir necessariamente o interesse da população. Trata-se de perspectiva consubstanciada, entre outras coisas, no Paradoxo de Condorcet (dissociação entre preferências individuais e coletivas) e no Teorema de Arrow, que aponta que a aprovação de projetos de lei e a consequente alteração do sistema jurídico refletem mais a força daquele que organiza e conduz o processo legislativo que o interesse das maiorias[51]. Para o administrativista clássico, essa visão sobre a legalidade é extremamente dura, já que o princípio da legalidade é alçado, muitas vezes, a filtro de legitimidade do agir administrativo.

Assim como políticos são entendidos como guiados em suas escolhas e comportamentos pelo interesse em maximizar o número de votos nas eleições, diretores e chefes de entidades administrativas, muitas vezes insulados do controle popular, são vistos como guiados a atuar para garantir a maior dotação orçamentária possível, estando esse interesse umbilicalmente ligado ao objetivo de se alcançar maior prestígio, poder e visibilidade no setor público[52].

Na Escola da Escolha Pública, as falhas de governo são colocadas no centro das pesquisas em Direito e Economia.

---

50. BUTLER, *op. cit.* p. 21.

51. CYRINO, André. *Direito administrativo de carne e osso: estudos e ensaios*. Rio de Janeiro: Processo, 2020. p. 25

52. MONTEIRO, Jorge Vianna. *Lições de economia constitucional brasileira*. Rio de Janeiro: Editora FGV, 2004. p. 36

Para evitar que os idealizadores de políticas públicas dirijam o agir estatal em benefício próprio ou atuem sem considerar as consequências econômicas de suas ações, a *Public Choice* propõe constante vigilância da tomada de decisões pelos responsáveis em materializar ações governamentais. O objetivo é evitar que o Estado adote comportamentos que negligenciem os gastos a ele inerentes e, consequentemente, se distancie do interesse público e de outros direitos sociais que deixam de ser tutelados pelo consumo desmedido de verbas públicas em um cenário de múltiplas necessidades e escassez de recursos.

Após a consolidação teórica dos estudos sobre a necessidade de se analisar criticamente decisões estatais, comparando-as com as alternativas possíveis mais ou menos custosas, inclusa a inação, a Escola da Escolha Pública evoluiu e ampliou sua análise. Nessa fase, economistas e juristas não mais ficavam adstritos somente à decisão, passando a analisar o contexto de escolha oferecido ao agente que decide. Como consequência, observa-se a estruturação da teoria do **Constitucionalismo Econômico**, desenvolvida para dar elementos que possam auxiliar a investigação do ambiente institucional e normativo em que o agente, particular ou público, está inserido ao tomar decisões. Dado que as autoridades públicas agem de acordo com a normas vigentes, a *Public Choice* destaca a necessidade de se encarar o legislador, constitucional ou ordinário, também como agente que decide e influi na definição da arquitetura de escolha ofertada aos agentes econômicos e políticos[53]. A constitucionalização de restrições sobre o governo, sobre a máquina administrativa e o processo político aparece como alternativa para diminuir a influência de minorias organizadas, mas influentes, na condução de escolhas públicas enviesadas.

Dentro da Escolha Pública, as Constituições são alçadas à condição de barreira à proteção de atuações políticas enviesadas e distantes dos efetivos interesses da sociedade. Autores de destaque da *Public Choice*, como **James Buchanan** e

---

53. TULLOCK, Gordon; BUCHANAN, James. The Calculus of Consent: logical foundations of constitucional democracy. Ann Arbor: University os Michigan Press, 1962. p. 96.

**Gordon Tullock**, defendem em seus escritos que a proteção da população derivará do estabelecimento de uma Constituição, fruto de um acordo social em que serão apontadas as áreas que demandarão tomadas de decisão coletivas. Estabelecidas as regras do jogo, com o firmamento dos temas que serão objeto de discussão e a forma como eles serão discutidos, as decisões podem ser pensadas e discutidas[54].

Sem exaurir todo o feixe de complexidade da *Public Choice* e restringindo a análise aos seus principais pilares, identifica-se a contribuição de **George Stigler** aos estudos sobre mercados e regulações. Economista da Universidade de Chicago, Stigler auxiliou na consolidação da Análise Econômica do Direito com pesquisas sobre os custos de informações em um ambiente de Mercado e as dificuldades de decidir em contextos de déficit informacional e estudos críticos sobre políticas regulatórias. Regulação econômica representa, em algum nível, restrição aos agentes econômicos. A *Public Choice*, nessa linha, estuda em que medida a regulação econômica resulta em bem-estar social e quais interferências regulatórias devem ser revistas ou evitadas.

Ao aplicar a teoria microeconômica aos estudos de regulação, Stigler aponta que os entes reguladores tendem a ser influenciados por *players* do Mercado a se distanciar da eficiência, parâmetro concretizador do interesse público e do bem-estar social. A razão disso seria a atuação de grupos organizados e influentes, que atuam de modo a garantir que o agir regulatório reflita interesses setoriais dessas corporações e não da dispersa e desorganizada população consumidora dos serviços regulados. Essa ideia passou a ser conhecida posteriormente como a **teoria da captura regulatória**.

Um dos mecanismos possíveis para evitar a influência dos lobbies de setores econômicos organizados é a realização de análises de custo-benefício gerado à sociedade pelos atos regulatórios[55]. Para a *Public Choice*, entender o comportamento dos reguladores para identificar eventuais desvios de

54. BUTLER, *op. cit.* p. 90.

55. VELJANOVSKI, *op. cit.* p. 33.

suas finalidades institucionais demanda estudos empíricos e análise crítica dos impactos econômicos de suas decisões.

### 2.1.3. A Escola de New Haven

A Escola de New Haven se consolida como linha teórica do Movimento Direito e Economia na Faculdade de Direito de Yale em reação ao superdimensionamento da eficiência impulsionado pela Escola de Chicago. Sem desconsiderar a importância da variável eficientista na compreensão do Direito, New Haven se preocupa com a equidade e a justa distribuição de direitos e recursos em sociedade. Trata-se de linha de pensamento que investiga a atuação de instituições administrativas em seus desideratos constitucionais e avalia reformas normativas para que o Estado tenha condições de promover bem-estar social, especialmente, em sua atuação regulatória[56].

New Haven se preocupa com a distribuição inicial de direitos, valorizando modelos de estudos que considerem a desigualdade social nas operações econômicas existentes em sociedade. O Direito, para alcançar a Justiça, deve manter o foco na desigualdade e na pobreza, sem desconsiderar o necessário cuidado com o impacto econômico dos programas redistributivos e com os custos de transação existentes na realidade.

Desponta em New Haven um viés reformista, em que os pesquisadores de Direito e Economia devem investigar como novas leis devem ser pensadas para promover efetivas melhorias para a sociedade. A Escola busca justificar racionalmente as ações estatais, partindo de uma noção realística das instituições formais e informais, apresentando parâmetros para o Poder Judiciário tomar decisões em ações que envolvam políticas públicas. As regras jurídicas (instituições formais) são entendidas como decisivas na alocação de direitos. Logo,

56. ROSE-ACKERMAN, Susan. *Law and economics: paradigm, politics or philosophy*. (in) MERCURO, Nicholas. *Law and economics*. Boston: Kluwer Academic Publisher, 1989, p. 253.

reformas jurídicas devem almejar que o resultado redistributivo dos recursos seja socialmente desejável.

Ao escrever sobre a legislação sobre acidentes, **Guido Calabresi**, um dos grandes nomes da Escola de New Haven, apontou que o direito deve ser justo e voltado a reduzir o custo dos acidentes[57]. Se um sistema jurídico é construído de forma a dificultar o ressarcimento por danos em relações consumeristas, por exemplo, há uma sinalização positiva do ordenamento para as empresas que causam danos ou, simplesmente, não se importam com o que entregarão aos consumidores. Não há, nesse cenário, estímulo para redução dos custos de acidentes, o que não se alinha ao ideário de um sistema jurídico justo e eficiente.

Diante de elevado desnível material entre produtores e consumidores e com o intuito de promover elevados níveis de eficiência na recomposição dos danos, pode-se afirmar que estaria alinhada ao pensamento de Calabresi e da Escola de New Haven a realização de reformas legais nas regras de responsabilidade civil que facilitem a responsabilização de empresas por danos na prestação de serviços ou na disponibilização de produtos em sociedade, independentemente da perquirição de culpa ou dolo no atuar empresarial.

Dando continuidade aos firmamentos realizados pelos primeiros teóricos da Escola, **Cass Sunstein** se destaca na segunda geração de juristas da New Haven. Sunstein é um grande pesquisador contemporâneo sobre o Estado Administrativo e defende que a legitimidade das ações administrativas na promoção do bem comum encontra amparo constitucional e democrático na sociedade americana. Sob o viés institucional, defende enfaticamente a atuação das Agências Reguladoras em um contexto de plúrimas e complexas demandas, que exigem atuações técnicas, rápidas e justificáveis pelo Estado. De uma forma geral, sustenta que o Estado Administrativo se apresenta como a entidade mais capaz de resolver problemas sociais que derivam da desigual distribuição de recursos na sociedade e interferem decisivamente na liberdade

---

57. CALABRESI, Guido. *The cost of acidentes: a legal and economic analysis*. New Haven: Yale University Press, 1970. p. 24.

e autodeterminação das pessoas, como saúde, pobreza, poluição e idade avançada[58].

Como se percebe, a eficiência não é colocada pela Escola de New Haven como critério exclusivo a justificar o Direito, devendo estar aliada a outros elementos caros à sociedade, como proteção a populações vulneráveis. A justiça deve ser o objetivo primordial do Direito, seguido da maximização da riqueza e da diminuição dos custos sociais. Em uma sociedade complexa e que sempre enfrenta momentos de revisitação a paradigmas sociais, as atividades privadas podem ser proibidas quando socialmente reputadas como indesejáveis ou violadoras de fundamentos morais mínimos. Aliar a necessidade de consideração da eficiência com outros valores morais e éticos foi e é a jornada travada pelos pesquisadores que pertencem à Escola de New Haven na construção de uma sociedade mais justa e inclusiva[59].

### 2.1.4. O Movimento Neoinstitucional

Como foi visto na apresentação das origens do movimento Direito e Economia, o estudo das Instituições e as suas acomodações no tempo e em diferentes culturas despontava com extrema importância para economistas e juristas dessa fase. Em especial, destacaram-se as contribuições de **John Commons** ao Institucionalismo; esse economista buscava avaliar como as bases jurídicas e econômicas da sociedade interagiam e refletiam nas ações individuais. O esforço para se alcançar uma definição do termo "instituição" é algo perene em todas as fases e diferentes correntes do Institucionalismo, sendo o passo inicial natural para qualquer adepto ou pensador que busque refletir sobre o papel das instituições em sociedade.

58. SUNSTEIN, Cass R.; VERMEULE, Adrian. *Lei e leviatã: resgatando o estado administrativo*. Trad. Nathalia Penha Cardoso de França. São Paulo: Contracorrente, 2021. p. 21.

59. SALAMA, *op. cit.* p. 52.

Nesse aspecto e já dentro do Neoinstitucionalismo (ou Nova Economia Institucional), uma das formas mais comuns apresentadas é a de **Instituições** como as regras do jogo que disciplinam o funcionamento do Mercado e a vida em sociedade[60]. Um ponto a ser destacado é o pendor dessa visão neoinstitucional para cenários de livre Mercado, em que desponta a preocupação com os custos de transação. Dentro dessa perspectiva, compreender as operações econômicas que resultam em trocas de valores demanda mais que a simples análise do evento transacional em si, devendo também ser considerado o contexto histórico, econômico e legal que influenciou a tomada de decisão de realizar um dado negócio, bem como as instituições políticas e jurídicas que garantem as operações econômicas.

Um ponto relevante aqui é que o pensamento institucional não pode ser compreendido como um todo homogêneo. Há diferentes abordagens, ênfases e percepções por parte dos que buscam nas instituições a compreensão da realidade, seja entre os pensadores fundantes do Institucionalismo original, como Commons e Veblen, seja entre os nomes do novo movimento institucional, como Coase e Douglas North. Dentro do Neoinstitucionalismo, por exemplo, é possível identificar, no mínimo, três versões: o Institucionalismo Histórico, o Institucionalismo da Escolha Racional e o Institucionalismo Sociológico[61].

Nesse panorama, é fácil perceber o quão complexa e variada pode ser a perspectiva que pesquise a influência das instituições nos comportamentos percebidos em sociedade. Mais interessante que esgotar e esmiuçar essas linhas de pensamento institucional é buscar, com a sua apresentação, ajuda para compreender que o campo de pesquisa em Direito e Economia que considere a importância das instituições pode ser extremamente vasto.

---

60. NORTH, Douglas C. *Instituições, Mudança Institucional e Desempenho Econômico*. São Paulo: Três Estrelas, 2018. p. 13

61. HALL, Peter. A., & Taylor, Rosemary. C. R.. *As três versões do neo-institucionalismo*. Lua Nova: Revista de Cultura e Política, (58), 193–223. Disponível em: https://doi.org/10.1590/S0102-64452003000100010. Acesso em 02 de agosto de 2023.

O que deve ficar vívido para os que estudam o Institucionalismo é a compreensão de que as instituições são vistas como instrumentos e variáveis sociais que influem decisivamente no desenho final das operações econômicas e das regras jurídicas. Ao mesmo tempo que refletem elevado nível de homogeneidade no pensamento comunitário, as instituições também são influenciadas e evoluem de acordo com a realidade posta e as mudanças percebidas gradualmente em sociedade. Há um eterno recriar entre os sistemas político, jurídico e econômico para a definição dos contornos das instituições, que influenciam e são influenciadas pelo contexto histórico existente. O Neoinstitucionalismo resgata a importância das Instituições, das regras, formais e informais, das restrições estabelecidas em sociedade e a forma como elas se fazem observar em caso de descumprimento[62].

Para a Nova Economia Institucional, observa-se a relevante contribuição de **Oliver Williamson** na formação das bases de uma das principais linhas da nova guinada institucionalista. Conforme Williamson, as pesquisas do Neoinstitucionalismo buscam afastar-se de idealizações, estando voltadas a trabalhar com alternativas factíveis, ainda que não sejam completas nem possam oferecer respostas a todos os problemas. Trata-se de proposta teórica que analisa as ações como elas são em concreto, lança-se a investigar a organização interna das empresas e assume como uma de suas principais diretrizes a necessidade de se considerar os custos de transação, em resgate aos ensinamentos de Ronald Coase[63].

A maior contribuição do novo movimento institucionalista não está em oferecer novas e inquestionáveis respostas a tradicionais desafios da teoria econômica, como se ele tivesse a pretensão de anular as outras visões sobre as interações entre Direito e Economia, como a Economia Clássica. O Neoinstitucionalismo ganha espaço ao oferecer novas perspectivas

62. MACKAAY, *op. cit.* p. 82.

63. WILLIAMSON, Oliver E. *Transaction Cost Economics: The Natural Progression. The American Economic Review*, vol. 100, no. 3, 2010, pp. 673–90. *JSTOR*, Disponível em: http://www.jstor.org/stable/27871227. Acesso em 08 de agosto de 2023.

à análise econômica, como a investigação do surgimento e evolução das instituições juseconômicas que influem na dinâmica de Mercado.

No Neoinstitucionalismo de **Douglas North**, por exemplo, a Economia não existe independente de influências históricas, culturais, políticas e jurídicas. Essas condicionantes são muitas vezes determinantes para se estabelecer uma dependência de trajetória (*path dependence*) para a constituição de um Mercado eficiente e para a performance econômica de uma nação[64]. O modelo de economia neoinstitucional adotado aproxima-se mais da caótica realidade em que vivemos, com a compreensão de que viver custa, bem como é sensível aos problemas inerentes à obtenção de informações para realização, execução, acompanhamento e fiscalização das transações, aceitando-se a falibilidade do pensamento humano nos ajustes negociais.

O novo institucionalismo se preocupa com a Eficiência, o que tem em comum com a Escola de Chicago. A análise institucional, no entanto, não se resume ao modelo neoclássico de Economia, centrado na racionalidade humana, com reduzida consideração sobre falhas informacionais e negligente quanto à consideração dos custos de transação/informação.

A Nova Economia Institucional veio como onda posterior aos programas governamentais de auxílio fundados em valorização do capital, tecnologia e trabalho, sem consideração relevante sobre custos de transação. Análises de pensadores do neoinstitucionalismo reagiram ao pensamento de que o acesso a financiamentos e alternativas tecnológicas seria decisivo para uma nação prosperar, cabendo ao planejamento estatal um papel primordial no direcionamento da Economia. Douglas North encampa o neoinstitucionalismo a partir da observação de que a evolução tecnológica identificada em alguns países é uma consequência do desenvolvimento de determinadas instituições. Logo, a robustez e sustentabilidade do crescimento econômico verificado em determinados países capitalistas se devia, não apenas ao capital acumulado e

64. NORTH, *op. cit.* p. 168.

à tecnologia, mas a instituições indutoras de crescimento. Políticas econômicas que não consideram a variável institucional não atentam que estruturas jurídicas fundamentais, como contratos e direitos de propriedade, não são estruturas dadas naturalmente, mas conquistadas após anos de evolução social. Desenhos institucionais ineficientes e políticas governamentais incapazes de estabelecer metas de interesse público podem comprometer significativamente a potencialidade de estruturas jurídicas para viabilizar geração e circulação de riquezas. A análise institucional, portanto, propõe-se a oferecer novas perspectivas à análise econômica, como a investigação do surgimento das instituições que influenciam a dinâmica de mercado, bem como a auxiliar em análises da relevância do Governo e das instituições na formulação e execução de políticas públicas[65].

Ao mesmo tempo que reconhece a importância do Estado como instituição superior a garantir os direitos de propriedade e viabilizadora de um ambiente propício a transações econômicas com baixo custo, as demais atuações estatais são vistas com reserva pela linha do Neoinstitucionalismo, preocupado com os custos de transação e com o livre Mercado, ponto de convergência com a *Public Choice*. Numa sociedade que reconheça valores de índole liberal, como a liberdade de concorrência, o Estado é visto como elemento fundamental para promoção de bem-estar econômico, editando regras claras atributivas de direitos e viabilizadoras de um sistema de trocas previsível, com baixos custos de transação. De todo modo, ações estatais que ultrapassem a promoção do ambiente em que os agentes econômicos atuam para a geração e circulação de riquezas devem ser excepcionais e bem estudadas, sob pena de promoverem de ineficiência econômica[66].

Firmados os principais pontos da Escola de Chicago, da *Public Choice*, da Escola de New Haven e do Neoinstitucionalismo, abre-se a oportunidade para se complementar o estudo

65. PRADO FILHO, José Inácio Ferraz de Almeida. *Concorrência, ordem jurídica e nova economia institucional: uma análise custo-transacional da formação da política econômica antitruste*. Rio de Janeiro: Lumen Juris, 2018. p. 40

66. ARAÚJO, Thiago Cardoso. *op. cit. p.* 124.

do movimento Direito e Economia com a apresentação de vida e obra de alguns dos principais nomes que pesquisaram as interações entre os sistemas jurídico e econômico para a compreensão dos institutos juseconômicos e a realidade posta.

## 2.2. PENSADORES DE DESTAQUE NO DIREITO E ECONOMIA

### 2.2.1. Ronald Coase

Considerado por muitos como a maior referência em Direito e Economia, Ronald Harry Coase ganhou o Prêmio Nobel de Economia pela distinção e originalidade de seu pensamento e de seus trabalhos, em especial, pelo desenvolvimento de estudos sobre custos de transação no Mercado, formação, organização e tamanho final das empresas e sobre os direitos de propriedade para a estrutura institucional e o funcionamento da economia.

Coase bacharelou-se em Comércio pela London School of Economics em 1932. As suas escolhas na graduação já denotavam o desejo de aliar entre os universos de Direito e Economia: acompanhava julgamentos dos tribunais ingleses e se interessava por palestras ministradas por economistas. Em uma dessas palestras foi apresentado à concepção de mão invisível do Mercado e aos textos de Adam Smith, construções teóricas que marcaram indelevelmente todas as suas obras e firmaram as premissas pela defesa de um ambiente de Mercado em seus estudos.

Instigado pela cadeira *Industrial Law*, em especial, pelos estudos em integração vertical nas companhias[67], pelas investigações sobre as relações entre empresas, funcionários e organizações internas e pelas pesquisas sobre impactos regulatórios nos agentes econômicos, Coase obteve uma bolsa de estudos e passou uma temporada de um ano nos Estados Unidos. Entre os anos de 1931 e 1932, inserido num contexto de grande depressão econômica pós quebra da Bolsa de Valores

---

67. SILVA, Lucas Emanuel da; FARIAS, Tácito Augusto. *Uma revisita a Ronald H. Coase*. Revista de Desenvolvimento Econômico - RDE - Ano XVIII - V. 3 - N. 35 - Dezembro de 2016 - Salvador, BA. p. 862.

de Nova York, conheceu universidades tradicionais, como a de Chicago. Já em sua ambientação percebeu que os economistas americanos estavam alicerçados essencialmente na perspectiva econômica neoclássica, em que a Economia deve ser entendida como um sistema orientado pela lei de oferta e demanda, sem considerar, no entanto, os custos inerentes ao uso do Mercado. O período americano foi crucial para as pesquisas por ele realizadas, as quais resultariam na emblemática publicação de "**A natureza da firma**", artigo que explora justamente a ideia de **custos de transação** inerentes às operações econômicas e lhe garantir a concessão do título de Doutor.

Tradicionalmente, as empresas eram vistas como verdadeiras "caixas pretas", instituições orientadas pelo empresário a consumir insumos e ofertar algo à sociedade. Caberia aos empresários aportar os insumos necessários, que as empresas forneceriam à sociedade os produtos esperados. Com a revolucionária proposta de percepção da empresa apresentada por Coase, as firmas deixam de ser compreendidas apenas como uma fonte de produção de riquezas e passam a ser percebidas como instituições que internalizam os contratos necessários para a consecução de seu objeto social. Com a internalização dos feixes contratuais e a coordenação do empresário, a empresa evita os custos inerentes à celebração de vários contratos em um ambiente de Mercado[68]. A empresa, nessa ótica, é uma alternativa ao Mercado. Exemplificando, imagine-se uma fábrica que apresenta uma demanda contínua de serviços refinados e caros de manutenção em uma de suas máquinas. Poucas pessoas possuem a habilidade de realizar essa função, o valor do serviço é extremamente inconstante e o aparelho é fundamental para a linha de produção. Em vez de realizar vários contratos de prestação de serviços, precedidos de horas de pesquisa de preços e evitando o risco de quebra do maquinário, o empresário pode propor uma sociedade ou empregar o prestador de serviço, internalizando-o na firma. Para o

68. COASE, Ronald Harry. *A firma, o mercado e o direito*. Trad. Heloisa Gonçalves Barbosa; revisão técnica, Alexandre Veronese, Lucia Helena Salgado e Antonio José Maristello Porto; revisão final Otavio Luiz Rodrigues Junior; estudo introdutório Antonio Carlos Ferreira e Patrícia Cândido Alves Ferreira. Rio de Janeiro: Forense, 2016. p. 39.

empresário, revelou-se mais seguro e menos custoso (mais rentável) integralizar em sua empresa o prestador de serviços que acionar o mercado toda vez que precisasse de manutenção. Dentro dessa perspectiva, pode-se afirmar que o tamanho final da empresa será determinado pela análise do custo-benefício entre o que abarcar em suas estruturas para a consecução da atividade final da empresa e o que deixar para contratar no Mercado, considerado os ônus próprios das transações.

Uma curiosidade digna de registro: contemporaneamente a Coase, mas do outro lado do oceano, o italiano Alberto Asquini escrevia o seminal artigo "Perfis da Empresa", em que desenvolve a conhecida teoria da empresa como fenômeno econômico poliédrico, artigo amplamente difundido no Direito brasileiro[69]. Ao apresentar os perfis subjetivo, funcional, patrimonial e institucional, Asquini tece comentários sobre a perspectiva funcional econômica da empresa, em clara aproximação a Coase na construção da ideia da empresa como um todo organizado alternativo a custos inerentes de acesso ao Mercado. Esse paralelo é importante para demonstrar que a visão econômica de institutos jurídicos não é algo exclusivo do Direito americano, até para afastar a ideia de que a Análise Econômica do Direito está atrelada a uma perspectiva necessariamente neoliberal americana. Entender a perspectiva econômica dos institutos está presente em estudos clássicos do Direito que fundaram as compreensões basilares de relevantes institutos de Direito comercial, como as empresas. Lamentavelmente e provavelmente pelo tradicional distanciamento entre Economia e Direito no Brasil, o viés econômico, tão bem tratado no artigo de Asquini é pouco explorado por aqui, ao contrário do que ocorre nos Estados Unidos e em alguns países da Europa.

No estudo sobre falhas de mercado encontra-se a grande contribuição de Coase sobre as inter-relações estabelecidas entre Direito e Economia. Destaca-se aqui a publicação do artigo "**O problema do custo social**", em que Coase apresenta

69. ASQUINI, Alberto. *Perfis da empresa*. Revista de Direito Mercantil, Industrial, Econômico e Financeiro, São Paulo, v. 35, n. 104, out/dez/96. São Paulo: RT, 1996. p. 111.

à comunidade acadêmica uma reflexão diferente sobre como os sistemas econômico e jurídico poderiam lidar com os problemas decorrentes de prejuízos causados a terceiros por um determinado agente econômico ao realizar sua atividade (**externalidades negativas**). À época da publicação do artigo, prevalecia o pensamento de Arhur Pigou, defensor da necessidade de se estabelecer normativamente a internalização das externalidades, atribuindo-se a responsabilidade pelo pagamento aos causadores de danos. Defendia, por exemplo, que os prejuízos decorrentes de incêndios provocados em plantações, florestas e pastagens por faíscas na passagem de trens sobre trilhos deveriam ser arcados pelas companhias ferroviárias. No entanto, como a comprovação do dano era de difícil identificação, Pigou propôs que a internalização desse externalidade negativa se daria com o incremento de tributação nessa atividade lesiva (o que ficou conhecido como os **impostos pigouvianos**[70]). Nos dias atuais, percebe-se esse tipo de pensamento, por exemplo, na progressividade tributária voltada à diminuição de atividades poluidoras, como fábricas geradoras de fumaça, que podem ter a sua carga tributária incrementada em termos equivalentes aos prejuízos que causem à natureza. A tributação variaria de acordo com o grau de intensidade da poluição gerada (estimulando ações do empreendedor a poluir menos – tributação indutora), e os valores arrecadados com os tributos poderiam ser destinados a programas ambientais, o que repararia, de algum modo, o dano causado ao meio ambiente.

Não se nega a relevância da preocupação social de se atribuir ao causador do dano a responsabilidade pelos seus atos e as preocupações que podem decorrer de uma atividade econômica que não suporte todos os custos inerentes ao seu exercício. De fato, a noção de causalidade desponta até como um critério de justiça dentro dos estudos de responsabilidade civil; quem causa um dano deve ser o responsável por repará lo, regra geral percebida em diferentes sistemas jurídicos. Coase, no entanto, amplia o debate sem desconsiderar a causalidade e desnuda um contexto complexo que muitas vezes

70. COASE, *op. cit.* p. 180.

foge aos que escrevem sobre externalidades percebidas em ambiente de Mercado.

O primeiro passo a ser dado é a formação de uma premissa básica: partindo do pressuposto de que existe um ônus, um problema social (p. ex. incêndios causados pelo exercício de uma atividade econômica, como a exploração do transporte ferroviário), o sistema jurídico deve ser criado para afastar o dano socioeconômico mais grave, de modo a incrementar os níveis de eficiência de um modo geral. Para isso, defende que tão importante quanto atribuir responsabilidade por um dano seria identificar como normativamente se pode tutelar a atividade que seria considerada pelo sistema econômico como maior promotora de riquezas e bem-estar. O segundo passo seria identificar a existência e os níveis de custos de transação envolvidos e a delimitação dos direitos de propriedade atingidos. Os **custos de transação** são apresentados como os ônus inerentes à realização de atividades econômicas, como os gastos de informação, negociação e fiscalização contratual. Com esses dois firmamentos, Coase defende que o terceiro passo é avaliar os cenários e as soluções jurídicas possíveis de serem construídos, partindo, inclusive, de cenários ideais, que servirão de parâmetro para as soluções que venham a ser alcançadas na realidade. Nesse sentido, apresenta que, inexistindo custos de transação e estando devidamente delimitados os direitos de propriedade envolvidos, a aproximação das partes para que elas possam negociar livremente a solução que se revele adequada desponta como o cenário ideal para que seja alcançada a solução mais eficiente possível.

Retomando o exemplo das companhas ferroviárias: imagine que proprietários de terras lindeiras aos trilhos não se importam se a sua pastagem pega fogo sazonalmente. Na verdade, ao se investigar a própria cultura de manejo das terras, verifica-se que os fazendeiros costumam colocar fogo nos limites de sua propriedade para fins de controle de pragas e demarcação. Por outro lado, os fazendeiros dependem de um sistema ferroviário barato para que possam praticar preços competitivos nos mercados em que atuam. Nesse cenário, firmar uma responsabilidade *a priori* via tributação para a empresa que explora o transporte ferroviário seria negligenciar a realidade de que os proprietários de terras já possuem uma cultura de não se importar com o fogo controlado nos limites de suas plantações e que seriam prejudicados com o incremento do preço do transporte ferroviário pelo aumento da carga tributária da ferrovia. Permitir que a empresa ferroviária e os proprietários de terrenos tenham condições de negociar um valor que satisfaça a ambos possibilitaria uma diminuição nos custos de manutenção da ferrovia, de modo a baratear os preços de frete e passagens, o que resultaria em maior bem-estar social.

Eis aqui a ideia central do Teorema que leva o nome desse brilhante economista. O Teorema de Coase consubstancia o principal legado do economista de Chicago e, até os dias atuais, influencia muitas pesquisas de Direito e Economia realizados sobre custos e externalidades percebidas em negócios jurídicos celebrados em um ambiente de mercado. Curioso, no entanto, que muitos que utilizaram o Teorema o entenderam de modo enviesado ou errado[71], nas próprias palavras de Coase[72].

O **Teorema de Coase** apresenta a ideia de que em cenários de inexistência de custos de transação a alocação inicial dos direitos de propriedade seria irrelevante, de modo que os recursos naturalmente seriam direcionados aos que mais valorizassem os direitos ou atividades econômicas envolvidas. Capturando parte da ideia proposta por Coase, alguns pensadores, especialmente os avessos a intervenções estatais na Economia para fins de correção de falhas de Mercado ou concretização de outros valores caros à sociedade, propugnavam que a ordem natural do Mercado resolveria os problemas de alocação de recursos. As intervenções estatais, na verdade, incrementariam os custos de transação, de modo que deveriam ser evitados e resolvidos pela dinâmica de Mercado.

Ocorre que o teorema de Coase para ser absorvido em sua plenitude deve ser compreendido no sentido de que cenários de inexistentes custos de transação são modelos sociais

71. PRADO FILHO, *op. cit.* p. 08.

72. COASE, *op. cit.* p. 158.

ideais, distantes da efetiva realidade. Servem como parâmetro de investigação e formulação de propostas para cenários mais eficientes, de modo a auxiliar a construção de novos desenhos normativos, mas muito dificilmente serão o único cenário a nortear projetos de lei ou decisões regulatórias. Ao se olhar para a realidade, percebe-se que custos de transação existem e a alocação de recursos e direitos importa, sendo muitas vezes decisivos para o início e manutenção de determinadas atividades negociais. Logo, institutos jurídicos e decisões normativas devem ser pensados nessa realidade e avaliados para se saber como podem diminuir os custos de transação.

Cenários de ausência de custos de transação são praticamente impossíveis de serem alcançados, assim como é comum existirem discussões relativas aos direitos de propriedade envolvidos. Para Coase, o juseconomista encarregado de uma política regulatória deve comparar os arranjos normativos alternativos, avaliando qual deles viabiliza um produto social maior[73]. Voltando ao caso das ferrovias, para os cenários de impossibilidade de acertamento entre as partes envolvidas, a intervenção estatal despontará como alternativa solucionadora menos custosa. O atuar estatal, contudo, poderá se concretizar de variadas formas e não necessariamente se voltar ao causador do dano (ferrovia causadora de incêndio em plantações próximas às linhas férreas). Nesse sentido, o Estado poderá condicionar a exploração do transporte ferroviário à adoção de equipamento que previna a geração de faíscas, assim como estabelecer uma desoneração tributária (tributação indutora) à ferrovia que consiga atingir níveis mínimos de incêndio. Por outro lado, poderá optar por proibir o plantio nas proximidades de linhas férreas ou tabelar o valor da indenização pelos incêndios, sinalizando aos fazendeiros que devem considerar essas regras para a exploração de suas atividades. Nesse ponto, observa-se que o atuar estatal que imponha limites às indenizações aos fazendeiros possibilitará, inclusive, a rechaça a potenciais comportamentos oportunistas de agentes que não se importem com a efetiva venda de produtos agropecuários, dado que poderiam simular

73. *Idem*, p. 140.

incêndios nas proximidades das linhas férreas para garantir algum tipo de indenização junto às companhias ferroviárias.

O que deve ficar em mente é que Coase não propõe uma conclusão sobre se deve ou não ser atribuído o dever de indenizar à ferrovia em todos os casos, mas propugna o estabelecimento de um contexto propício à liberdade de negociar e de identificar em qual cenário se gerará maior utilidade possível à população. Para os casos em que não seja possível a negociação entre as partes, a solução estatal que venha a ser dada deve considerar, sempre que possível, as utilidades envolvidas e o maior bem-estar possível para os envolvidos e para a sociedade.

Para consolidar os ensinamentos de Coase, vamos a mais um exemplo: ao explorar sua atividade, um confeiteiro se vale de máquinas que geram ruídos que perturbam o trabalho de seu vizinho, um médico. Preservar o médico das incômodas vibrações resultaria em direto prejuízo ao confeiteiro (dada a natureza recíproca da situação posta, tutelar um é prejudicar o outro). Em um cenário de relativa fluidez ou indeterminação dos direitos de vizinhança, a solução passaria por identificar qual o resultado social mais desejável: preservar as atividades do médico à custa da redução de oferta dos produtos de confeitaria ou, ao contrário, garantir a produção do confeiteiro, cabendo ao médico suportar o barulho gerado por seu vizinho. Como foi dito, o caminho proposto por Coase para se alcançar uma solução para esses tipos de situações seria evitar definições rígidas e propiciar, sempre que possível, um ambiente de negociação entre os envolvidos. Num cenário ideal, voltado a promover o maior nível de eficiência econômica possível para a sociedade, essas situações deveriam possuir uma maleabilidade para sua solução, própria a garantir a dinamicidade do sistema econômico, evitando-se definições rígidas aprioristicamente (*ex ante*).

A grande contribuição de Coase com o que ficou conhecido como o seu Teorema é evidenciar a direta influência que o quadro normativo estabelecido e o desenho das instituições jurídicas exercem sobre a eficiência econômica e a maximização de utilidade social. Diante dessa perspectiva, legisladores, autoridades administrativas e juízes devem ser estimulados a considerar o impacto econômico e o custo envolvido em mudanças normativas, intervenções regulatórias e decisões judiciais.

Os escritos de Coase são brilhantes, diretos e descortinadores para entender a necessidade de considerar as consequências econômicas para as soluções jurídicas e os desenhos normativos das instituições.

### 2.2.2. Guido Calabresi

Professor mais jovem a se tornar catedrático da Faculdade de Direito de Yale, advogado e posteriormente juiz, Guido Calabresi é um dos grandes juristas que se destacam na Análise Econômica do Direito. Com uma robusta formação em Economia, Calabresi concentrou seus esforços intelectuais no desenvolvimento de artigos e ensaios sobre Responsabilidade Civil.

Dentre as principais publicações de Calabresi, destaca-se o "*Some Thoughts on Risk Distributions and tlhe Law of Torts*", em que o autor investiga o instituto da responsabilidade civil e os parâmetros para se definir a quem imputar o ônus decorrente de uma determinada ação humana.

Em resgate a Victor Mataja, especificamente quanto à ideia de que o preço dos bens é o resultado dos custos totais de produção, Calabresi defende que as empresas devem arcar com os custos decorrentes de suas atividades, incluídos os decorrentes das perdas por acidentes. As regras de responsabilidade civil são compreendidas como reguladoras de comportamento, condicionando, estimulando ou limitando ações econômicas em razão, dentre outras coisas, do potencial de externalidades negativas que podem advir da exploração de determinadas atividades, especialmente as de risco[74].

Para Calabresi, o objetivo principal da legislação que define a responsabilização civil por acidentes seria minimizar o somatório dos custos dos acidentes e os custos de prevenção

74. BATTESINI, Eugenio. *A história do pensamento em direito e economia revisitada: dos precursores à pós-modernidade* Revista Jurídica Luso Brasileira - RJLB, Ano 5 (2019), nº 1, 2019, Disponível em: SSRN: https://ssrn.com/abstract=3557546 Acesso em 10 de agosto de 2023. p. 638

dos acidentes. Com o refinamento de seus estudos iniciais, desenvolveu a regra do "*cheapest-cost-avoider*", fundada na ideia de que os custos dos acidentes poderiam ser minimizados se a parte que poderia evitar o acidente, pelo menor custo de prevenção, fosse responsabilizada pela perda. Exemplificando, imagine-se um acidente de trânsito em que um motorista atropela um pedestre e causa um prejuízo total mensurável em dez mil reais. Nas investigações do acidente, verifica-se que, se o motorista tivesse trocado os freios, gastando cem reais, teria evitado o atropelamento. Numa perspectiva eminentemente econômica, a sociedade, de um modo geral, teria se beneficiado muito mais se o motorista tivesse gastado os cem reais, evitando um prejuízo geral de nove mil e novecentos reais. Calabresi destaca que, se a legislação acidentária for clara em estabelecer que nessa situação o motorista deve ser o responsável por todo o prejuízo causado, ele se sentirá muito mais inclinado a realizar os gastos de manutenção em seu veículo[75].

Como já adiantado ao se analisar a Escola de New Haven, Calabresi defende que o norte primordial do Direito deve ser a Justiça, dado que o Direito tutela outros valores além dos financeiros. Sem desprestigiar a Justiça, o Direito deve promover a maximização da riqueza e a diminuição dos custos sociais, entre eles, os dos acidentes[76]. Justamente por ter assente a necessidade de redução de custos, Calabresi critica o regime de responsabilidade civil fundada na culpa, dado o necessário custo de se investigar e identificar o elemento volitivo na ação. A responsabilidade civil objetiva, especialmente na aná lise de danos causados por empresas, se revela sistemicamente mais funcional, eficiente e menos custosa de se identificar.

As regras de responsabilidade civil de um determinado ordenamento judicio somente terão sustentabilidade se estiverem afinadas com valores socialmente reconhecidos pela sociedade. Com esse firmamento, Calabresi defende que o disciplinamento legal de responsabilidade civil deve ser justo

75. VELJANOVISK, *op. cit.* p. 39.

76. CALABRESI, Guido. *The cost of accidents: a legal and economic analysis*. New Haven: Yale University Press. 1970. p. 24

e voltado a reduzir os custos dos acidentes, os custos de prevenção de acidentes e os custos de reparação dos danos. Dessa forma, propõe que as regras de responsabilidade civil devem estimular ações de prevenção e prestigiar a celeridade na recomposição do direito de quem foi lesado.

Outro problema da responsabilidade subjetiva se identifica no contexto de ofensa a direitos difusos e coletivos, em que muitos lesados nem sequer conseguirão identificar a microlesão individual ou o causador do dano. Nesses casos, a apreensão da ideia de que dificilmente será responsabilizado pode estimular o agente econômico a continuar desenvolvendo suas atividades arriscadas ou lesivas sem se preocupar em adotar ações preventivas. Nessas hipóteses, a identificação do dano ou do risco deve ser considerada suficiente para ensejar a responsabilização.

Em sintonia com o pensamento de Calabresi, percebe-se nos últimos anos, tanto no Direito brasileiro como em outros ordenamentos, um movimento legislativo de objetivação da responsabilidade civil, dado que a identificação da culpa pode se revelar extremamente custosa e atrasar a recomposição dos dados.

Assim como aconteceu com Coase, "os custos" são uma variável de extrema relevância para a construção teórica de Calabresi. De fato, é possível fazer um paralelo entre a percepção de Coase de como se dão as ações econômicos em ambientes de ausência ou reduzidos custos de transação e a visão de Calabresi sobre adimplemento específico em situações de responsabilidade civil e sobre como o ordenamento jurídico poderá alterar as respostas justamente em função dos custos envolvidos[77].

Como foi visto no estudo sobre o Teorema de Coase, em ambientes em que os custos de transação são baixos, os bens se deslocam para os que mais os valorizam, independentemente do que informa o sistema jurídico. Em alinhamento

77. CALABRESI, Guido; MELAMED, A. Douglas. *Property Rules, Liability Rules, and Inalienability: One View of the Cathedral. Harvard Law Review*, vol. 85, no. 6, 1972, pp. 1089–128. *JSTOR*, https://doi.org/10.2307/1340059. Acesso em 03 de agosto de 2023

ao proposto pelo Teorema, mas especificamente para a definição da modalidade de execução a ser adotada para satisfação de problemas de responsabilidade civil, Calabresi nos ensina que, em cenários nos quais sejam baixos os custos (de transação, administração e, especialmente, de recomposição específica), a tutela do caso deverá ser por execução específica, garantindo-se o direito de propriedade do lesado. Já nos casos em que os custos forem elevados, a solução deverá se dar por regras de responsabilidade civil (indenização), substituindo-se o bem pelo seu equivalente em dinheiro[78]. Como é possível se perceber, portanto, os custos exercem significativa influência na definição da melhor alternativa jurídica para a resolução de problemas de forma eficiente e justa.

### 2.2.3. John Maynard Keynes

Escrever sobre a importância da análise de aspectos jurídicos e econômicos de ações estatais e políticas intervencionistas de um modo geral e não tecer algumas considerações, ainda que breves, sobre Keynes, seria, no mínimo, desrespeitoso. Um dos maiores economistas de todos os tempos, atacado e adorado em semelhante intensidade, John Maynard Keynes lançou luzes sobre a importância do Estado no enfrentamento de crises econômicas e do protagonismo estatal para a formação de setores econômicos relevantes e desafiadores. Sem ter a mínima pretensão de exaurir toda a complexa e extensa obra de Keynes, traçaremos algumas considerações sobre como as ideias juseconômicas do autor se comunicam e podem ser absorvidas pelo movimento teórico Direito e Economia, em especial, no estudo das políticas públicas intervencionistas em sistemas econômicos que enfrentem situações de retração ou crise.

Brilhante mente que transitou com extrema competência entre as esferas pública e privada, Keynes foi professor de Economia da Universidade de Cambridge, diretor do Banco Central da Inglaterra, diretor de Companhias de Seguro e

78. GAROUPA, Nuno; PORTO, Antônio Maristrello. op. cit. p. 211.

Investimento, além de representante do Governo Inglês na assinatura do Tratado de Paz em Versalhes em 1918 e na organização do Fundo Monetário Internacional Pós-Segunda Guerra Mundial. Keynes é o autor do célebre "Teoria Geral do Emprego, do Juro e da Moeda" e, também por esse livro, é considerado o pai da Macroeconomia, ramo científico que estuda o comportamento global da Economia, alcançando, por exemplo, as tendências de crescimento e retração, os índices de consumo e investimento, as flutuações de câmbio, as variações de salários, as taxas de juros, os níveis de desemprego e a inflação. Em suma, a Macroeconomia busca trazer soluções para problemas socioeconômicos, capazes de fundamentar políticas econômicas[79].

Da definição de Macroeconomia, já se depreende a ideia de um Estado atuante no sistema econômico, buscando corrigir gargalos e ineficiências identificadas em setores econômicos, em clara contraposição às iniciais formações do Estado Liberal, absenteísta e garantidor tão somente do ambiente de Mercado. Há que se destacar, todavia, que a Macroeconomia, em si, não propõe que o Estado sempre atue. Identificam-se construções teóricas robustas que se inclinam pela desregulação ou cessação de uma efetiva participação estatal na dinâmica econômica, para se viabilizar o aumento dos níveis de eficiência. Não se desconhece que Estados e agentes públicos responsáveis pela edição das políticas econômicas costumam incrementar cada vez mais sofisticadas atuações na Economia, sendo desafiadores os exercícios de autocontenção. De todo modo, o que a Macroeconomia se propõe é contribuir com o oferecimento de possibilidades, cenários sociais melhorados, potencialmente derivados de ações ou abstenções estatais na Economia.

O espírito animal dos agentes econômicos e do próprio Estado[80] foi descortinado no desafiador *A Teoria*, com a apresentação da ideia dos elementos que influenciam as decisões

---

79. DORNBUSCH, Rudiger. *Macroeconomia*. Rudiger Dornbusch, Stanley Fischer, Richard Startz; 11. ed. Porto Alegre: AMGH, 2013. p. 04

80. MAZZUCATO, Mariana. *O estado empreendedor: desmascarando o mito do setor público vs. setor privado*. São Paulo: Penguim, 2014, p. 52

econômicas voltadas ao incremento de riquezas em cenários de incerteza e risco. Keynes destaca que, além de dados retrospectivos, agentes econômicos criam e capitalizam empresas olhando para o futuro com otimismo e a esperança de alcançar lucros, movimentando a Economia e gerando empregos.

Querer se tornar mais rico é um pensamento racional em um sistema capitalista. Diante dos elevados ganhos que podem advir de escolhas em cenários de incerteza, a assunção de riscos para enriquecimento deflui naturalmente dessa premissa e instiga as pessoas a avaliarem as oportunidades que se renovam diariamente. No entanto, a vontade de se tornar mais rico é naturalmente influenciada pela quantidade de riqueza já conquistada. Logo, se a utilidade derivada de um dado enriquecimento for inferior à satisfação da riqueza já acumulada, a contrariedade resultante de um prejuízo será superior à utilidade que adviria de um acréscimo patrimonial de mesmo valor[81]. Os níveis de incerteza e de segurança flutuam em razão de elementos setoriais, sociais ou políticos, e influenciam decisivamente em tomadas de decisões que envolvam alocações de recursos. Evidencia-se, portanto, que a decisão por investir não é resumível a planilhas de créditos e débitos, envolvendo elementos anímicos de otimismo, esperança, satisfação e receio.

Em sintonia com essa ideia, Keynes aponta que decisões econômicas relativas ao futuro, seja para particulares ou para políticas públicas, não podem depender exclusivamente de expectativas exatas, matemáticas, sob pena de total paralisia[82]. Não há nenhuma base científica que possa informar quando ocorrerá uma guerra, qual a exata cotação de commodities em 30 anos ou quando uma tecnologia inovadora e disruptiva se tornará obsoleta. Simplesmente, desconhecemos[83]. Acreditar que a humanidade apenas age em cenários

81. BERNSTEIN, *op. cit.* p. 116.

82. KEYNES, John Maynard. *A Teoria Geral do Emprego, do Juro e da Moeda*. São Paulo: Nova Cultural, 1996, p. 170.

83. KEYNES, John Maynard. *The general theory of employment. Quartely Journal of Economics*, vol. 51, nº 2, 1937, pp. 209-223. https://www.hetwebsite.net/het/texts/keynes/keynes1937qje.htm. Acesso em 19 de junho de 2021.

de certeza, tranquilidade e de total conhecimento de como os fatos se desenrolarão seria, no final das contas, contrariar o próprio espírito animal imanente ao empreendedor.

Diante da elevação de cenários de incerteza e riscos de estagnação econômica, o Estado poderia viabilizar condições para o surgimento de um otimismo no meio empresarial, de modo a estimular os empresários a investir no incremento da produção, caminho fundamental para a geração de riquezas em sociedade. Keynes se contrapõe à ideia de se acumular vultosas quantias em poupança nacional em cenários de incerteza, pensamento ortodoxo na Economia, e defende a realização de gastos públicos para o enfrentamento de situações de retração econômicas. O combate a recessões econômicas e a níveis preocupantes de desemprego envolveria, de um modo geral, o incentivo ao consumo, à produção nacional e a majoração dos gastos públicos.

Vale destacar que a defesa por déficits fiscais como um mecanismo impulsionador do sistema econômico é extremamente atacada pelos críticos do keynesianismo e do pós-keynesianismo. Embora no longo prazo todos estejamos mortos, avaliar e controlar níveis de endividamento público tem se revelado política econômica fundamental para a promoção de um ambiente de mercado seguro e sustentável, evitando-se artificiais índices de crescimento econômico e a criação de perigosas dívidas públicas, que serão custeadas não pelas gerações que se beneficiam da pujança econômica, mas pelos seus filhos e netos, naturalmente expostos a imprevisíveis ciclos econômicos. O extremo oposto, ou seja, uma postura indiferente do Estado diante de crises econômicas que não consigam ser corrigidas pelo funcionamento regular do Mercado, também pode se revelar extremamente perigoso, como foi o colapso financeiro de 1929, a depressão econômica dos anos 1930, a crise do *Subprime* em 2007 e a grave retração econômica causada pelo COVID-19. Identificar o ponto de equilíbrio é o desafio que se renova e evolui na definição de política públicas direta ou indiretamente interventoras na Economia.

A impossibilidade de se prever com exatidão o futuro e a dinamicidade responsiva dos agentes econômicos às alterações promovidas pelo Estado, refazendo o cenário inicial em que é posta em prática uma determinada política pública, reclama novos instrumentos de intervenção, aptos a mensurar, ainda que parcialmente, os impactos econômicos e as consequências sociais do agir estatal. A previsão do futuro permanece desafiadora, tanto para agentes privados quanto para o Estado, mas estudos e teorias sobre as consequências de atos intervencionistas ou reguladores da Economia já se percebem em institutos jurídicos brasileiros, como a Análise de Impacto Regulatória e o controle de consequências de decisões judiciais e administrativas, que serão analisados com maior detalhamento no capítulo seguinte.

De todo modo, exigir do Estado a completa previsão de como os fatos se desenvolverão no futuro após a implantação de uma determinada política pública é, ainda que indiretamente, pautar uma postura absenteísta estatal. Esse pensamento, no final das contas, revela uma ideologia crítica ao viés intervencionista estatal, o que não é um problema em si, mas demanda clareza e abertura no debate, evitando-se simplificações ou maniqueísmos em temas tão complexos como Economia e políticas públicas. Quem defende um Estado inerte frente a graves problemas sociais por questões fiscais deve também assumir essa posição em pleitos eleitorais e avaliar se a população aderirá a isso. Por imaginar que uma visão extremada como essa será de difícil acolhida na prática é que se chama os defensores de um Estado eminentemente liberal à realidade, que demanda a conciliação de valores econômicos com valores sociais.

O futuro é uma incógnita para particulares e para o Estado e nem por isso se percebe uma paralisia na sociedade, mas sucessivos ciclos de retração e expansão econômica. O que se revela oportuno e desafiador é o desenvolvimento de mecanismos que possibilitem o controle de consequências de ações estatais, suas revisões e atualizações periódicas, de modo que os custos inerentes à intervenção na Economia não passem despercebidas e sejam compensados por efetivos ganhos econômicos gerados na correção de falhas de mercado. Defender um Estado diminuto e sem condições de resolver problemas sociais e econômicos é, no fim das contas, arriscar a própria sustentabilidade do Mercado, tão valorizado pelos que propugnam um liberalismo clássico nos dias atuais, com ausência de espaço para escolhas estatais.

### 2.2.4. Friedrich Hayek

Um dos maiores pensadores do século XX, o austríaco Friedrich August von Hayek escreveu com profundidade sobre temas econômicos, jurídicos, sociais, humanos e filosóficos. Célebres foram as discussões entre Hayek e Keynes sobre Moeda, Juros, (Des)emprego e o papel do Estado. Esses embates moldaram distintas perspectivas acerca da relação do Estado com o Sistema Econômico[84]. Dada a necessidade de se restringir o estudo à AED, vamos concentrar a análise da obra e pensamento de Hayek ao Direito e Economia, em especial, sobre os limites da intervenção estatal sobre o domínio econômico.

No contexto Pós-Segunda Guerra mundial, com milhões de mortos e países social e economicamente arrasados, dois blocos de pensamentos econômicos antagônicos terminaram consolidados: Socialismo e Capitalismo, respectivamente liderados por União Soviética e Estados Unidos. O principal elemento diferenciador entre os dois sistemas pode ser identificado no fato de que o capitalismo é pensado para uma sociedade que encontra no livre mercado e na atuação egoística dos agentes privados o caminho para promoção do bem-estar e da prosperidade econômica, restando ao Estado um papel de garantidor do funcionamento desse ambiente de negócios. No socialismo, por sua vez, o Estado desempenha um papel fundamental no funcionamento da Economia, de protagonismo no planejamento e direcionamento das atividades econômicas e sociais de acordo com os interesses públicos reputados pelos dirigentes estatais como relevantes de serem atendidos. Aqui, o Estado é muito mais do que o garantidor de um ambiente de interações econômicas, passando a ser o protagonista para a prosperidade econômica e social do povo,

---

84. WAPSHOTT, Nicholas. *Keynes X Hayek: as origens – e a herança – do maior duelo econômico da história*. Rio de Janeiro: Record, 2016.

distribuindo os recursos existentes conforme as necessidades identificadas.

Com a celebração dos acordos de paz, cada um dos blocos econômicos passou a adotar ações voltadas ao estabelecimento de zonas de influência, especialmente na Europa. Os Estados Unidos, que antes mesmo da Segunda Guerra já tinha visto no *New Deal* um protagonismo do Estado na promoção do bem-estar social (em evidente relativização da premissa não intervencionista estatal do modelo econômico liberal), encontrou no Plano Marshall uma forma de financiar a reestruturação de países aliados. Abandona-se uma perspectiva absenteísta do Estado, mas sem abraçar o coletivismo, financiando-se a recriação de ambientes de Mercado em que os agentes privados possam desempenhar suas atividades.

A União Soviética, por sua vez, elegia prioridades e concentrava esforços específicos em metas sociais e econômicas, promovendo extrema industrialização nas repúblicas tuteladas pelo Partido Comunista. Despontavam pelo mundo os feitos alcançados por Moscou, desde a consolidação do poderio bélico da URSS, passando pela divulgação de robustos parques industriais, até o protagonismo inicial na engenharia espacial. O cenário era de disputa entre as duas potências econômicas para saber qual delas teria condições de gerar maior riqueza e inclusão social, maiores índices de produtividade e maior eficiência em resposta às demandas da Economia.

Em razão desse contexto de protagonismo estatal na promoção do bem-estar social, percebido desde o New Deal e alcançando a guerra fria com o Plano Marshall para o Ocidente e o total planejamento econômico capitaneado pela URSS, consolida-se um viés atuante do Estado na Economia. O keynesianismo ofertou aos governantes ao redor do mundo uma fórmula sedutora e robusta para resolver um dos maiores problemas sociais com que os políticos podem se deparar: o desemprego. Diminuir índices de desemprego gera dividendos políticos suficientes a garantir estabilidade política em qualquer país, assim como estimula a Academia a criar sofisticadas teorias econômicas. Economistas passaram a ser instigados a deixar seus nomes na História, criando soluções para complexos problemas econômicos (até porque deixar a organização da Economia a cargo da mão invisível não costuma consagrar politicamente ninguém). Como consequência, sofisticadas teses começaram a surgir nas faculdades de Direito e Economia para respaldar esse novo perfil estatal numa economia capitalista, com muitos questionamentos à premissa absenteísta do Estado.

Inserido nesse cenário estava Hayek, lutando contra os rumos que a sociedade ocidental seguia para resolver os problemas socioeconômicos de curto prazo. Firme nos ataques ao coletivismo, à ideia de planejador social benevolente e onisciente, e com uma consistente teoria sobre os ciclos econômicos, Hayek criticava as políticas de estímulo econômico, reputadas inflacionárias e criadoras de bolhas econômicas. Atualmente já é percebido o *trade-off* que se estabelece entre desemprego e inflação, como está consagrado na Curva de Phillips[85]. No entanto, como os problemas econômicos apontados apenas se tornam insustentáveis muitos anos após os benefícios sociais imediatamente alcançados, Hayek passou um longo período distante do *mainstream* das políticas econômicas efetivamente adotadas por muitos governos de países capitalistas, justamente em razão da impopularidade das propostas absenteístas do economista austríaco. Como ninguém pode arvorar para si a "mão invisível do Mercado", deixar que o sistema econômico encontre níveis de equilíbrio e eficiência sozinho não costuma gerar votos nem elege salvadores da pátria para problemas de evidente sensibilidade social.

Como já pontuado, a intervenção estatal no sistema econômico pode ocorrer de diversas formas: com a atuação direta na Economia, explorando setores reputados nacionalmente estratégicos; por meio da edição de regras que regulamentem os comportamentos dos agentes privados, e com a promulgação de normas indutoras, que estimulem e induzam comportamentos e ações econômicas consideradas adequadas de acordo com os objetivos estatais e constitucionais prestigiados. A análise da juridicidade dessas atuações é feita à luz dos

85. A curva de Phllips, desenvolvida pelo economista A. W. Phillips, em 1958, demonstra a relação que se estabelece entre níveis de desemprego e inflação. Para maiores detalhes, ver em MANKIW, op. cit. p. 750

dispositivos constitucionais e legais que disciplinam a atuação do Estado sobre e na Economia. A análise econômica, o cálculo econômico, por sua vez, demanda uma outra leitura.

Em alguma medida, quaisquer das intervenções estatais acima destacadas na Economia influenciam o sistema de preços que seria alcançado pelo Mercado. Isso, em si, não é um problema quando se tem a necessidade de concretizar outros valores além da eficiência econômica, assim como não é possível precisar em que momento a eficiência será alcançada. De todo modo, trata-se de um dado que deve ser considerado e avaliado pela equipe econômica do ente ou órgão estatal interventor. O excesso de regulações, sem análise dos impactos econômicos ou da relação custo-benefício das regras editadas, pode inviabilizar um setor da Economia, reduzindo os níveis de eficiência econômica, competitividade e promoção de riqueza[86].

As intervenções idealizadas pelos líderes de Estado, naturalmente representantes de maiorias transitórias e, portanto, vocacionados a reverberar os reclames das coletividades que os colocaram e sustentam no poder, são executadas a partir da leitura de informações encaminhadas pelo sistema econômico e demais sistemas sociais. E especificamente na apreensão dos dados para a formulação de políticas públicas intervencionistas é que reside a grande crítica de Hayek: ainda que o planejador social se esforce para angariar o máximo de informações possíveis na expectativa de tomar decisões voltadas à promoção da melhor alocação de recursos, essa é uma tarefa impossível de ser realizada eficazmente de modo centralizado.

Os entraves para a atuação estatal na resolução de problemas econômicos que poderiam ser resolvidos pelo Mercado vão desde a impossibilidade de se obter todas as informações possíveis e relevantes para a decisão, passando pela alteração unilateral da ordem natural do Mercado, que poderia resolver problemas alocativos a seu tempo, até a indução

86. BERGER, Luiz Marcelo. *Friedrich Hayek, leis e o cálculo econômico*. In: KLEIN, Vinicius; BECUE; Sabrina Maria Fadel (org.). Análise econômica do direito: principais autores e estudos de casos. Curitiba: CRV, 2019. p. 120.

comportamentos predatórios e oportunistas, distanciados da efetiva promoção de riqueza em sociedade. Ao agir, o Estado não tem como saber com absoluta certeza como os agentes econômicos reagirão, dada a impossibilidade de se avaliar quais os próximos passos dos agentes econômicos, estimulados a reagir de variadas maneiras a quaisquer mudanças das condições do ambiente em que explorem suas atividades[87]. Daí a necessidade, dentro dessa visão, de se evitar intervenções estatais que não entendam no que estão interferindo.

Após anos de políticas keynesianas e a identificação de alguns crescimentos econômicos artificiais e insustentáveis ao redor do mundo (incluso o Brasil), políticas menos intervencionistas, mais preocupadas com o controle da inflação, começaram a ser defendidas com maior consistência. Em 1974 Hayek ganha o Prêmio Nobel pelo pioneirismo no desenvolvimento de trabalhos sobre teoria da moeda e flutuações econômicas e pelos estudos acerca da interdependência existente entre os fenômenos econômicos, sociais e institucionais. A essa altura, Hayek já exercia influência em muitos outros economistas e pensadores de relevo, como Milton Friedman e Karl Popper, e até os dias atuais suas ideais mostram a interdependência que existe entre as instituições jurídicas e econômicas. Hayek contribuiu significativamente para o desenho de políticas econômicas sustentáveis e seguras, controlando os naturais ímpetos expansionistas e de endividamento observáveis em políticas keynesianas.

### 2.2.5. Richard Posner

O mais conhecido jurista que escreve em Análise Econômica do Direito, Richard Posner é um dos principais responsáveis pela divulgação das ideias centrais do Direito e Economia enquanto linha de pensamento jurídico. A profusão de suas obras traz insights e perspectivas econômicas a diversos temas que reclamam atenção do Direito: de direito de família,

87. HAYEK, Friedrich August von. *O caminho da servidão*. São Paulo: Instituto Ludwig von Mises Brasil, 2010. P. 59

passando por incentivos tributários a reflexões sobre desastres ambientais e repressão ao terrorismo.

Concordando ou não com as ideias de Posner (até porque elas variaram sensivelmente ao longo dos anos), negligenciar a sua produção teórica seria, no mínimo, uma descortesia a quem tanto se esforçou em aplicar a teoria microeconômica ao Direito na tentativa de encontrar respostas para como os sistemas jurídico, político e econômico podem resolver problemas sociais de modo prático, sem negligenciar elementos como escassez, eficiência e racionalidade.

Especificamente em relação à eficiência, verifica-se uma notável evolução da relevância e da própria compreensão desse elemento para o Direito nos escritos de Posner. Em um primeiro momento, o autor centralizou sua pesquisa no sistema jurídico americano, utilizando a eficiência como método de investigação da ordem jurídica[88]. Nessa fase, ajudou a desenvolver a tese de que a *Common Law* norte-americana estaria alicerçada em institutos jurídicos que promoveriam otimizada eficiência econômica, aqui entendida como a maior maximização de riqueza possível. O tripé eficientista da *Commom Law* seria a proteção, com viés de exclusividade, do direito de propriedade; a obrigatoriedade e exigibilidade dos direitos e obrigações entabulados em contratos, entendidos como institutos facilitadores das transferências voluntárias de bens e valores; e a responsabilização civil, que asseguraria a proteção aos direitos tutelados pelo sistema[89]. O assentamento desses três elementos conferiria um filtro eficientista ao sistema jurídico, de modo a se permitir uma investigação dos demais institutos, ponderações de compatibilidade sistêmica de determinadas decisões e novas interpretações e exclusão de regras que se revelassem inadequadas. A perspectiva apresentada por Posner foi largamente acolhida pelas universidades americanas, com ampla divulgação da análise econômica do Direito enquanto movimento teórico e da Escola de Chicago.

---

88. SALAMA, *op. cit.* p. 68

89. POSNER, Richard A., Economic Analysis of Law, 3 ed, Nova Iorque: Aspen Publishers, 1986, p. 29.

De lupa investigatória dos demais institutos jurídicos, a eficiência evoluiu com o tempo nos escritos de Posner e passou a ser defendida como a razão final do sistema jurídico. A perspectiva instrumental da eficiência, enquanto critério de investigação e adequação das instituições ao sistema jurídico, não se revelaria mais suficiente para o autor. A eficiência, promotora da maximização da riqueza em sociedade, passa ser compreendida como o fundamento ético para o conceito de justiça[90]. As ações, decisões e instituições jurídicas seriam consideradas justas e adequadas aos sistemas econômico e jurídico se promovessem a maior geração de riqueza possível.

A construção teórica de Posner, em que eficiência e justiça estão amalgamadas, consiste em um aliar criativo entre perspectivas consequencialistas de moralidade e justiça; racionalidade individualista/egoística própria dos modelos econômicos; substituição do critério da felicidade do utilitarismo pelo da maximização de riqueza; e a consideração da necessidade de consenso nas interações econômicas via mercado[91].

A perspectiva de eficiência como fundamento ético do Direito foi amplamente criticada, dentro e fora dos Estados Unidos. Destacam-se as contundentes críticas de Dworking exatamente à compreensão de que a maximização de riqueza não poderia ser o fundamento ético para a Justiça. Dworking desenvolve seus trabalhos com o assentamento ideológico no sentido de que a Justiça demanda valores para ser concretizada, não sendo a eficiência um valor idôneo a garantir isso[92].

Após a ponderação e assimilação de algumas críticas à perspectiva de eficiência e maximização da riqueza como fundamento ético do Direito e seguindo a sua vocação de resolver problemas judicializados, Posner realiza algumas reconsiderações em seus trabalhos e alcança a sua terceira fase de compreensão de eficiência para o Direito. Nessa última etapa, a eficiência deixa de ser o único guia na definição de

90. POSNER, Richard A., A economia da justiça. São Paulo: Martins Fontes, 2010. p. 104.

91. SALAMA, *op. cit.* p. 72

92. DWORKIN, Ronald. *Is Wealth a Value?* Journal of Legal Studies, 9, 1980, p.191-226. Disponível em: https://www.journals.uchicago.edu/doi/abs/10.1086/467636?journalCode=jls. Acesso em 19 de agosto de 2023.

justiça do caso concreto, devendo ser considerada e sopesada com outros valores, de modo a se promover soluções de problemas atuais e facilitar construções de alternativas futuras, numa guinada a um Pragmatismo *sui generis*.

Diz-se *sui generis* por apresentar elementos do Pragmatismo Filosófico americano, mas com elementos novos. Posner defende que, ao se decidir um caso concreto, deve-se atentar à eficiência, mas não apenas a ela, decidindo-se com arrimo na razoabilidade e em outros valores caros ao sistema jurídico, como a Constituição, a separação de poderes e os valores democráticos[93]. A eficiência passa a ser consagrada como um dos valores fundamentais da sociedade americana, mas deixa de ser o guia único para decisões judiciais.

Apresentadas as três fases do pensamento eficientista de Posner, observa-se a grande contribuição do autor em trazer perspectivas diferentes na tentativa de solucionar problemas sociais que reclamam disciplinamento jurídico. Seja pela perspectiva instrumental, ética ou pragmática, a construção teórica da maximização de riqueza de Posner influencia até os dias atuais inúmeras obras e autores de Direito.

### 2.2.6. James Buchanan

O economista James Buchanan se destacou por aliar em seus estudos as recíprocas influências estabelecidas entre Direito, Economia e Política. As pesquisas sobre impactos econômicos das políticas públicas e a análise eficientista do agir estatal são a base da Escola da Escolha Pública, escola da AED alicerçada em notáveis contribuições do autor.

Como foi visto no estudo da *Public Choice*, os juristas e economistas que se inclinaram para essa Escola estavam em um contexto crítico às políticas públicas do pós-segunda guerra mundial, em que o pensamento keynesiano e o protagonismo estatal apareciam como uma alternativa para os países conseguirem alcançar prosperidade econômica, emprego e bem-estar social. A criticidade estava amparada, entre

93. SALAMA, *op. cit.* p. 97.

outros pontos, na ausência de fundamentação, clareza e estudo dos impactos econômicos das políticas escolhidas pelos agentes políticos.

Com o objetivo de controlar ações estatais infundadas ou desmedidas, Buchanan enxerga a necessidade de se estabelecer nas Constituições a estrutura fundamental do processo político e econômico, de modo a legitimar e controlar as ações estatais dentro do regime por elas proporcionado. Buchanan entende como indevida a lógica maximizadora, própria dos indivíduos, para compreender o funcionamento das organizações estatais. Defende que os resultados das políticas econômicas não seriam alcançados pela ideia de maximização social, mas sim derivados das dinâmicas de relações econômicas oportunizadas pelas regras do jogo constitucionalmente estabelecidas[94].

Muito do que foi visto sobre a Escola da Escolha Pública é encontrado nas ideias de James Buchanan. Para explorar específicas contribuições do autor, vamos analisar dois dos seus principais escritos.

Em sua principal obra, *The Calculus of Consent*, Buchanan, em parceria com Gordon Tullock, apresenta os principais fundamentos da Escola da Escolha Pública. Aponta a necessidade de se investigar em que medida os recursos públicos serão utilizados na implementação de políticas públicas, considerando a multiplicidade de demandas sociais, a escassez dos meios para concretizá-las, a influência de grupos de interesse na definição do agir estatal e os variados compromissos constitucionalmente estabelecidos. Buchanan destaca que a definição da decisão estatal, tanto no agir como no legislar, deve ser investigada, de modo a garantir que eventuais interesses dos agentes públicos estejam alinhados a benefícios sociais das coletividades. Do mesmo modo, as ações estatais devem estar de acordo com o texto constitucional, documento que consubstancia as principais regras jurídicas, políticas e econômicas de uma nação. As regras constitucionais e os postulados econômicos que guiam a análise do agir racional

94. PRADO FILHO, *op. cit.* p. 14

viabilizariam o ambiente de escolha possível para o agente político, de modo que se distanciar da moldura viabilizada seria não apenas antieconômico como também inconstitucional[95].

A grande contribuição de Buchanan foi atacar a ideia de que as falhas de mercado demandariam um pujante, geral e complexo agir estatal para a promoção do bem-estar social. Para ele, o principal obstáculo que deveria ser enfrentado era o de falhas de governo e os problemas decorrentes do agir estatal que se revele distante dos efetivos interesses da sociedade[96].

Aprofundando as ideias desenvolvidas em *The Calculus of Consent*, Buchanan publica posteriormente o livro *The Limits of Liberty* em que explora, dentro da teoria econômica dos contratos, a necessidade de observação de preceitos constitucionais para análise dos ambientes de escolha também na esfera privada. O autor desenvolve em seu livro a perspectiva de uma teoria contratual à luz do texto constitucional, evidenciando que a disparidade de condições financeiras e jurídicas dos indivíduos pode, pontualmente, legitimar a interferência do Estado no estabelecimento de regras legais de observação obrigatória nas avenças particulares.

Buchanan argumenta que, embora o governo tenha um papel legítimo em garantir que os contratos sejam cumpridos e em assegurar o cumprimento das leis, o excesso de regulação e intervenção nos acordos privados pode levar a consequências econômicas sistêmicas negativas. Defende, portanto, que o governo não deve interferir em contratos voluntários que são livremente acordados entre as partes, pois esses acordos refletem as preferências individuais. Em complemento, destaca que interferências excessivas nos contratos livremente pactuados em sociedade podem levar a distorções econômicas, ineficiências e redução da liberdade individual. Quando o governo tenta substituir as decisões individuais pelo

95. TULLOCK, Gordon; BUCHANAN, James. *The Calculus of Consent: logical foundations of constitucional democracy*. Ann Arbor: University os Michigan Press, 1962. p. 84

96. BUTLER, *op. cit.* p. 30

julgamento político centralizado, há o risco de que os interesses particulares dos governantes e grupos de pressão possam prevalecer sobre o bem-estar geral da sociedade[97].

Em sintonia com o que foi desenvolvido quando publicou *The calculus of consense*, Buchanan reforça a necessidade de se limitar interferências estatais nos pactos celebrados livremente em ambiente de Mercado. Para a proteção da autodeterminação dos indivíduos e da liberdade de escolher, devem ser estabelecidas restrições constitucionais a ações governamentais em contratos privados.

Pelas contribuições ao desenvolvimento da Teoria da Escolha Pública, pelos estudos sobre arquiteturas de escolha, para o agente público e para o Mercado, pelo desenvolvimento da perspectiva da Constituição da Política Econômica e do contratualismo constitucional, Buchanan ganhou, em 1986, o prêmio do Banco da Suécia para as Ciências Econômicas em memória de Alfred Nobel.

### 2.2.7. Douglas C. North

Entender como e por quais razões as nações prosperam. Essa foi uma das principais linhas de pesquisa que guiou os estudos de Douglass North, premiado em 1993 com o Prêmio Nobel de Economia pela renovação promovida na pesquisa da história econômica, em especial, sobre a forma como as instituições e as mudanças institucionais promovem impactos na Economia. A Academia identificou na produção de North um novo olhar nos estudos sobre desenvolvimento econômico na Europa e nos Estados Unidos; tais estudos têm como eixo de investigação os custos de transação, a Revolução Industrial e o papel dos direitos de propriedade e das instituições no sistema econômico.

Em contraposição ao modelo econômico neoclássico, em que a Economia se preocuparia essencialmente com a racionalidade das decisões tomadas em cenários de escassez,

97. BUCHANAN, James. *The limits of liberty: between anarchy and leviathan*. Indianapolis: Liberty Fund. 2000. p. 126.

Douglass North explorou em seus estudos a influência exercida pelas instituições em tomadas de decisão e no desenvolvimento econômico das nações. Como adiantado ao se explicar o movimento neoinstitucionalista, as instituições podem ser definidas como as regras do jogo, formais (emanadas pelo Estado ou por ele exigidas) ou informais (aceitas costumeiramente), que disciplinam o funcionamento da vida em sociedade. Dentro da perspectiva econômica e partindo do pressuposto de uma economia de Mercado, Douglas North defende que as instituições orientam, moldam e incentivam comportamentos dos agentes econômicos. Em ambientes construídos com boas instituições, seriam percebidos níveis elevados de estabilidade, previsibilidade e eficiência econômica. Já em cenários com instituições consideradas ruins, o Mercado seria incerto, instável e promoveria baixos níveis de riqueza[98]. North destaca que instituições como o direito de propriedade, a cogência dos contratos e a obediência aos comandos emanados pelo Poder Judiciário são elementos que integram o sistema econômico, e não externos a ele.

Dentro do sistema capitalista, North observa que os agentes econômicos reagem a incentivos, de modo que o quadro institucional de um dado país pode incentivar ou desencorajar determinados comportamentos econômicos e, consequentemente, influenciar a geração de riquezas. Complexas transações econômicas, normalmente relacionadas a setores econômicos refinados e disruptivos, reclamam por sofisticadas e adaptativas instituições jurídicas, responsáveis pela diminuição dos custos e a segurança jurídica. Muitos dos entraves a setores econômicos de determinados países não estão relacionados à falta de recursos ou mão de obra, mas resultam de uma composição institucional desencorajadora de atividades de risco[99].

Trazendo sua pesquisa à realidade investigada, o autor aponta que o crescimento observado nos países desenvolvidos não ocorreu exclusivamente em função de elementos econômicos, mas pela contínua evolução do ambiente institucional.

---

98. NORTH, op. cit. p. 14.

99. *Idem*. p. 139

Em North, abandona-se uma visão de antagonismo entre instituições públicas e privadas, pois ambas são fundamentais para que o Mercado se estabeleça de forma sustentável.

Ao fazer um estudo histórico e comparativo entre as nações, North destaca que os avanços econômicos ocorreram em países que adotaram instituições aptas a refletir os anseios dos agentes econômicos, tais como diminuição dos custos de transação, geração otimizada e circulação de riquezas e de segurança para o desenvolvimento de suas atividades em longo prazo. A Revolução Industrial ocorrida na Inglaterra, por exemplo, é apontada como resultado, dentre outras causas, das alterações legislativas promovidas para refletir os anseios da burguesia, como foi com o reconhecimento da propriedade intelectual.

Considerando as experiências de crescimento econômico registradas ao longo da História, North enfrenta a questão dos motivos que impedem a absorção pelos países subdesenvolvidos das experiências registradas nos países prósperos economicamente. Todas as nações anseiam por riqueza, mas por que poucas conseguem criar condições para promover dividendos econômicos para a sociedade? Quais as dificuldades em se replicar a fórmula que deu certo? Mais uma vez, a resposta está na análise histórica e institucional dos ambientes postos para atuação dos agentes econômicos.

Dentro desse tema, North apresenta a ideia de dependência de trajetória (*path dependence*), no sentido de que a análise do momento vivenciado é insuficiente para explicar as razões pelas quais se registra desenvolvimento ou fracasso econômico. As instituições jurídicas e econômicas dos países são resultado de uma longa evolução histórica, formada por momentos de consenso e ruptura, de programações sociais debatidas democrática e republicanamente, seguidos mudanças normativas fruto de *lobbies* bem orquestrados para o atendimento de um determinado setor ou voltados à preservação de privilégios dentro da máquina estatal. O peso de cada um desses eventos na história de um país explicará as evoluções diferentes dos institutos no comparativo internacional[100]. É

100. *Ibidem*, p. 164-166.

justamente por essas razões que muitos transplantes jurídicos (indistintas aplicações de regras jurídicas de países desenvolvidos para países em desenvolvimento) não se consolidam e não produzem os efeitos esperados.

O contexto histórico, político e econômico em que se encontra um determinado país deve ser avaliado pelos responsáveis em inovar o quadro normativo, por melhores que sejam as experiências identificadas em outros países. Há a necessidade de se ponderar em que medida a inovação será absorvida pela sociedade e quais as consequências para o Mercado.

Por mais que pertença ao neoinstitucionalismo, percebe-se em North uma visão que toca em alguns pontos a *Public Choice*, notadamente, uma percepção crítica da intervenção estatal na dinâmica econômica. Ao realizar um comparativo entre as nações, North aponta que uma das principais características identificadas nas nações ocidentais prósperas é justamente a formação de desenhos estatais e governamentais voltados a facilitar a atuação de agentes econômicos privados no Mercado, garantindo os direitos de propriedade e a execução dos contratos[101]. Deveria o Estado, nessa linha de pensamento, absorver as demandas e acompanhar as mudanças sociais havidas em Mercado para se adaptar e promover alterações normativas e institucionais condizentes com essas mensagens.

Estados excessivamente intervencionistas e atuantes no Mercado podem, no entender de North, prejudicar o desenvolvimento econômico e incrementar os níveis de custo de transação. De todo modo, a solução contra o intervencionismo estatal exagerado não é a ausência de Estado, ente fundamental para a garantia do Mercado, mas a delimitação restrita do seu campo de atuação.

De tudo o que foi brevemente apresentado de Douglas North, o principal que se pode colher de seus trabalhos para o estudo em Direito e Economia é a compreensão de que um

101. NORTH, Douglas C.; THOMAS, Robert. *The rise of the western world: a new economic history*. 1973. Cambridge: Cambridge University Press. https://doi.org/10.1017/CBO9780511819438 p. 7. Acesso em 08 de agosto de 2023.

ambiente de Mercado sustentável, confiável e que promova cada vez mais elevados níveis de riqueza depende de normas atributivas de poder a instituições governamentais que sustentem a funcionalidade do Mercado, garantindo-se a atuação das entidades privadas na consecução de seus interesses econômicos. O nível de intervenção estatal na Economia certamente variará em função de inúmeros fatores, alcançando desde a formação cultural do povo, o contexto histórico, a ordem constitucional e circunstâncias específicas de cada nação. De todo modo, uma antagonização entre o Estado e a iniciativa privada deve ser descartada, pois só reflete preconceitos ou interesses de setores ou segmentos da sociedade que estão divorciados da realidade.

## 2.3. REVISITANDO INSTITUTOS JURÍDICOS À LUZ DA ANÁLISE ECONÔMICA DO DIREITO

Vistas as noções fundamentais necessárias para a compreensão interdisciplinar fornecida pela Análise Econômica do Direito, bem como as principais escolas e autores de destaque com suas respectivas contribuições juseconômicas, é chegado o momento de se refletir sobre institutos jurídicos basilares dos sistemas jurídico e econômico da sociedade brasileira e a forma como eles podem ser problematizados à luz das propostas próprias do Direito e Economia.

Esse esforço não pode ser considerado novo ou sem precedentes no Direito brasileiro. Há, todavia, divergências sobre o início da Análise Econômica do Direito no Brasil, enquanto movimento de pensamento jurídico a refletir sobre as instituições em nosso ordenamento. Alguns doutrinadores identificam a obra "Interpretação Econômica do Direito", de Guiomar T. Estrella Faria, publicada em 1994, como marco inicial do movimento no País[102]. No referido livro, a autora inicia tecendo considerações sobre os termos "análise" e "interpretação" e a adequação de cada um para nominar essa forma de pensar o Direito e Economia. Em seguida, realiza um resgate

102. GAROUPA, op. cit. p. 08.

histórico dos primeiros estudos das recíprocas conformações dos sistemas jurídicos e econômicos, em especial, dos apontamentos de Karl Marx, e apresenta um breve resumo dos conceitos de análise econômica do direito de Posner e Calabresi. Após apresentar as principais críticas aos doutrinadores americanos, finaliza com um estudo do instituto do ilícito civil no Direito anglo-saxônico e a posição no Direito brasileiro[103].

Há quem defenda, por sua vez, que "Notas de Análise Econômica: Contratos e Responsabilidade Civil", escrito por Rachel Sztajan em 1998, pode ser apontada como a obra inaugural de Direito e Economia no Brasil[104]. Independente de consenso, a abordagem promovida pela Análise Econômica do Direito pode ser considerada recente em terras brasileiras. Tomando por base as duas obras destacadas no parágrafo anterior, a AED não teria completos 30 anos por aqui. Como consequência, poucos são os livros jurídicos nacionais que exploram temas em Direito e Economia.

Compreender, problematizar e tentar novos contornos a conceitos jurídicos já estabelecidos é um desafio considerável. Especialmente quando se está falando de uma literatura jurídica que teria, no máximo, 30 anos em terras brasileiras. O risco de sempre é o de trazer apenas novos adjetivos dispensáveis, incluir mais um hibridismo na doutrina nacional ou, simplesmente, buscar palavras novas para rechear páginas e encarecer um pouco mais o transporte do livro, no afã de construir algo "de peso". Definitivamente, não é essa a pretensão deste leve livro.

Acredito que as razões para a aproximação de Economia e Direito para a investigação de institutos e instituições estão bem justificadas na introdução e na parte inicial deste capítulo: a busca por melhores decisões administrativas e em Direito Público de uma forma geral, que sejam capazes de promover maiores níveis de estabilidade jurídica, eficiência econômica e aceitação social. Uma visão interdisciplinar consolidada de

103. FARIA, Guiomar Theresinha Estrella. *Interpretação econômica do direito*. Porto Alegre: Livraria do Advogado, 1994. p. 95.

104. ARAÚJO, Thiago Cardoso. *op. cit.* p. 138.

institutos jurídicos fundamentais, como propriedade, contratos e regime de responsabilidade civil, é de suma importância para que melhores decisões da Administração Pública sejam alcançadas. O objetivo não é exaurir a análise unidimensional desses institutos, seja a visão jurídica ou a visão econômica, mas reforçar a importância de uma visão pluridimensional, simultaneamente econômica e jurídica, para a promoção de melhores decisões em Direito Público que toquem esses temas.

No esforço de trabalhar com o Direito e Economia, movimento teórico que se consolidou em contexto social, constitucional e econômico diverso do brasileiro, partimos da premissa de que o acolhimento de novas compreensões e abordagens de institutos jurídicos deve ser feito sem desconsiderar o ambiente em que se consolidaram, respeitando o desenvolvimento histórico e os elementos básicos de que constituídos. Um mero transplante de ideias, sem uma filtragem constitucional, tem elevadas chances de resultar em propostas teóricas desnaturadas e inadequadas. De todo modo, a perspectiva interdisciplinar, a abertura a mensagens econômicas, algo inerente à Análise Econômica do Direito, não necessariamente resultará na replicação das ideias desenvolvidas em outros sistemas jurídicos. O que se busca é apresentar possibilidades de diálogo para melhor compreensão dos institutos e, quando possível, avaliar criticamente possibilidades de mudança.

Diante desse firmamento é que se investiga os principais institutos que fundam os sistemas econômico e jurídico constitucional brasileiro e em que medida o movimento Direito e Economia pode contribuir efetivamente com novas formas de entender o fenômeno jurídico. À luz dessas propostas é que se avaliará como é possível construir melhores decisões para o Direito Público brasileiro que normatizem, regulem, disciplinem ou sancionem ações humanas de relevada importância relativas a propriedade, contratos e responsabilidade civil.

Apenas um parêntese de cunho behaviorista: inúmeras decisões são adotadas em ambiente de livre mercado por indivíduos e empresas no exercício de suas atividades sem que detidas meditações sejam realizadas. De fato, a ancestralidade de comportamentos humanos afetos à manutenção e autodeterminação em vida, como se alimentar, se relacionar, angariar objetos, prosperar economicamente e influenciar outras pessoas, são tão naturais e automáticos que os atos instrumentais que os viabilizam, como a celebração de contratos e a aquisição de bens, podem passar irrefletidos. E isso não é diferente com o Estado e os agentes que atuam em seu nome quando instados a avalizar, chancelar, regular ou sancionar comportamentos privados. Em muitos casos, decisões são tomadas sem maiores reflexões sobre os eventos a eles submetidos, bastando associações, silogismos ou induções frente ao que tradicionalmente se executa e à luz dos comandos literais depreensíveis de dispositivos normativos.

Em condições normais, é até natural que ações cotidianas e decisões simples sejam realizadas sem maiores digressões. Nesse sentido, o estudo sobre tomadas de decisão mostra que uma enormidade de ações é resolvida rapidamente, sem maiores esforços ou divagações, ao passo que situações mais complexas acabam reclamando decisões analíticas e detidas no contexto que se apresenta[105]. O cenário fica um pouco mais desafiador, no entanto, quando se percebe que algumas situações mais complexas, aparentemente próximas ao que já se decidiu, são resolvidas de forma célere e sem uma reflexão aprofundada sobre as premissas envolvidas. Nesses casos, há o risco de se enviesar tomadas de decisões em questões que apresentam variáveis que demandariam uma meditação complementar, como a análise de elementos econômicos ou a tradição jurídica envolvida.

Sem a pretensão de refundar a forma como sao resolvidos diferentes tipos de problemas, o esforço que se empreende ao estudar camadas jurídicas e econômicas em determinados institutos pode auxiliar em novas tomadas de decisão, que se mostrem mais aptas a resgatar o núcleo duro dos institutos ou adaptar algumas dessas características a novas mensagens encaminhadas pelos sistemas sociais (econômico, jurídico, político...). Dada a essencialidade de alguns atos e comportamentos econômicos praticados em ambiente de Mercado, acredito que poderá ser útil dedicar algum tempo à

105. KAHNEMAN, *op. cit.* p. 29.

reflexão sobre como se formaram os desenhos institucionais dos instrumentos jurídicos que os viabilizam em sociedade.

Com o objetivo de construir caminhos para a produção de melhores tomadas de decisões pela Administração Pública, entendo que regular ou sancionar um agir privado sem entender a base sociológica e econômica que estimulou a normatização dessa conduta pode gerar atuações administrativas ineficientes, inseguras e injustas. Daí que somente teremos melhores decisões administrativas que toquem em temas complexos relativos a institutos de direito privado se a Administração Pública se abrir a compreender as dimensões jurídicas, políticas, econômicas e sociais que influenciaram a conformação desses elementos.

Nesse ponto, chama a atenção o quão pouco são explorados os conceitos de institutos jurídicos fundamentais, como direito de propriedade e contratos, em escritos voltados à pesquisa de ações estatais e decisões administrativas que, em alguma medida, condicionam, limitam e legitimam esses elementos do sistema jurídico. Acredito que esse é mais um dos problemas decorrentes da divisão do Direito em "Direito Público" e "Direito Privado", que costuma gerar publicistas preocupados em compreender as principais regras e princípios que disciplinam o agir estatal/administrativo, mas que acabam negligenciando elementos egoísticos fundamentais na autodeterminação dos indivíduos e na formação de institutos tradicionalmente estudados pelo direito privado. Do mesmo modo, é comum identificar pesquisadores em direito privado que investigam com profundidade as relações privadas, mas negligenciam o cenário social em que elas são entabuladas e a forma como as instituições públicas atuaram para garantir o ambiente em que as atividades desenvolvidas pelos indivíduos são efetivadas. Assim como há que se aproximar Direito e Economia, respeitadas as regras de funcionamento de cada um dos sistemas, deve-se fazer um esforço para se incrementar os níveis de comunicação entre Direito Público e Direito Privado para a promoção de melhores decisões estatais, sem que isso represente uma confusão nas fronteiras entre esses regimes. Aproximar sem confundir é uma meta que se estabelece.

No nosso entender, o jurista que se propõe a estudar as ações e decisões administrativas deve fazer um mínimo de esforço para compreender a realidade econômica de Mercado e as relações privadas que ele irá alcançar ao estudar e aplicar o regime jurídico de Direito Público. Especialmente em um contexto de exortação à função social de determinados institutos de Direito Privado, como também se verá a seguir, não se pode perder de vista que alguns desses elementos são original e essencialmente voltados à satisfação de interesses egoísticos e estão fundamentalmente ligados à autodeterminação dos indivíduos. Além disso, a falta de compreensão, sensibilidade e empatia com as dificuldades, ansiedades e expectativas vividas pelos agentes privados pode, no final das contas, interromper a comunicação que Estado, Mercado e agentes privados devem possuir. Regular, normatizar ou sancionar sem reconhecer essa dimensão da realidade é arriscar a sustentabilidade da própria decisão, em prejuízo da eficiência e segurança jurídica.

Todos os institutos jurídicos que serão analisados guardam uma relação de recíproca implicação necessária com a segurança jurídica; ao mesmo tempo que os institutos existem para conferir contornos concretos à segurança no sistema jurídico, a segurança estimula a inserção e revitalização dos institutos para que ela exista efetivamente em sociedade. Comecemos com o estudo da propriedade.

### 2.3.1. Propriedade

Independentemente das divagações que envolvem os verbos "ser" e "ter" e suas reflexões sociológicas e psicológicas na formação das pessoas e comunidades ao longo dos tempos, o direito de propriedade é considerando um dos institutos jurídicos nucleares para a autodeterminação dos indivíduos em uma sociedade. Nos termos em que é conformado pela legislação que a discipline, o direito de propriedade permite, de um modo geral, a qualquer cidadão o assenhoreamento pleno e absoluto de uma determinada coisa, podendo usar, fruir e dispor dela.

Ao se tornar proprietário, o indivíduo pode se valer desse bem para garantir empreendimentos arriscados, trocar por recursos para sua manutenção ou, simplesmente, aguardar por sua eventual valorização, avaliando possível venda ou troca. A propriedade, portanto, chancela e avaliza tomadas de decisão as mais distintas possíveis, que determinarão o curso da história individual de cada pessoa.

Os reflexos do exercício das prerrogativas inerentes ao direito de propriedade alcançam variados níveis de realização e satisfação egoísticas possíveis, o que explica a centralidade desse direito nos sistemas jurídico e econômico. Douglas North aponta, por exemplo, que o desenvolvimento alcançado pelos países capitalistas ocidentais está atrelado à consolidação de instituições políticas que asseguram o direito de propriedade[106]. Diante da sensível importância individual e social que se percebe ao se tratar sobre o direito de propriedade, abre-se a oportunidade de se avaliar, à luz do critério da eficiência, como os direitos de propriedade são modelados, distribuídos, garantidos e transacionados.

Essencialmente, o direito de propriedade consiste em atribuir a uma pessoa (ou grupo de pessoas) o poder de decidir sobre a utilização de um dado recurso, e dos ganhos ou perdas dele resultantes. A atribuição da propriedade a um indivíduo ou a uma empresa inviabiliza o acesso livre a esse bem, impedindo a ruína que decorreria da luta de muitos pelo assenhoreamento do recurso escasso, indivisível e disputado[107]. Como se percebe da definição do direito de propriedade, a garantia de exclusividade contra todos os demais membros da comunidade é de sua essência, o que denota o perfil essencialmente egoístico e individual do direito de propriedade.

A efetivação da garantia do direito de propriedade é um dos principais problemas identificados nas sociedades, inclusa a brasileira. A insegurança alcança amplo feixe de problemas - desde situações de furtos simples, percebidas diariamente nos noticiários, dada a inexistência de aparato policial

106. NORTH, Douglas C., THOMAS, Robert. *op. cit.* p. 1.

107. MACKAAY, Ejan. ROUSSEAU, Stéphane. *op. cit.* p. 228.

suficiente para impedir esses crimes, até a dificuldade de proprietários de imóveis localizados em comunidades simples de grandes centros urbanos de regularizar seus imóveis com a lavratura de escrituras das casas em que vivem. Os reclames por mais segurança, física e jurídica, perpassam todas as camadas sociais, sendo que, obviamente, recaem com maior peso sobre os mais economicamente hipossuficientes e marginalizados socialmente. Para os mais pobres, a ausência do Estado se revela ainda mais difícil e sensível quando precisam de proteção em suas propriedades.

Para os que possuem uma perspectiva mais coletivista do ser humano em sociedade, a razão desses e outros problemas residiria na própria concepção e nos efeitos decorrentes das relações que derivam do direito propriedade, dado que a alocação atual dos bens seria fruto de anos de injustas e díspares disponibilidade dos bens. O resultado seria a exclusão material do direito de propriedade para a maior parte da população, ainda que formalmente ele fosse a todos ofertado. A propriedade, nessa perspectiva, seria a veste jurídica consagradora da injustiça social, pois dividiria a sociedade entre os proprietários e os desprovidos de propriedade. Desse modo, não se conseguiria alcançar justa distribuição de recursos em sociedade, pois a causa das disparidades residiria justamente no instituto da propriedade.

Sem estender em maiores divagações (até porque a realidade posta é de um sistema econômico capitalista, fundado no direito de propriedade), abordagens coletivistas são comumente criticadas por apresentarem dificuldades operacionais para materializar a justa distribuição dos bens em sociedade que efetivamente satisfizesse as pessoas. Nesse sentido, percebe-se que alguns críticos do direito de propriedade, tal como conformado no sistema capitalista, partem do pressuposto de que uma solução adequada para os problemas de distribuição de bens e recursos seria a existência de um hábil planejador (normalmente, o Estado), que teria condições de antever as necessidades individuais e grupais que surgem no seio da sociedade, atribuindo as riquezas e os bens de modo a garantir as satisfações de todos. Diante das complexas relações sociais havidas comunitariamente, das diferenças de preferência e atribuição de valor aos bens e da dificuldade em se materializar um ente que tenha condições de absorver todas as informações necessárias para garantir a resposta correta, equânime, proporcional e eficiente, percebe-se que a atual experiência humana encontra dificuldades em superar totalmente a lei de oferta e demanda, guiada naturalmente pelos interesses dispersos na sociedade[108].

Ser refratário a soluções essencialmente coletivistas para a definição dos recursos e bens em uma sociedade não significa que não se deve questionar o *status quo* ou buscar alternativas para problemas que os modelos econômicos avessos a intervenções estatais não puderam resolver. Nesse sentido, destacam-se as políticas públicas relacionadas à garantia de uma renda mínima, como o imposto de renda negativo, que naturalmente viabilizaria algum nível de resgate social e conferiria poder de aquisição[109]. Outras possibilidades de intervenção estatal para auxiliar os problemas de acesso seguro à moradia são as políticas de *housing first*, em que se busca garantir acesso imediato à moradia para pessoas em situação de rua, e as políticas públicas de regularização habitacional e fundiária. Entre coletivismos e individualismo utópicos, a mais segura fórmula de que dispomos para melhorar a sociedade existente é pensar em alternativas que conciliem demandas coletivistas e egoístas, de modo a tentar novas soluções para antigos e novos desafios, respeitadas as essências e os núcleos duros dos institutos jurídicos.

Ser proprietário de algo e ter esse reconhecimento social e estatal é fundamental para que o indivíduo possa transacionar, dispondo do bem em troca de outros insumos ou valores necessários ao seu sustento. O direito de propriedade permite que uma empresa possa oferecer um bem em garantia para obtenção de um empréstimo e desenvolver sua atividade negocial. Como se vê, a propriedade é fundamento base dos sistemas de trocas em sociedade, das mais rudimentares às mais

108. HAYEK, Friedrich August von. *O caminho da servidão*. São Paulo: Instituto Ludwig von Mises Brasil, 2010. p. 104.

109. FRIEDMAN, Milton. *Capitalismo e Liberdade*. São Paulo: Editora LTC, 2014. p. 165.

complexas. Com a circulação de riquezas e o direcionamento dos valores aos que mais os valorizem, a propriedade comercializada viabiliza uma melhor eficiência alocativa dos recursos em uma sociedade, sendo, consequentemente, uma das principais responsáveis por geração de riquezas. Justamente por isso é que o estudo do Direito de Propriedade precede ao de Direito dos Contratos: a contratualização tem como pressuposto a segura definição do direito de propriedade, sob pena de inexecução contratual e riscos no negócio.

Em cenários de custos de transação elevados (tais como pesquisa de bem, busca de informações e interessados em contratar, delimitação do negócio...), o estudo dos desenhos normativos dos direitos de propriedade se revela ainda mais importante. Nesses cenários, a circulação e a alocação de recursos para transacionar bens exigirão elevados níveis de certeza da atribuição do direito de propriedade dos bens negociados, sendo ainda mais sensíveis ao envolverem bens de valores elevados. Daí a necessidade de sempre se analisar quão protetiva e eficiente é o conjunto normativo apresentado para o desenho do direito de propriedade oferecido à sociedade[110]. O primeiro passo nesse estudo se dá com a leitura das normas legais e constitucionais.

O disciplinamento constitucional e infraconstitucional não negligenciou a perspectiva econômica, intimamente ligada ao desenho institucional do direito de propriedade no sistema jurídico brasileiro. Aponta-se, por exemplo, que o já não tão novo Código Civil de 2002, no artigo 1.228, parágrafo 1º, informa que o exercício do direito de propriedade deve estar coadunado a suas finalidades econômicas. Na Constituição Federal, o direito de propriedade está previsto em diversos dispositivos, mas se destaca especialmente como princípio da Ordem Econômica no Estado Brasileiro, conforme previsto no artigo 170, inciso II.

A previsão constitucional do direito de propriedade em capítulo que o posiciona entre os princípios gerais das atividades econômicas desempenhadas em ambiente de Mercado

---

110. PORTO, Antônio José Maristrello; GAROUPA, Nuno. *op. cit.* p. 175.

e a expressa previsão no Código Civil da importância da perspectiva econômica no desenho do instituto representam clara sinalização do legislador pátrio pelo reconhecimento da importância desse instituto para o sistema econômico vigente. De todo modo, ao se realizar uma leitura comparativa entre o desenho atual do direito de propriedade com sistemas jurídicos arcaicos, percebe-se que o direito de propriedade no sistema jurídico brasileiro derivou de influxos sociais e coletivistas ao longo dos anos. Nesse sentido, destaca-se a exigência normativa de que a fruição do direito de propriedade deve atentar para a sua função social.

A sobrelevação da perspectiva coletivista para o direito de propriedade pode, todavia, gerar alguns ruídos ou dificuldades de compatibilização com a própria essência do instituto. Numa visão das sensíveis relações que se estabelecem entre os indivíduos e o Estado, a abertura normativa legitimadora de uma maior intervenção estatal na disposição dos bens privados em decorrência do mandamento constitucional de funcionalização social da propriedade chancela a possibilidade de expropriação de bens privados pela entidade, que, originariamente, deveria garantir o uso e a disposição livre e egoística dos bens.

Nesse ponto, vale destacar que no ordenamento jurídico brasileiro diversas são as hipóteses de intervenção estatal na propriedade, como a possibilidade de desapropriação do imóvel urbano que não esteja sendo utilizado de acordo com o plano diretor da cidade e do imóvel rural que esteja sendo explorado em descompasso com as balizas normativas pertinentes. Além disso, há a possibilidade de serem cominadas sanções pecuniárias e a própria demolição do imóvel erguido em desacordo com a legislação municipal que discipline o zoneamento urbano e trace as regras de edificação.

Os exemplos apresentados indicam que o Estado atua não apenas na garantia da notoriedade e segurança do direito de propriedade, mas no direcionamento dos proprietários a conformarem suas propriedades ao que ficou construído juridicamente como função social ao longo dos anos. E o que seria função social da propriedade?

**Função Social da Propriedade**, basicamente, consiste na exigência normativa imposta aos proprietários para que eles confiram à propriedade um uso que esteja de acordo com expectativas sociais existentes para esse bem, adequando o seu uso ao que a sociedade espera. Trata-se de um dos mais conhecidos e trabalhados conceitos jurídicos abertos que existe no ordenamento jurídico brasileiro. Os conceitos jurídicos indeterminados são palavras ou expressões dotadas de elevado grau de abstração e, consequentemente, de considerável adaptabilidade a variados contextos. São conceitos vagos, compostos por significados sobre os quais há dúvida quanto à sua aplicação a casos-limite. Possuem o mesmo significado que o de "cláusulas gerais", sendo, portanto, dotados de vagueza multidimensional socialmente típica[111]. Os contornos definidores mais precisos dos conceitos de conteúdo aberto reclamam do jurista um maior esforço interpretativo, como aliar uma determinada expressão a outros conceitos normativos ou considerar outros elementos não normativos, como os contextos social, histórico e econômico.

A função social da propriedade imobiliária apresenta regramento variado em função de se tratar de imóvel urbano ou rural. À luz do texto constitucional, a **função social da propriedade rural** será concretizada nas situações em que ela seja considerada produtiva, nos termos do artigo 185, inciso II da Constituição Federal. O constituinte complementou a significação de "função social" com a perspectiva da produtividade, mais um conceito jurídico de relativa fluidez, que depende de complementação normativa e de um olhar para a realidade. Partindo de uma percepção pela negação, é possível antever que uma propriedade rural improdutiva não será considerada cumpridora de sua função social. No entanto, para dar contornos mais nítidos, o artigo 186 informa os parâmetros constitucionais para a verificação da produtividade da propriedade rural:

111. ÁVILA, Humberto. *Teoria da indeterminação do direito: Entre a indeterminação aparente e a determinação latente*. São Paulo: Malheiros/Juspodivm, 2022. p. 77.

> Art. 186. A função social é cumprida quando a propriedade rural atende, simultaneamente, segundo critérios e graus de exigência estabelecidos em lei, aos seguintes requisitos:
>
> I - aproveitamento racional e adequado;
>
> II - utilização adequada dos recursos naturais disponíveis e preservação do meio ambiente;
>
> III - observância das disposições que regulam as relações de trabalho;
>
> IV - exploração que favoreça o bem-estar dos proprietários e dos trabalhadores.

Os incisos do artigo 186 conferem balizamentos mais seguros para o entendimento da função social da propriedade rural. A remessa que o legislador constituinte fez ao legislador ordinário para definição dos critérios e graus de produtividade foi alcançada com a Lei nº 8.629/1993.

Verificada a produtividade do imóvel pelo atendimento dos critérios legais e constitucionais, não pairarão mais dúvidas para o proprietário, que poderá seguir com suas atividades rurais. Ao revés, para as situações em que se esteja diante de uma propriedade improdutiva, o artigo 184 da Constituição Federal informa a possibilidade de desapropriação do imóvel pela União. Desapropriação é a mais gravosa e definitiva modalidade de intervenção estatal na propriedade, podendo ser conceituada como a compulsória transferência do domínio do bem do particular para o Estado por razões de insustentável conciliação entre os interesses coletivos e o privado[112], como é o caso do não atendimento da função social da propriedade. A ideia que moveu o constituinte é de fácil apreensão: a ociosidade conferida à propriedade rural não se coaduna com os interesses dos demais integrantes da sociedade, dada a escassez inerente aos imóveis rurais existentes.

---

112. MOREIRA, Egon Bockmann; GUIMARÃES, Bernardo Strobel. *A desapropriação no estado democrático de direito*. *In*: ARAGÃO, Alexandre Santos de, MARQUES NETO, Floriano de Azevedo (coord.). *Direito administrativo e seus novos paradigmas*. 2. Ed. Belo Horizonte: Forum, 2018, p. 566.

Diante da desigual distribuição de propriedades rurais na sociedade brasileira e considerando os ganhos sociais que advém dos elevados níveis de produtividade conferidos aos imóveis que são destinados à reforma agrária, a solução constitucional adotada para a ociosidade do imóvel rural se coloca como uma decisão economicamente adequada. Em mais de uma ocasião destacamos o reconhecimento por diversos pensadores e correntes doutrinárias da legitimidade conferida ao Estado para viabilizar o ambiente de negócios em que os agentes econômicos atuam. Considerando a improdutividade do imóvel rural como um elemento a diminuir a geração otimizada de riqueza em sociedade e a remota possibilidade de a solução ser alcançada pelos agentes privados que permanecem por anos sem conferir efetiva exploração da terra, haveria um sustentáculo a respaldar a atuação estatal para correção dessa e de outras ineficiências percebidas nas alocações de imóveis rurais na sociedade.

De todo modo, há que se avaliar os riscos de ineficiência que podem derivar dos procedimentos viabilizadores do agir expropriante do Estado. No sistema de trocas voluntárias, o preço de determinado bem é alcançado por meio de dinâmicas e incertas negociações, ao passo que no processo de desapropriação (que já apresenta um custo em si) o valor a ser pago será identificado após um procedimento específico e cálculo estabelecido em lei, que poderá alcançar um montante muito superior ao que o expropriado aceitaria se estivesse em negociação com particulares. Em outros termos: valores do orçamento público, que poderiam ser utilizados para atender outras demandas sociais igualmente relevantes, serão concentrados na mão de uma pessoa que em outro contexto estaria satisfeita com um menor valor pelo imóvel. Nesse ponto, vale lembrar que as desapropriações por descumprimento da função social não são feitas por meio de indenização prévia e em dinheiro, mas sim de títulos públicos resgatáveis em 20 anos (imóvel rural) ou 10 anos (imóvel urbano). O que poderia significar um alívio momentâneo para os cofres públicos costuma gerar valores elevadíssimos com o passar dos anos, com os quais arcarão as futuras gerações, gerando um problema que poderia ter uma solução normativa mais célere, simples e de menor impacto econômico.

Outro problema que se verifica é a constatação em alguns casos de total desvirtuamento da desapropriação estabelecida no artigo 184, nas situações em que o proprietário enxerga na improdutividade uma saída para a solução de seus problemas financeiros; ao invés de investir em sua terra improdutiva, deixando-a produtiva, deixa-a parada, apenas esperando a ação estatal expropriante transferir onerosamente a sua propriedade a outros que tenham interesse em explorar atividades rurais. Agravam ainda mais o cenário as notícias, já antigas[113], de casos de supervalorizações de terras, resultado que abarca desde a influência de poderosos e bem estruturados grupos de interesse nos órgãos públicos à baixa punição nos casos de corrupção.

Diante desses e outros problemas de cunho econômico identificados nos processos de desapropriação de imóveis rurais, o desafio que se apresenta é avaliar como compatibilizar a necessidade constitucional de reforma agrária com os desafios sociais, econômicos e procedimentais inerentes à transferência forçada de propriedades subutilizadas para pessoas que efetivamente concretizem a função social desses bens.

Brevemente traçadas as linhas relativas à função social do imóvel rural, sigamos agora na análise da **função social da propriedade urbana**. Conforme está estabelecido constitucionalmente no artigo 182, §2º, a função social da propriedade urbana será percebida quando atendidas as exigências de ordenação urbanística estabelecidas no plano diretor da cidade. Dois clássicos exemplos de intervenção estatal na propriedade urbana para atenção da função social são identificados constitucionalmente: a desapropriação, prevista no artigo 182, §3º, e o tombamento, mencionando no artigo 216, §1º. Por mais que possua regras, exigências e trâmites distintos, a desapropriação do imóvel urbano que não esteja cumprindo a sua função social segue a mesma lógica da desapropriação dos imóveis rurais: o Estado retira do proprietário o imóvel que esteja subexplorado, atribuindo-o a pessoas que conferirão uma utilidade que tanto atenderá a eles quanto à sociedade

113. Disponível em: https://www1.folha.uol.com.br/fsp/brasil/fc21069907.htm Acesso em 25/03/2021

de um modo geral. O núcleo duro das reflexões econômicas relativas à desapropriação dos imóveis rurais se aplica à desapropriação de imóveis urbanos, mesmo com algumas diferenças pontuais entre eles. De todo modo, entendemos que seria repetitivo renovar essas considerações agora. Mais proveitoso, todavia, é canalizar nossos esforços no instituto do tombamento, dentro da perspectiva proporcionada pela Análise Econômica do Direito.

O tombamento é o principal instrumento posto ao Estado na proteção do patrimônio cultural. Mais uma vez, estamos diante de um conceito aberto envolvendo a intervenção estatal na propriedade. Para viabilizar uma maior concretude, o constituinte aponta elementos normativos a guiar a caracterização do que se pode entender como patrimônio cultural nos incisos do artigo 216. De todas as hipóteses apresentadas constitucionalmente, a que mais vem à mente das pessoas é o tombamento de imóveis históricos e arquitetônicos, em razão do seu valor para a comunidade. Nesse contexto, determinados imóveis cumprirão primordialmente sua função social enquanto permanecerem imaculados. Para evitar riscos de adaptações e demolições, intervenções naturais em imóveis antigos submetidos à especulação imobiliária, o Estado os tomba. Mas o que é tombamento?

É possível definir o tombamento como a modalidade de intervenção estatal que limita a livre disposição que o proprietário tem do bem, para que sejam mantidas as características próprias que ensejaram a limitação e inseriram a coisa tombada em uma classe especial de bens protegida pelo Estado[114].

As consequências econômicas que advêm da decretação de tombamento são significativamente sentidas, tanto pelo proprietário atingido como pela sociedade em geral. Ainda que se trabalhe com a hipótese de indenização ao particular proprietário do imóvel tombado, ela não será equivalente ao valor total do bem, pois não se trata de uma desapropriação.

---

114. RODRIGUES, José Eduardo Ramos Rodrigues. *Aspectos Polêmicos em torno do Patrimônio Cultural*. In: RODRIGUES, José Eduardo Ramos Rodrigues; MIRANDA, Marcos Paulo de Souza: *Estudos de Direito do Patrimônio Cultural*. Belo Horizonte: Forum, 2014. p. 105.

Logo, mesmo com alguma quantia sendo paga ao proprietário, restará sensivelmente atingida a livre disposição do imóvel, alicerce fundamental do direito de propriedade. Se por um lado o patrimônio cultural da sociedade estará preservado com o tombamento, por outro teremos um imóvel com um ônus que poderá representar sensível diminuição de seu valor de mercado e, consequentemente, prejuízo ao proprietário.

As críticas mais duras feitas ao tombamento, na forma como foi normatizado no Brasil, giram em torno da ideia de que o instituto desestimula afetações econômicas do imóvel que venha a ser tombado. Como resultado, o que vemos na realidade são prédios tombados recamados de uma formal proteção estatal, mas abandonados, seja pela ausência de manutenção pelo proprietário, que deixa de ver razões para arcar com gastos de um imóvel que não mais possui livre disposição, seja pela ausência de recursos estatais (escassez, mais uma vez) para preservar um considerável número de imóveis tombados. A ação estatal, que tinha o intuito de preservar o bem e os valores culturais e históricos encravados em suas linhas arquitetônicas, acaba afastando a sociedade do imóvel e colocando a propriedade em perigo de ruína.

Acredito que as experiências vivenciadas já foram suficientes para estimular novas formas de se viabilizar a proteção cultural e adotar medidas que possam compensar os limites impostos pelo tombamento, como isenção ou diminuição da tributação do imóvel, como já vem ocorrendo em algumas cidades[115]; transformação dos prédios tombados em repartições públicas; e a celebração de convênios com empresas para explorarem suas atividades nos imóveis tombados, permitindo-se alterações no prédio, desde que respeitada a parte arquitetônica. As boas intenções por trás do tombamento não são mais suficientes para resolver os problemas dele derivados, o que demanda uma efetiva refundação do instituto, de modo a garantir que a função social da propriedade seja efetivamente tutelada.

115. Disponível em: https://g1.globo.com/pa/para/noticia/2020/08/03/prefeitura-de-belem-oferece-descontos-no-iptu-2021-para-donos-de-imoveis-tombados-ou-de-interesse-a-preservacao.ghtml

Do que foi rapidamente exposto sobre "função social da propriedade", pode-se concluir que valores que interessam a sociedade, como a função produtiva das terras, a efetiva afetação à moradia e a preservação de valores históricos, artísticos e culturais, limitam alguns dos atributos clássicos do direito de propriedade, como a livre disposição do bem. A constitucionalização do direito de propriedade trouxe nuances solidaristas[116] ao instituto, reputadas necessárias pelo constituinte para corrigir distorções sociais, como desigual distribuição de bens e não aproveitamento do solo. O que não se pode perder de vista é que a principal função social da propriedade é a geração de riquezas que ela proporciona direta e imediatamente aos indivíduos, por figurar como elemento central para as transações econômicas[117]. Logo, quaisquer intervenções estatais na propriedade, por mais caros que sejam os valores que as fundamentem, devem ser pensados e somente efetivados na medida em que não a desnaturem.

Consolidada a leitura que entendemos necessária para guiar a perspectiva da função social da propriedade, especialmente no contexto brasileiro de constitucionalização do Direito Civil, voltemos ao âmago do direito de propriedade e a sua relação de domínio com o proprietário. Para que a propriedade possa cumprir as suas funções social e individual, ela deve ser garantida pelo Estado ao proprietário. Abordamos muito a perspectiva de intervenção estatal na propriedade, mas a maior parte dos conflitos relativos ao direito de propriedade em sociedade envolve particulares e a disputa

116. TEPEDINO, Gustavo. *Temas de Direito Civil*. 3ª ed. Rio de Janeiro: Renovar, 2004, p. 304.

117. As conclusões alcançadas sobre "função social da propriedade" se aplicam a outros institutos de direito civil que também passaram a ostentar claro viés solidarista em seus desenhos normativos, como é o caso da "função social dos contratos". De acordo com o artigo 421 do Código Civil, "a liberdade de contratar será exercida em razão e nos limites da função social do contrato". O que deve ser enfatizado, antes de qualquer tentativa de compreensão coletivista do instituto, é que a principal função social do contrato é viabilizar fluxo e geração de riquezas. Logo, quaisquer outros elementos que possam influenciar na final definição de um determinado contrato deve ter firme esse pressuposto. Nesse sentido: TIMM, Luciano. *Artigos e ensaios de Direito e Economia*. Rio de Janeiro: Lumen Juris, 2018. p. 52.

por titularidade de bens. Logo, é fundamental investigar os modos como se dá a **Proteção da Propriedade**, ou seja, como os direitos de proprietários são normativamente protegidos e as influências econômicas exercidas no desenho final dessas garantias.

Quando o sistema de Segurança Pública e os mandamentos normativos que informam a exclusividade do bem não são suficientes para afastar discussões que envolvem a sua disputa, duas são as possibilidades de tutelar a pessoa que teve o seu direito de propriedade violado: indenizar o proprietário pelo equivalente ou restituir o bem. **A indenização**, como o próprio termo indica, objetiva tornar indene a pessoa que foi prejudicada, consistindo em medida que quantifica monetariamente o dano causado e o recompõe por meio do estabelecimento da obrigação de pagar pelo malferimento ao direito de propriedade. No sistema jurídico brasileiro, a indenização será determinada após regular tramite de ação de perdas e danos, ajuizada pelo proprietário que provar, judicialmente, a diminuição ou perda causada em seu direito de propriedade. Após certificação do seu direito a ser indenizado, quantificar-se-á o valor a ser pago. A outra possibilidade de tutelar o proprietário é restituir a coisa esbulhada ou remover a situação de perturbação ao bem, sem que haja uma conversão do bem em perdas e danos. A priori, trata-se de medida mais eficiente, uma vez que diminui a complexificação decorrente da avaliação pecuniária advinda da perda parcial ou total do bem. No entanto, há situações em que ela é inviável, seja pelo perdimento do bem, seja pelo comportamento das partes.

Os elementos que influenciam a quantificação da indenização e as razões para a escolha entre a tutela indenizatória ou a inibitória serão mais bem discutidos quando tratarmos da responsabilização civil, dentro da perspectiva da análise econômica do direito. O que importa, para o momento, é assentar a ideia de que o direito à propriedade significa que o Estado reconhece a importância desse instituto enquanto elemento basilar para o funcionamento do Mercado. Para que o direito de propriedade se estabeleça, o Estado disponibiliza medidas para protegê-lo, permitindo ao proprietário lesado buscar em juízo o pagamento de um valor ou a coisa em si.

### 2.3.2. Contrato

Numa perspectiva jurídica tradicional, contratos são os instrumentos que estabelecem os direitos e deveres para os envolvidos em um negócio jurídico[118]. Para a Economia, o contrato é um facilitador de circulação de recursos e um estatuto de governo conjunto para os envolvidos na transação, estabelecendo os compromissos e ações para os problemas que surjam na operação econômica subjacente[119]. Como é possível se perceber nessas duas compreensões, tão importante quanto o objeto contratual (o conteúdo e a finalidade econômica) é a necessidade de alinhamento entre partes sobre como elas resolverão eventuais problemas que possam surgir em alguma das fases contratuais. Em outros termos, a segurança para os envolvidos no pacto contratual desponta em nível de semelhante importância à do objeto transacionado.

Algo que deve permanecer vívido na mente de quem estuda o Direito dos Contratos é a percepção de que as acepções jurídica e econômica dos contratos são indissociáveis. A formalização jurídica do contrato, a sua cientificidade técnica não é um fim em si mesma, mas um instrumento a viabilizar a operação econômica tutelada. Por outro lado, a necessidade de segurança para os envolvidos na transação reclama um mínimo de acertamento de regras entre os envolvidos. Direito e Economia, nessa perspectiva, estão amalgamados nas operações contratuais, de forma que a veste jurídica não existe apartada da realidade econômica à qual presta contas. Em razão disso é que se afirma que as demandas econômicas típicas de mercado, como eficiência e otimização nas transferências de riquezas, não devem ser negligenciadas pelo desenho normativo que confere os moldes do instrumento jurídico contratual em um dado sistema jurídico, sob pena de

118. GALESKI JÚNIOR, Irineu; RIBEIRO, Márcia Carla Pereira. *Teoria geral dos contratos: contratos empresariais e análise econômica*. São Paulo: Revista dos Tribunais, 2015. p. 30.

119. ARAÚJO, Fernando. Teoria econômica do contrato. Coimbra: Almedina, 2007. p. 18.

os instrumentos ofertados pelo ordenamento se distanciarem do núcleo duro da operação econômica que a deveriam servir.

Um dos maiores autores em direito contratual que soube trabalhar de forma clara a necessidade de acoplamento entre Direito e Economia para a formação dos contratos foi o jurista Enzo Roppo. Saindo um pouco do eixo anglo-americano, onde estão as raízes e perspectivas mais conhecidas e divulgadas da Análise Econômica do Direito, identificamos nos trabalhos de Enzo Roppo grandes contribuições para se compreender as recíprocas influências que se estabelecem entre os Sistemas Econômico e Jurídico no desenho de instituições basilares ao funcionamento do Mercado, como os contratos. Particularmente, entendo as contribuições desse autor como um guia para o estudo juseconômico dos fundamentos dos contratos.

No clássico livro "O Contrato", o jurista italiano apresenta os fundamentos de sua visão para o instituto jurídico que por milênios serviu de base para os atos de mercancia e negócios em geral. Segundo Roppo, os conceitos jurídicos refletem uma realidade exterior a si próprios, para a qual exercem uma função instrumental. A plena apreensão de um determinado conceito jurídico demanda necessariamente o estudo da realidade socioeconômica que busca regular ou normatizar. Firme nessa premissa, Enzo Roppo entende o contrato como modalidade de pacto jurídico a estabelecer os direitos e obrigações atribuídos às partes, com o escopo de viabilizar a concretização de uma operação econômica e, consequentemente, a circulação e geração de riquezas[120].

Ao resgatar os ensinamentos de Henry Maine, Roppo explora a perspectiva sociológica do que representa o contrato na vida dos homens, oportunidade em que apresenta a perspectiva de que as sociedades humanas evoluíram e passaram do *status* ao *contrato*[121]. Nesse sentido, informa que nos primórdios das civilizações a vida do homem era ditada pelo seu pertencimento a um grupo. Desde as funções de caça e

120. ROPPO, Enzo. *O Contrato*. Coimbra: Almedina, 2009, p. 11.

121. MAINE, Henry James Summer. *Ancient Law: It's connection whith the early history of Society and its relation to modern ideas*. 11ª ed. London: John Murray, 1887. p. 170.

segurança desempenhadas pelos homens em grupos tribais, até ofícios que se passavam dentro da família – se filho de artesão, artesão seria. Perceba que entre essas duas situações estamos falando de milênios de evolução humana, mas, mesmo assim, muito do que o homem faria/seria era determinado pelo seu *status* no grupamento social. Como a vida das pessoas era essencialmente determinada pelo contexto em que nascessem, quaisquer outras potencialidades ou aptidões que não coincidissem com as tarefas socialmente esperadas não eram exploradas. Consequentemente, as escolhas de vida que estariam à mão das pessoas eram reduzidas. Com a evolução e complexificação das sociedades e atividades humanas, o homem passou a ser o resultado de suas escolhas (*contratos*), voltadas à satisfação de seus interesses e ao desenvolvimento pessoal. A evolução das organizações sociais resulta no refinamento das organizações econômicas e dos contratos. O fim da outorga marital para disposição de bens, por exemplo, é um claro exemplo do reconhecimento da mulher como sujeito de direitos na sociedade e de como o ato de contratar está atrelado à noção de ser dotado de plena autodeterminação em sociedade.

Explorando a perspectiva econômica dos contratos, Roppo destaca que o *pacta sunt servanda*, além da perspectiva ética, apresenta conteúdo econômico evidente: garante que os compromissos assumidos serão cumpridos, condição fundamental para a circulação de riquezas[122]. Ou as pessoas cumprem com o pactuado, ou são responsabilizadas pelos termos em que se comprometeram, salvo hipóteses de impossibilidade de continuidade contratual, que variam de acordo com a legislação de cada país.

Evidenciando ainda mais a relação entre Direito e Economia, Roppo aponta que o desenvolvimento da sociedade capitalista explica o declínio da teoria da vontade nos negócios jurídicos. Nesse sentido, assinala que a produção e o consumo em massa demandaram uma simplificação e uniformização nas relações entre empresas e consumidores. Nesse processo de objetivação das trocas, atribuir relevo à vontade existente

122. ROPPO, *op. cit.* p. 34

ao tempo da celebração do negócio significaria personalizar a operação econômica, o que não se coaduna ao elevado volume de contratos que se percebe todos os dias e a vocação geradora de riquezas dos negócios firmados. Nesse ponto, a teoria da vontade, na qual se privilegia o momento subjetivo da iniciativa contratual e seus móveis anímicos, é substituída pela teoria da declaração, fundada no comportamento exteriorizado e objetivo das partes no momento da celebração contratual[123]. O comportamento percebido passa a ser suficiente para gerar efeitos, sendo desnecessárias investigações sobre o que um dos contraentes tinha em mente quando contratou.

Outro ponto do trabalho de Roppo de extrema relevância é o estudo comparativo e evolutivo de institutos jurídicos de direito privado, dentro da consolidação e evolução do sistema capitalista. Ao comparar os institutos jurídicos "Contrato" e "Propriedade", o autor demonstra que, nas sociedades em que o capitalismo estava surgindo, a propriedade aparecia como centro ou fim de todo o processo econômico, figurando o contrato como coadjuvante, mero instrumento de alteração de titularidade de riquezas em uma sociedade em que a perspectiva final era de concentração e imobilidade de recursos. A propriedade consistia na riqueza em si e o contrato era apenas um instrumento servil. Essa perspectiva estava relacionada a um atrasado desenvolvimento econômico, em que se percebia uma prevalência da agricultura sobre a indústria e os serviços – primado da terra como recurso mais importante em uma sociedade.

Com o desenvolvimento do capitalismo, observou-se um gradativo processo de mobilização e desmaterialização da riqueza. Em substituição à propriedade estática surgem os bens imateriais, as relações, promessas e expectativas de comportamento, mediadas pelos contratos. Como exemplos, Roppo aponta a licença de patente, a opção de compra de ações, as relações de trabalho e os títulos de crédito. Nessa fase madura do capitalismo, o contrato não mais ficaria limitado a servir de instrumento de transmissão de propriedade; seria antes

123. *Idem* p. 69.

um veículo independente de criação de riquezas e desenvolvimento econômico[124].

Outro estudo relacional de extrema importância feito por Roppo é o do "Contrato" e da "Empresa". A saída da sociedade agrícola (de perfil estático, pois focada na propriedade) para a sociedade capitalista (de perfil dinâmico, destinada à organização da atividade comercial) consolidou a empresa como elemento fundamental no processo econômico. Dentro da perspectiva de contratualização da vida, Roppo assinala que o agir das empresas é feito por meio da celebração de contratos, mecanismo funcional e instrumental da empresa. Contratos são fundamentais para organização e funcionamento das empresas. De fato, a estrutura típica de uma empresa é uma estrutura contratual; fazer parte de uma empresa é assinar um contrato (de sociedade). A organização basilar das firmas é totalmente fundada na celebração de contratos, dentre os quais pode-se exemplificar os celebrados com trabalhadores, os contratos de aquisição de matéria-prima, os de leasing de maquinário e os de fornecimento de energia elétrica. Considerando-se a contratualização das operações econômicas, não há como se dissociar funcionalmente as empresas dos contratos.

De tudo o que foi apresentado, observa-se que a abordagem de Roppo do sistema normativo evidencia como institutos jurídicos relacionados ao núcleo duro do funcionamento do sistema econômico capitalista – a exemplo de propriedade, empresa e contratos, evoluíram e se associaram funcionalmente, guiados pelas mensagens enviados pelo Mercado, de modo a otimizar a geração e circulação de riquezas. Essa perspectiva, muitas vezes não considerada pelos trabalhos de dogmática jurídica, é que se busca resgatar com o Direito e Economia dos contratos.

Vimos que os contratos são os instrumentos por excelência geradores de riqueza em sociedade. Para firmar ainda mais a compreensão da noção de promoção de riquezas promovida pelos contratos, faz-se necessário apresentar a ideia

---

124. *Ibidem* p. 66

de **excedente econômico**, que pode ser analisado sob o viés do consumidor e do produtor. Ilustrativamente, imagine que Luma, apreciadora de arte, se depara com uma linda escultura em uma galeria do Marais. Ao analisar a obra, cogita pagar até o máximo de 120 mil euros para adquiri-la. De todo modo, oferta para a artista responsável pela obra o montante de 80 mil euros. A escultora, que esperava obter no mínimo 90 mil reais com o trabalho, não aceita a proposta, e destaca que o menor preço possível para o trabalho seria 115 mil reais. Com o avançar das negociações e o estabelecimento de um vínculo entre as partes, fecham o negócio em 100 mil reais. O resultado alcançado demonstra que o valor final é inferior ao que Luma estava disposta a pagar (120 mil euros) e superior ao mínimo aceitável pela escultora (80 mil euros). Quantificando os ganhos, a compradora poupou 20 mil euros e a vendedora lucrou 10 mil euros. O excedente econômico representa a soma dos ganhos obtidos pela compradora (excedente do consumidor) e os da vendedora (excedente do produtor)[125], totalizando 30 mil euros, que poderão ser aplicados em outros negócios. Em suma, a sociedade ficou mais rica após a realização do negócio em 30 mil euros, justamente em razão da formação do excedente econômico proporcionado pela transferência de titularidade da obra de arte, nos termos em que foi feita. Os 30 mil euros serão destinados a outros serviços, com a consequente criação de novos excedentes, e se somarão aos demais recursos e excedentes havidos em sociedade. A fórmula que temos é: quanto mais operações econômicas, mais excedentes, o que resultará em incremento de bem-estar social. Considerando que os contratos são a roupagem jurídica das relações econômica, fica evidente a importância das transações e dos instrumentos contratuais como institutos promotores de riquezas em sociedade.

Os contratos apresentam níveis de refinamentos e sofisticação variados, graduados de acordo com a complexidade da transação, o valor do objeto transacionado, os costumes consolidados em um dado ambiente de negócio. A depender das regras aplicáveis e exigências do evento contratualizado,

125. MANKIW, *op. cit.* p. 134.

lançar palavras no papel com fins contratuais pode operacionalizar ou não um negócio. Em alguns casos o contrato até se aperfeiçoa, mas de forma lenta, lacunosa onde não deveria, mais custosa e insegura. Há, portanto, diferentes níveis de eficiência nos contratos e na forma como eles são ajustados. Identificar **o ponto ótimo de eficiência nos desenhos contratuais** é um grande desafio que impulsiona muitos juseconomistas nos estudos sobre modelos dos contratos.

Os estudos sobre moldura normativa e desenhos dos contratos reclamam a atenção de muitos juristas dada a importância que a eficiência dos contratos tem na geração otimizada de riquezas para a sociedade. Quem pactua concentra suas energias no objeto e tem o interesse de eliminar o que for possível de custos de transação, tema profundamente explorado por Coase, como já foi visto. Consequentemente, há uma demanda do mercado por desenhos contratuais eficientes, que diminuam os custos envolvidos.

Contratos de seguro e de assessoramento jurídico representam segmentos de prestação de serviços que podem ser analisados sob o viés de custos contratuais, dado que naturalmente encarecem os contratos que são assegurados ou que reclamam a participação de advogados. Contratar seguros ou advogados não gera riqueza direta aos pactuantes do negócio principal, mas indireta (como a diminuição do risco do negócio e do grau de incerteza jurídica). Por mais que promovam recursos às seguradoras e sociedades de advogados, o que socialmente é bom, esses valores poderiam ser direcionados ao objeto contratual principal, elevando os níveis de eficiência do negócio jurídico analisado. De todo modo, as incertezas inerentes ao negócio demandam o respaldo da operação por um seguro ou por um assessoramento jurídico específico, sem os quais ele poderia simplesmente não se realizar. Nesse outro olhar, por mais que representem custos, seguros ou prestação de serviços de assessoria jurídica podem se revelar cruciais para um negócio inusual ou arriscado, de modo que se colocam como variáveis necessárias à celebração do contrato (que não aconteceria se não fosse garantido ou juridicamente chancelado).

Nesse sentido, pode-se afirmar que a eficiência contratual é um parâmetro de busca, que varia de acordo com as circunstâncias, o contexto, com o ambiente de mercado e em razão da influência das mensagens enviadas pelo sistema normativo, aplicáveis ao negócio firmado pelo contrato. Análises comparativas dos modelos contratuais e estudos sobre a essência dos negócios são fundamentais para que os custos desnecessários, que inviabilizam o ponto ótimo de eficiência na geração de riquezas, sejam identificados e afastados.

Como é possível se perceber, os estudos sobre eficiência contratual desaguam nos estudos sobre custos de transação. Quanto maior o custo para contratar, menos riqueza será gerada. Como já foi visto em mais de uma oportunidade, os custos de transação são variáveis relevantes para a definição do Direito e das instituições jurídicas. Os custos de transação, quando verificados, gravitam em torno dos negócios jurídicos e podem ser percebidos nas fases pré, pós e na própria execução dos contratos. Em qualquer uma das fases em que são verificados custos de transação, o resultado será o mesmo: encarecimento desnecessário dos negócios jurídicos, desvinculado recursos da geração e circulação de riquezas. Enfim, os custos de transação estão presentes na vida dos contratantes e são um problema a ser enfrentado juseconomicamente.

A investigação sobre eficiência contratual alcança níveis de complexidade ainda maiores quando a análise dos contratos passa a levar em consideração o elemento temporal. **O tempo** é a variável que traz em si o incremento de incerteza nos pactos celebrados entre particulares, uma vez que retira a análise do que atualmente existe (tangível e verificável) em função do que surgirá (intangível e esperado).

Tentar predizer o amanhã é abraçar o risco do que virá, na esperança de que os eventos ocorram dentro do planejado. De fato, pode-se afirmar que "Tempo" e "Risco" são as duas faces da mesma moeda, de modo que a prudência recomenda a obtenção do máximo de informações possíveis antes de tomar decisões, especialmente as de caráter irreversível[126]. Ocor-

126. BERNSTEIN, *op. cit.* p. 15.

re que muitas vezes o ser humano é colocado em situações de necessidade de imediata tomada de decisão, sem ter como garantir toda a miríade de dados possível a respaldar a escolha realizada.

Com as limitações próprias da racionalidade humana em imaginar ou garantir o futuro, muitos juseconomistas se dedicaram aos estudos sobre a influência do tempo nos arranjos contratuais com o objetivo de diminuir os níveis de incerteza nos pactos de execução diferida ou de trato sucessivo, normalmente relacionados a negócios de elevada monta e fundamentais à execução de projetos caros à sociedade. A redução de riscos e incertezas garante maior confiabilidade nos pactos firmados, no ambiente de negócios e, consequentemente, traz maior eficiência na geração e circulação de riquezas.

Contratos de execução diferida e de trato sucessivo são os que não se resolvem imediatamente, mas em um dado momento do futuro (diferida) ou após a realização de determinados atos que se prolongam no tempo (trato sucessivo)[127]. Nos dois casos, em que o contrato se inicia em uma data e termina concluído em outra, há que existir um viés colaborativo entre as partes para que ele alcance o resultado inicialmente pactuado. Imaginemos que uma pessoa adianta metade do valor total do contrato de empreitada para a construção de uma casa a uma empresa de engenharia civil na expectativa de que tenha o imóvel entregue no prazo de um ano, momento em que o valor restante será pago. Em um cenário de inexistência de Estado ou mais especificamente de um Poder Judiciário que exija o cumprimento dos contratos em situações de inadimplemento, o empreiteiro teria dois incentivos bem evidentes: entregar a obra para obter o valor total do contrato ou descumprir o pactuado e ficar com o dinheiro adiantado. Obviamente, o segundo cenário traria o risco de diminuição da reputação da empresa inadimplente no Mercado. Isso, no entanto, não seria suficiente para remover o receio de várias pessoas em contratar esse tipo de serviço ainda que com outras empresas, já que uma experiência como essa poderia ser

127. KLEIN, Vinicius. *Os contratos empresariais de longo prazo: uma análise a partir da argumentação judicial*. Rio de Janeiro: Lumen Juris, 2015. p. 103.

devastadora para uma pessoa isoladamente considerada. O resultado seria menor circulação e geração de riquezas. A garantia do cumprimento do contrato, ainda que forçado, evidencia a importância das instituições (legislação clara e exigibilidade judicial dos pactos celebrados e não cumpridos) para que a Economia funcione de modo otimizado.

O comportamento dos contratantes ao longo do tempo é decisivo para as consequências finais da operação econômica. Ambos agindo de acordo com o pactuado e não surgindo nenhuma circunstância impeditiva no curso do processo, o contrato será cumprido, a riqueza gerada alcançará contornos mais claros e ambas as partes tocarão suas vidas, em busca de novos negócios. O cenário muda totalmente para as situações de **inadimplemento contratual**. Com o descumprimento do contrato, a riqueza não mais alcançará o que tinha sido imaginado e os pactuantes prolongarão seu convívio, agora não mais harmonioso; passarão a disputar judicialmente pela execução ou não dos termos firmados contratualmente.

O descumprimento do contrato exigível em juízo poderá oportunizar duas soluções ao que ficou sem a prestação prometida: pleitear judicialmente a execução forçada do objeto contratual ou a conversão da obrigação específica em perdas e danos. O ordenamento jurídico brasileiro, notadamente o artigo 499 do Código de Processo Civil, estabelece a preferência em se entregar ao credor a prestação obrigacional, estando a conversão em perdas e danos revestida de caráter subsidiário. De fato, sendo possível entregar o objeto contratual, inexistirão os custos decorrentes da conversão em perdas e danos, em claro alinhamento com o parâmetro eficientista. Além do mais, a conversão em perdas e danos consiste em substituir a vontade das partes na mensuração do valor da prestação não cumprida – terreno extremamente subjetivo e de difícil determinação (basta analisar o valor da causa em muitas ações, o montante arbitrado judicialmente... e o manejo de recursos nos dois sentidos: para aumentá-lo e para diminuí-lo). Ocorre que, para a execução específica, há a necessidade de colaboração entre as partes, que inexistiu antes do ajuizamento da ação. Logo, em situações de impossibilidade de entrega do objeto contratual ou excessiva onerosidade para que se viabilize a coisa ou o agir pactuado, a conversão em perdas e danos terá lugar e representará a resolução mais eficiente[128].

Na apuração da indenização devida, vários elementos influenciarão a quantificação final, desde os relativos à obrigação descumprida, até os efeitos da quebra contratual para a comunidade, afetada reflexamente pelo inadimplemento com o sentimento de insegurança jurídica e econômica gerado. Nesse sentido, apontam-se a necessidade de reparar o lesado pelos danos emergentes, visualizáveis imediatamente, pelos lucros cessantes; a reparação pela quebra de confiança; o dano pela perda da chance (custo de oportunidade). A indenização também poderá levar em consideração o comportamento do inadimplente, alcançando efeito pedagógico: o Estado sinaliza ao agente econômico que o seu comportamento oportunista não se revela adequado para a sociedade e para o Mercado.

Dentro da Teoria Geral do Direito Contratual, destaca-se um instrumento utilizado para facilitar os questionamentos e investigações envolvendo as situações de indenização por perdas e danos. Trata-se da **Cláusula Penal**, que consiste em antecipada estipulação do valor que deve ser pago a uma das partes a título de perdas e danos. Considerando que as par tes convergiram previamente no valor da clausula penal no momento da celebração do contrato, em ocorrendo situação de descumprimento contratual, se evitariam os apresentados custos relativos à identificação de indenização, o que se revela mais próximo à eficiência.

Na medida em que buscam conferir maior eficiência e redução de custos nos negócios jurídicos, economistas e juristas dedicam-se a avaliar como os pactos negociais e os desenhos contratuais podem otimizar a alocação dos recursos em um ambiente de pesquisas, disputas e instabilidade para a transação econômica. Explorando esse tema, Oliver Hart foi um dos principais nomes que se empenharam nos estudos da Economia dos Contratos e no desenvolvimento da Teoria dos

128. PORTO, Antônio José Maristrello; GAROUPA, Nuno. *op. cit.* p. 199.

Contratos Incompletos, tendo recebido em 2016 o Prêmio Nobel em Economia.

Tradicionalmente, segurança jurídica contratual é entendida como a necessidade de se minudenciar em dispositivos contratuais os compromissos de cada uma das partes. O raciocínio é simples: para cada evento que possa influenciar na execução do contrato, é seguro que as partes convencionem a ação que deverá ser realizada. Com a complexificação dos negócios e a elevação dos riscos sociais, as pessoas foram estimuladas a cada vez mais estabelecerem cláusulas contratuais, de modo a se protegerem de uma variação cambial, reajustes de valores frete, inflação, supervenientes alterações da legislação e inimagináveis eventos que poderiam inviabilizar o contrato tal como foi imaginado, ao menos por uma das partes, quando da sua celebração. Além do florescimento de clausulas voltadas ao futuro e à diminuição de riscos, percebeu-se crescente inclusão de dispositivos contratuais simplesmente inúteis, fruto de um receio em contratar, que demandam mais tempo de leitura e podem tornar o pacto mais confuso, desnecessariamente longo e trabalhoso, em descompasso com o próprio negócio firmado.

Quebrando esse paradigma tradicional de esmiuçar no contrato as regras que disciplinam o negócio jurídico firmado, Oliver Hart desenvolve junto com outros estudiosos a **teoria da incompletude contratual** partindo de alguns pressupostos. Primeiro: contratos com muitas clausulas são mais complexos, morosos e custosos se comparados com pactos mais enxutos. Segundo: constata-se a impossibilidade fática de se antecipar a totalidade de eventos futuros que tenham a potencialidade de influir no negócio na fase de negociação do contrato. Terceiro: a repartição de riscos entre agentes econômicos consolidados em suas atividades deve ser entendida como mais um objeto de pactuação, não sendo o caso de se aplicar um dever genérico de recomposição. Ao que assumiu os riscos, instrumentos como seguros ou derivativos estariam à mão para diminuição das exposições inerentes ao negócio. Quarto: renegociar pode se revelar tão ou mais custoso que negociar a distribuição inicial dos riscos. Contraria o princípio da eficiência econômica aplicar recursos e energia na redefinição completa de um negócio em vez de celebrar um novo pacto, gerador de novas riquezas.

Em específicos pactos jurídicos, revela-se mais útil e eficiente ter parâmetros e desenhos contratuais que privilegiem a real intenção lucrativa que chamar a outra parte para renegociar. Para ilustrar, imagine-se um contrato de tecnologia celebrado para desenvolver um determinado produto patenteável: o agente financiador aporta valores em uma empresa para que em 12 meses consiga desenvolver uma nova antena. No curso da execução contratual, a empresa percebe a impossibilidade de alcançar o objeto inicialmente pensado com o orçamento dado, sendo, no entanto, possível o aproveitamento do que foi executado no desenvolvimento de um outro produto, um novo sistema de aquecimento solar, também com potencial de lucratividade para ambas as partes. Nesse cenário, o estabelecimento de um contrato mais flexível, que estimule a continuidade do contrato de tecnologia e a geração de riqueza para ambos os contraentes, estaria mais coadunado com o princípio da eficiência do que a mera denúncia de impossibilidade de execução do que foi inicialmente posto como objeto do contrato.

A situação acima destacada representa uma típica relação agente-principal, em que uma das partes tem dificuldades técnicas em acompanhar e vigiar o comportamento da outra, o que estimula um cenário de risco moral[129]. A empresa de tecnologia poderia, por exemplo, encerrar antecipadamente o contrato, valendo-se de clausulas expressas no contrato para denunciá-lo, e desenvolver o produto sozinha depois, com remota possibilidade de o agente financiador descobrir que o aporte de valores auxiliou na descoberta. A previsão de cláusulas contratuais que desestimulem comportamentos predatórios afasta situações de risco moral, sem que haja a necessidade de se cristalizar o contrato.

---

129. HALONEN-AKATWIJUKA, Maija; HART, Oliver. *Short-term, long-term, and continuing contracts*. NBER Working Paper, No. 21005, National Bureau of Economic Research, Cambridge, Massachusetts. Disponível em http://dx.doi.org/10.3386/w21005. Acesso em 11 de Agosto de 2023. p. 28.

Em outro exemplo, imagine-se o surgimento de uma crise de abastecimento de água no curso da execução de um contrato firmado entre empresas. Ambas, no entanto, não estão expostas a esse risco, já que possuem poços artesianos, e permanecem desenvolvendo suas atividades. Nesses casos, o desenho contratual deveria estimular não a renegociação/repactuação pela superveniente perfectibilização de um desastre, mas a continuidade da execução. Renegociar tem custos em si, seja pelo tempo gasto, seja pela necessidade de recontratar auxiliares na redefinição do objeto (p. ex.: advogados, peritos, contadores...).

Algo que deve ficar vívido na mente de quem se depara com a teoria dos contratos incompletos é a percepção de que está se tratando, no final das contas, de uma teoria que estuda a relação custo-benefício de permanência da fase de negociações de deveres para a celebração de um contrato[130]. Quanto mais exigências e mais cláusulas se apresentem necessárias para uma das partes, mais tempo de avaliação jurídica e econômica será exigido pela contraparte. Logo, a completude contratual, especialmente em contratos complexos, está atrelada ao consumo de um dos principais recursos escassos existentes: o tempo. A análise que deve ser feita é de níveis de incompletude contratual que se revelem eficientes para tutelar as partes, viabilizar o negócio jurídico e promover negócios em menor tempo possível.

Assentados os fundamentos que guiam a teoria da incompletude contratual, seria ela aplicável imediata e indistintamente a todos os sistemas e negócios jurídicos? Certamente que não. Os níveis de incompletude possibilitam comportamentos oportunistas das partes, de modo que a análise de custos e benefícios marginais que decorrem de ações voltadas à completude do contrato variará significativamente em função da matéria, complexidade, valores envolvidos e estrutura jurídica e econômica das partes envolvidas. De fato, essa indagação abre porta à vastíssima discussão acerca do funcionamento de diferentes tipos de negócios e mercados em

130. ARAÚJO, Fernando. Teoria econômica do contrato. Coimbra: Almedina, 2007. p. 151.

um mesmo país, assim como a comparação dos ambientes de negócios entre países e ordenamentos jurídicos distintos. O estudo voltado ao refinamento no desenho de contratos e normas jurídicas que disciplinem o ambiente de negócios não significa indistinta aplicação da mesma arquitetura em todos os negócios.

Outro tema relevante a se apresentar é o **dirigismo contratual,** existente em maior ou menor intensidade em função de valores reputados sensíveis para o legislador ou regulador que trate do tema. O Direito do consumidor brasileiro, por exemplo, apresenta regras próprias, mais protecionistas, diferentemente de muitos países, em especial dos economicamente mais desenvolvidos. O paternalismo aqui vivenciado, que afasta nas relações consumeristas a regra do *caveat emptor*, no entanto, não é obra do acaso, mas uma resposta do ordenamento jurídico às mensagens encaminhadas pelo sistema econômico e social. Tradicionalmente, a economia brasileira é fechada, de modo que aos consumidores brasileiros muitas vezes não é possível obter produtos similares e substituíveis junto a outro fornecedor, como ocorre em países de acirrada concorrência. Enquanto em um país de economia fechada entregar produtos de qualidade reduzida pode ser uma estratégia pensada para aumentar a margem de lucro, numa economia aberta esse agir empresarial pode representar a ruína do negócio. Ante a verificação de práticas predatórias e de uma população vulnerável, o Congresso Nacional editou no começo dos anos 90 o Código de Defesa do Consumidor. Avaliar em que medida permanece a vulnerabilidade antes existente é outro lado da mesma discussão, que se renova e reclama por uma análise intersistêmica.

### 3.5.3. Responsabilidade Civil

Viver é correr riscos, estejamos conscientes disso ou não. Ações simples, como andar de elevador, dirigir um carro, discutir política em uma mesa de bar, envolvem decisões que, em algum grau, podem resultar em desastres. Nem por isso as pessoas deixam de fazer essas e outras atividades. Não apenas se acredita que o elevador irá parar no andar correto, como se confia na obediência aos sinais de trânsito. Política no bar é realmente um pouco mais arriscado, mas, mesmo assim, teses sociológicas continuam sendo construídas e canceladas entre copos e gritos. A vida segue, bem ou mal segue, justamente na confiança de que, se algo der errado, alguém responderá por isso, seja a empresa de manutenção dos elevadores, o motorista apressado ou o frustrado com os rumos políticos do país, que não consegue lidar com seus sentimentos e apresenta elevado nível de agressividade. A existência de regras de responsabilização civil, portanto, é base fundamental para que a sociedade permaneça em constante interação e continue a correr riscos com tranquilidade.

Se as pessoas não respondessem por seus atos (ausência de responsabilidade civil), a sociedade tal qual a entendemos hoje, simplesmente não existiria. As pessoas não seriam estimuladas a comprar bens materiais passíveis de danos por simples exposição a terceiros, como carros e residências, pois eventuais danos praticados não seriam indenizáveis. O ambiente seria de estímulo a comportamentos inconsequentes, o que resultaria na retração das pessoas e, consequentemente, no desestímulo à geração de riquezas. O outro extremo (responsabilidade civil ilimitada) também seria caótico, pois, muitas vezes, a investigação do dano demanda a análise do comportamento do ofensor e o da vítima, assim como do contexto em que verificada a ofensa. A inexistência de excludentes de ilicitude, como caso fortuito e força maior, tornariam inviáveis diversos empreendimentos, que deveriam contratar refinados e custosos seguros. Logo, o sistema normativo deve estabelecer comandos normativos, e os juristas, construir regras que transitem entre os extremos de irresponsabilidade e total responsabilidade, de acordo com as peculiaridades do tipo de atividade, os riscos envolvidos, a importância dos bens tutelados e dos comportamentos humanos adotados.

Quando tratamos de direito contratual apresentamos a ideia de que as partes se comprometem e respondem pelos termos do que foi pactuado. Essas relações são objeto de estudo da Responsabilidade Civil Contratual, norteadas essencialmente pela aplicação da regra geral do *pacta sunt servanda* e pelas situações de relativização e excepcionalização do comando. Para as situações em que inexiste um contrato base do qual deflua a obrigação de reparação pelos danos causados, a disciplina jurídica é, logicamente, informada pelas regras de Responsabilidade Civil Extracontratual. Como já adiantamos a análise do Direito Contratual e alguns dos fundamentos nucleares que fundamentam a responsabilização por descumprimento contratual, iremos aprofundar neste tópico as ideias centrais e algumas nuances que disciplinam a Responsabilidade Civil, que prescinde de um instrumento contratual e está fundada exclusivamente em normas legais e constitucionais.

Responsabilizar civilmente é atribuir ao causador de danos o dever de reparar os prejuízos causados por suas ações. Os danos podem ser enquadrados como externalidades negativas, típica falha de mercado, uma vez que resultam em prejuízo econômico a quem não participou ou anuiu a uma determinada operação ou atividade econômica. Considerando que um dos desafios da Economia é diminuir as falhas, pode-se concluir que há uma inclinação natural dentro dos modelos ótimos de Mercado para que elas sejam prevenidas ou internalizadas pelos seus causadores para que o sistema econômico opere de modo eficiente. Afinadas com esse objetivo, normas de responsabilidade civil são editadas estabelecendo as regras que abarcam a obrigatoriedade de reparação dos lesionados, o desestímulo aos comportamentos incautos e as punições pelos danos causados[131].

Tradicionalmente, a Responsabilidade Civil é dividida em duas, subjetiva e objetiva. Os pressupostos para a configuração da primeira são a conduta (ato ilícito), a culpa, o dano e o nexo causal. Para a segunda modalidade, prescinde-se da investigação do elemento culposo para a configuração[132]. Ao analisar a evolução da legislação brasileira e a dos demais sistemas normativos, percebe-se uma inclinação progressiva para a objetivação da Responsabilidade Civil. Os principais

131. BATTESINI, Eugênio. *Direito e Economia: Novos horizontes no estudo da responsabilidade civil no Brasil*. São Paulo: LTr, 2011, p. 284.

132. FARIAS, Cristiano Chaves de Farias; ROSENVALD, Nelson; NETTO, Felipe Peixoto Braga Netto. *Curso de Direito Civil: responsabilidade civil*, volume 3. 2ª ed. São Paulo: Atlas, 2015. p. 123

motivos para esse movimento podem ser identificados na dificuldade em se investigar e definir o elemento anímico do agente causador do dano e condicionar a responsabilização à identificação de culpa; as demandas de massa, como as consumeristas, que reclamam por céleres definições de responsabilidade (em descompasso com as perquisições de comportamento culposo); e a profusão de atividades de risco, em que a investigação da culpa é, na maioria das vezes, despicienda. Ainda que estejamos vivenciando um movimento de objetivação da Responsabilidade Civil, as duas modalidades permanecem, com campos de aplicação específicos.

Os danos não são desconsiderados pelo Mercado e podem, em certa medida, gerar algum tipo de movimentação econômica. A reparação de determinados prejuízos é, muitas vezes, o ramo de atuação de agentes econômicos, como os valores pagos a empresas para reparar fachadas residenciais, danificadas rotineiramente por variadas situações. De todo modo, não seria uma política pública de destruição de vidraças que aqueceria, de modo sustentável, o mercado de prestação de serviços de um dado país (certamente que o "*lobby* das vidraçarias", até então inexistente, não chegaria a tanto). Para a Análise Econômica do Direito, a Responsabilidade Civil deve ser pensada em como o sistema normativo induz comportamentos preventores de acidentes. O incentivo à precaução, portanto, é um vetor de fundamental importância para os estudos em Direito e Economia afetos à Responsabilidade Civil[133].

Os níveis de precaução aplicáveis às atividades humanas variam de acordo com os riscos envolvidos e com a disponibilidade de recursos para custeio dos gastos necessários para cobri-los ou mitigá-los. Entender o ponto ótimo de custos realizados para prevenir os danos não apenas ajuda a visualizar quais concessões aos riscos fazemos em razão dos bens tutelados, como também traça linhas para indicar a existência ou não do dever de indenizar pelo dano verificado. Demonstrada a efetivação das medidas disponíveis ou entendidas como razoáveis para prevenir acidentes, haverá natural inclinação para se afastar a responsabilização civil pelo

133. PORTO, Antônio José Maristrello; GAROUPA, Nuno, op. cit. p. 236.

evento. Exemplificando: para evitar incêndios nos prédios comerciais, reputa-se razoável a instalação de um sistema de prevenção, com alarmes, detectores de fumaça e extintores. Em ocorrendo o incêndio pela queda de um raio, ao menos em tese e a depender de a legislação prever ou não situações de força maior ou caso fortuito, os proprietários das salas comerciais não teriam como responsabilizar o dono do edifício que demonstrasse a adoção de todas as medidas de segurança exigidas pela legislação aplicável. Essa conclusão não afasta os danos ocorridos ou as mortes infelizmente verificadas. De todo modo, acredito que concordaríamos que colocar um paraquedas em cada uma das salas de um edifício de 100 andares para situações de incêndio seria uma medida extremamente custosa. As chances de salvar pessoas até poderiam aumentar, mas os gastos necessários para ter os aparelhos e treinar previamente as pessoas para usá-los inviabilizariam a maioria dos empreendimentos. Os custos com os paraquedas, portanto, poderiam ser considerados distantes do ponto ótimo de gastos e, consequentemente, ineficientes e inexigíveis.

O exemplo de incêndio no prédio apresentado serve para ilustrar que nem todas as medidas de prevenção são viáveis. Logo, exigi-las para afastar a responsabilidade civil pelos danos verificados seria antieconômico. A legislação aplicável a determinadas atividades econômicas deve, portanto, atentar para o estabelecimento de regras que veiculem deveres de prevenção que se aproximem dos níveis médios ótimos de precaução, sob pena de desestimular a geração de riquezas pela imposição de custos insustentáveis e gerar insegurança jurídica.

Grande contribuição aos estudos de AED de responsabilidade civil, em especial, às definições de condutas culposas e de balizas mais concretas para o dever de precaução, se deve ao trabalho do juiz Learned Hand com o que ficou conhecido como a "Fórmula de Hand" [134]. De acordo com a Hand, verifica-se culpa ("C") e o dever de indenizar se o agente causador do dano não houver adotado medidas de precaução que apresentem custos marginais menores que a consequente

134. Caso que deu notoriedade à formula: United States vs. Carroll Towing Co. 159 F.2d 169, 173 (2d Cir. 1947)

redução do dano marginal esperado ("DE"). Logo, há responsabilidade civil se "C < DE"[135]. Saindo da abstração, vamos a um caso prático: imagine uma empresa de demolições de prédios. A remuneração dela varia de acordo com a complexidade do edifício a ser destruído, o custo dos explosivos necessários à implosão e as medidas que são aplicadas para garantir a segurança da derrubada. A empresa é contratada para realizar uma implosão em um local sem prédios ao redor. O responsável pela operação acredita que o prédio está desocupado e, sem vistoriar o imóvel, cercá-lo ou emitir algum sinal sonoro antes da detonação, o implode. Cinco pessoas morrem no evento, dez ficam feridas e muitos bens materiais são perdidos. O dever de indenizar nesse exemplo fica bem evidente, pois a empresa não adotou precauções mínimas, próprias da sua atividade. Os custos que teriam sido suficientes para identificar as pessoas que estavam no edifício ou que entraram após a colocação dos explosivos são ínfimos perto dos danos causados. Situação diferente teríamos na hipótese de a empresa ter vistoriado completamente o imóvel, sinalizado a implosão, demarcado o local de perigo, conforme os parâmetros legais aplicáveis, e, mesmo com essas ações adotadas, uma pessoa ciente da demolição invade o local nos últimos segundos antes da implosão por um túnel abandonado, ultrapassa as barreiras e estaciona o veículo ao lado do edifício, dentro da zona de impacto. Após investigações descobre-se que o invasor tinha interesse em receber uma indenização pelos danos causados ao seu automóvel para saldar dívidas da sua empresa. Nesse caso, fica patente a inexistência do dever de indenizar pelos prejuízos verificados.

---

135. PORTO, Antônio José Maristello. *Análise Econômica da Responsabilidade Civil*. In, TIMM, Luciano Benetti (org) *Direito e economia no Brasil*. 2 ed. São Paulo: Atlas, 2014, p. 184.

A fórmula "C < DE" é passível de representação gráfica nos seguintes termos:

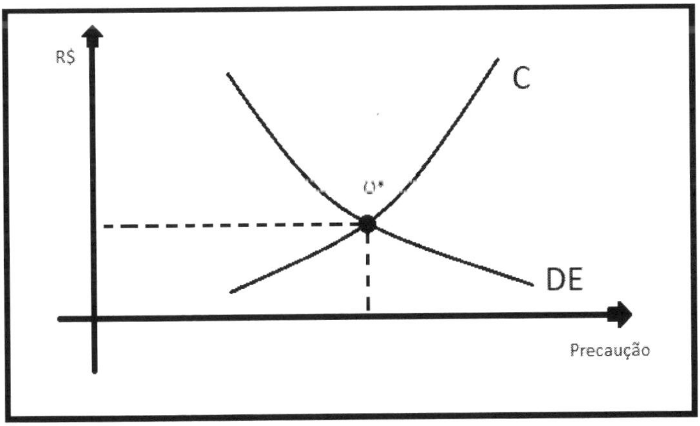


Explicando o gráfico, temos dois eixos: o Vertical, representativo da mensuração econômica em reais, e o Horizontal, indicativo do nível de Precaução. A curva ascendente "C" apresenta os custos de precaução. A curva descendente "DE" apresenta o Dano Esperado. A leitura das curvas é bem evidente: o aumento dos níveis de precaução eleva os custos ao mesmo tempo que diminui os danos esperados de acidente. O encontro das duas curvas, representado por "O*", nos indica o ponto ótimo de eficiência no nível de precaução; qualquer nível abaixo indicará aporte insuficiente de recursos para prevenir os danos, considerando o conhecimento técnico atual relativo à atividade e, consequentemente, apontará para a responsabilização. Já os níveis superiores de gastos, tomando como parâmetro o ponto "O*", representam desperdício de dinheiro (ineficiência) para a prevenção, porém afastam a responsabilidade pelos danos.

Voltando ao exemplo da demolição, a primeira situação está evidentemente abaixo do ponto "O*", já que a empresa não realizou nenhum gasto para prevenir o acidente. A segunda dinâmica, ao contrário, representa o atendimento ou até a superação do ponto ótimo de gastos para precaução exigíveis para a prática de demolições e aponta a variável "comportamento da vítima" como elemento que pode influir na definição final do dever ou não de indenizar.

De fato, o dever de precaução não é analisado exclusivamente em relação ao autor do dano. Em algumas situações, como a do segundo cenário apresentado, o agir imprudente da vítima é condição fundamental para a ocorrência do evento. Logo, a legislação que regulamente as situações de responsabilização civil deverá trazer regras que incentivem o comportamento cauteloso e desestimulem ou reprimam a imprudência também dos que se colocam em perigo.

Concluída a investigação e atribuída a responsabilidade a um determinado agente pelo dano causado, impõe-se a exigibilidade do dever de indenizar. A final definição da indenização consiste em operação de difícil precisão, que varia de acordo com as circunstâncias fáticas e a legislação de vigência. A primeira ideia que vem à mente é a de proporcionalidade, atrelando-se o *quantum* da indenização ao prejuízo causado. Responsabilizar civilmente não pode significar enriquecimento sem justa causa nem recomposição aquém do necessário. Alguns tipos de danos, no entanto, são complexos pela sua própria natureza, como é o caso dos danos extrapatrimoniais. Mensurar monetariamente o impacto de uma lesão à esfera íntima de uma pessoa demanda um exercício mental do juiz, que arbitrará o valor final a partir de balizas fáticas e normativas aplicáveis ao caso, considerando o tipo de atividade, o bem lesionado, a reprovabilidade da conduta e outros elementos reconhecidos pelo Judiciário como pertinentes ao caso. Dentro desse tema e complexificando as conclusões, estão as indenizações punitivas.

As indenizações punitivas, exemplares ou pedagógicas trazem a ideia de que o valor final da indenização deve, além de reparar o dano, dissuadir comportamentos impudentes ou repreender a conduta antijurídica do ofensor[136]. Nos Estados Unidos as indenizações punitivas floresceram no direito do consumidor e nas análises judiciais dos comportamentos de certos fornecedores. Em sendo identificado defeito ou vício em determinado bem produzido em larga escala, produtores são levados a realizar uma análise de custo-benefício na reparação preventiva de defeitos verificados na linha de

136. MACKAAY, Ejan; ROUSSEAU, Stéphane. *op. cit.* p. 395.

produção. A depender do tipo de produto e do mercado analisado, pequenas correções podem representar milhares ou milhões de dólares. Outra variável passível de consideração é a porcentagem de pessoas que irão pleitear judicialmente a reparação pelos danos, especialmente em produtos simples, de fácil substituição. Caso avaliem exclusivamente aspectos financeiros imediatos e se afastem de outros valores, como a segurança física e a necessidade de garantir incolumidade aos usuários, serão estimulados a garantir suas margens de lucro e não reparar os produtos postos no Mercado, aguardando eventuais ações de indenização. No entanto, muitas foram as situações em que essa equação resultou em graves danos à sociedade. Nesse sentido, notórios são os processos relativos ao **Ford Pinto**[137] (no caso, um automóvel pegou fogo em uma colisão traseira, com uma pessoa morrendo e outra ficando gravemente ferida. Com as investigações, verificou-se que a montadora tinha ciência do risco de incêndio em razão do posicionamento do tanque de gasolina. Como o problema somente foi detectado após o início da linha de produção, a empresa optou por não realizar os gastos necessários para corrigir o defeito. Ao final do processo, a indenização foi fixada em US$ 2.516.000,00 para o passageiro e US$ 3.500.000,00 a título de indenização punitiva) **e os vazamentos de químicos pela Dupont**[138] (a empresa Dupont foi condenada a pagar elevadas quantias a título de *punitive damages* em processos movidos por diversas pessoas que desenvolveram problemas de saúde, como câncer, em razão de vazamento de insumos químicos utilizados na fabricação de Teflon). As indenizações punitivas representam, portanto, mensagens emitidas pelo Estado ao Mercado para que adequem o funcionamento de suas empresas a valores fundamentais à sociedade, como saúde pública e segurança.

137. Ver Grimshaw v Ford Motor Co., 119 Cal. App. 3rd 757, na p. 800; 174 Cal. Reptr. 348 (1981), na p. 358, 376.

138. Em um dos casos, os valores alcançaram apenas para uma pessoa o montante de US$ 10.500,00. Nesse sentido, ver https://www.reuters.com/article/us-du-pont-verdict-idUSKBN14P1VD. Acesso em 13 de abril de 2021.

No Brasil, a par da inexistência de dispositivo legal específico que estabeleça expressamente a possibilidade de aplicação de indenizações exemplares, doutrina e jurisprudência reconhecem a função punitiva nas indenizações. Nesse sentido, o Enunciado nº 379 da Conselho da Justiça Federal, editado na IV Jornada de Direito Civil, estabelece que "O art. 944, *caput*, do Código Civil não afasta a possibilidade de se reconhecer a função punitiva ou pedagógica da responsabilidade civil". Pacificando o tema, o STF, valendo-se textualmente da expressão "*punitive damages*", consagrou que a indenização civil por dano moral apresenta dupla função: caráter punitivo da obrigação de indenizar e natureza compensatória[139].

139. STF, AI 455846, relator(a): Min. Celso De Mello, julgado em 11.10.2004, publicado em DJ 21.10.2004, PP-00018, RDDP n. 22, 2005, p. 160-163.

# CAPÍTULO 3

# NOVAS LEIS E PROPOSTAS TEÓRICAS PARA MELHORES TOMADAS DE DECISÃO PELA ADMINISTRAÇÃO PÚBLICA

Extensa e robusta é a produção bibliográfica jurídica brasileira sobre os elementos jurídicos que compõem, controlam, justificam e influenciam os atos e decisões da Administração Pública. Administrativas clássicos, como Seabra Fagundes, iluminam e inspiram os estudos de Direito Administrativo até os dias atuais com as suas atemporais lições.

A solidez alcançada pelo Direito Administrativo brasileiro não significa imutabilidade de regras e princípios desse ramo jurídico. De fato, é natural a evolução e mudanças de institutos jurídicos, de modo a garantir uma compatibilidade do Direito com as demandas sociais. Diante do império do princípio da legalidade para a alteração das regras relativas ao regime de direito público brasileiro, surge um movimento legislativo recente voltado a refletir sobre o posicionamento institucional das tomadas de decisão da Administração Pública no sistema jurídico brasileiro vigente e revalorizar as escolhas administrativas. Essas novas leis trazem novas propostas teóricas, reagem a mensagens que indicam a necessidade de mudanças no ordenamento jurídico e consagram diversas pesquisas sobre as relações que se entrelaçam entre os sistemas jurídico e econômico em função de ações e decisões administrativas.

Como ficará claro no presente capítulo, percebe-se nas leis recentemente promulgadas e nas novas propostas teóricas o acolhimento de uma preocupação com a sustentabilidade institucional das decisões da Administração Pública. A sensibilidade do Congresso Nacional, plasmada em lei, é voltada a promover um resgate material das competências dos órgãos e entidades pensados e desenhados para agir em primeiro plano na solução de problemas que demandem uma atuação estatal executiva, valorizando o desenho constitucional e legal feito para resolver os problemas levados à Administração. Nesse movimento de resgate do protagonismo das entidades administrativas e do prestígio das respectivas vocações institucionais é que se insere este livro na busca por melhores tomadas de decisão pela Administração Pública.

Vimos nos capítulos anteriores as bases fundamentais do pensamento econômico e as principais linhas caracterizadoras da Análise Econômica do Direito. **Economia** e **Direito e Economia** formam o caminho necessário para o **Direito** aqui trabalhado, atento às lições doutrinárias desenvolvidas pelos que pesquisam as ações administrativas na concretização de compromissos constitucionais e sensível às mudanças normativas ocorridas recentemente, conformadoras do atuar da Administração Pública. As lições econômicas firmadas auxiliarão na compreensão da importância das consequências das tomadas de decisão e mostrarão como o elemento econômico pode ser identificado e valorado nas decisões de Direito Público. Já o Direito e Economia, enquanto movimento de estudo dos fenômenos jurídicos, tem o potencial de auxiliar na compreensão das inter-relações que existem entre os sistemas econômico e jurídico na interpretação/aplicação do Direito. O elemento econômico e eficientista é entendido aqui como um dado intersistêmico, ora como um dos elementos a ser considerado pela decisão da Administração Pública, ora como um método de investigação dos fenômenos jurídicos, devidamente acolhido e filtrado pelo sistema jurídico, e não alheio ao Direito[1].

1. ARAÚJO, Thiago Cardoso. *Análise econômica do direito no Brasil: uma leitura à luz da teoria dos sistemas*. Rio de Janeiro: Lumen Juris, 2017. p. 331.

A possibilidade de se investigar aspectos econômicos que envolvem o agir administrativo não é motivada por uma ânsia interdisciplinar desprovida de utilidade prática. Ao contrário, o objetivo do estudo tem um foco claro: garantir maior conformidade e aceitação das decisões administrativas às demandas sociais, assim como estabelecer novos e refinados parâmetros para análise e controle das decisões da Administração Pública e de suas repercussões econômicas. A sinalização feita na capa do livro é a de busca por melhores decisões da Administração Pública. E o caminho para se alcançar decisões eficientes, sustentáveis, seguras e concretizadoras de objetivos constitucionais atribuídos ao Estado brasileiro, especialmente em sua função administrativa, depende das lições econômicas e juseconômicas apresentadas nos capítulos anteriores e das perspectivas e propostas jurídicas que serão apresentadas neste capítulo.

Iniciaremos a partir de agora a caminhada jurídica com a breve apresentação das propostas teóricas que, juntas com as reformas legais havidas recentemente no direito público brasileiro, possuem uma latente potencialidade de promover melhores decisões pela Administração Pública.

## 3.1. PRAGMATISMO, CONSEQUENCIALISMO E EMPIRISMO: TATEANDO NOVAS ALTERNATIVAS PARA SOLUÇÕES ADMINISTRATIVAS MAIS PRÓXIMAS À REALIDADE

Decisões administrativas são, antes de tudo, escolhas realizadas por quem tem que resolver um problema levado à Administração Pública ou efetivar a aplicação de norma jurídica para uma determinada situação, ainda que sem prévia provocação da entidade administrativa. Independentemente da inclinação metodológica que se utilize para investigar tomadas de decisão pela Administração ou da margem de liberdade conferida ao agir daquele que faz viva a função administrativa, a ordem constitucional impõe que decisões administrativas sejam eficientes, conforme estabelecido no artigo 37 da Constituição Federal. E a eficiência em um contexto de assunção da pluridimensionalidade dos problemas existentes passa inexoravelmente pela consideração da realidade em uma tomada de decisão.

A teoria da decisão, linha de conhecimento que resulta da confluência de saberes matemáticos, lógicos, estatísticos, probabilísticos, comportamentais e filosóficos, destina-se a investigar como se decide[2], especialmente em momentos de incerteza, e o que acontecerá em decorrência da escolha realizada[3].

Partindo do pressuposto da racionalidade (ainda que parcial) nas escolhas realizadas, os indivíduos decidem de modo a maximizar suas preferências. Em um arranjo contratual, por exemplo, o cumprimento dos termos avençados será influenciado diretamente pela permanência de elevados níveis de utilidade do objeto contratual para as partes envolvidas, assim como das sanções legais e contratuais estabelecidas para os casos de descumprimento. Inexistindo duras repreensões para comportamentos que se desviem do pactuado, haverá um ambiente propício ao abandono do cumprimento do objeto contratual. Do outro lado, o prejudicado pela inobservância dos termos contratuais avaliará quais medidas poderá se valer para impor o cumprimento e as sanções aplicadas. Para tanto, ponderará não apenas a solvabilidade e existência de patrimônio do inadimplente, como avaliará a eficiência do Poder Judiciário na excussão dos bens do devedor. Caso conclua por um cenário pessimista, abre-se a possibilidade para uma renegociação. Os incentivos, como se vê, são decisivos nas tomadas de decisão.

O agir administrativo não escapa dessas considerações (ou ao menos não deveria). O Estado brasileiro toma decisões a todo instante, reativamente ou não. O olhar atento ao sistema jurídico é exigência imposta aos que atuam em nome da Administração Pública. Sem desconsiderar essa premissa, a Teoria da Decisão e a análise das consequências econômicas, justificadas constitucionalmente pelo princípio da eficiência, ofertam novos meios de análise do que se decide

2. RESNIK, Michael D. *Choices: an introduction to decision theory*. Minneapolis: University os Minnesota Press, 2000, p. 04.

3. HACKING, Ian. *The emergence of probability: a philosophical study of early ideas about probability, induction, and statistical inference*. 2ª ed. Cambridge: Cambridge University Press, 2007, p. 64.

administrativamente, especialmente em cenários de incerteza e em questões que ultrapassem o binômio lícito/ilícito. Há, aqui, a oportunidade de se investigar níveis de eficiência por tomadas de decisão e em que medida elas promovem valores e fins sociais tutelados pelo ordenamento jurídico.

Decisões administrativas devem ser tomadas com o firmamento do pressuposto de que se deve evitar o desacoplamento entre as regras jurídicas e as regras de funcionamento da vida econômica (a realidade para a qual a decisão da Administração Pública projetará efeitos), sob pena de desnaturação e perda de credibilidade e integridade do sistema jurídico[4]. Essa necessidade de preocupação com a realidade se torna ainda mais sensível em decisões tomadas em questões complexas, como as regulatórias, que condicionam o funcionamento do Mercado. Daí que desponta o ganho estrutural que pode ser alcançado por propostas teóricas pluridimensionais ou juseconômicas. Abordagens setoriais tendem a satisfazer somente parte das complexas demandas que se renovam diuturnamente. A consideração dos fenômenos sociais em suas dimensões econômica e jurídica tem a potencialidade de auxiliar em tomadas de decisão difíceis e disruptivas, garantindo plena vigência e eficácia das normas jurídicas estatais.

É relevante registrar que reflexões eminentemente jurídicas não são nem devem ser descartadas aprioristicamente. Ao contrário: para a grande maioria dos problemas postos, a consideração exclusiva de diplomas legais se revelará suficiente para proporcionar uma proposta de solução sólida e socialmente aceitável pela Administração Pública. Até porque a consideração da realidade já foi tomada na gestação das leis. Não há, portanto, um apelo ou direcionamento pela análise necessariamente juseconômica ou que se esforce a todo tempo em resgatar as mensagens de outros sistemas sociais que guiaram a criação das regras jurídicas estudadas. O que se busca é justamente oportunizar soluções nos casos inusuais, difíceis, que fujam da literalidade da lei, e, especialmente, nas questões em que se oferta ao intérprete uma miríade de possibilidades de encaminhamentos, não se resumindo o ato de

4. ROSS, Alf. *Direito e justiça*. Trad. Edson Bini. Bauru: Edipro, 2000. p. 39.

decidir a uma mera dicotomia "lícito/ilítico" ou a uma atividade de subsunção de normas. Nesses cenários desafiadores há fundamentos para se complexificar a análise jurídica, buscando-se amparo, em alguma medida, na Economia. O apoio da decisão em fundamentos econômicos complementares aos jurídicos auxiliará na antevisão mínima do que se perceberá com a decisão em construção, assim como terá maiores condições de promover um melhor assentamento da escolha realizada na realidade para a qual se destina.

Direito e Economia são faces de uma mesma moeda, ainda que considerados separadamente. O que se deve ter em mente é que o distanciamento entre Direito e Economia se deu com esses dois ramos de saber buscando se firmar como ciências autônomas, estabelecendo linguagens próprias, regras de funcionamento independentes e, especialmente, identidades autônomas. Esse caminho traçado, no entanto, não afasta um dado objetivo: a realidade é plural; mensagens jurídicas e econômicas estão, de um modo geral, amalgamadas, havendo apenas um recorte epistemológico, jurídico ou econômico, para facilitar a investigação do problema posto à análise. O separar é uma artificialidade, uma ferramenta que não deve perder de vista o intricado feixe de tensões que se estabelece entre Direito, Economia e demais ciências sociais, sob pena de construções teóricas desconectadas da realidade[5].

Essa preocupação com a realidade e com a efetividade do Direito na resolução dos problemas deu abertura ao surgimento, dentre outras correntes, do Consequencialismo Jurídico e do Pragmatismo Jurídico. Por mais que não se confundam, as linhas de interseção entre Pragmatismo e Consequencialismo são evidentes, como se verá a seguir.

O Pragmatismo consiste em linha de pensamento de amplo alcance teórico e heterogêneo, mas que possui a realidade e a prática adotada como vigas-mestres de sustentação. De um modo geral, pode-se afirmar que o pensamento pragmatista busca verificar se as bases teóricas de um determinada proposta ou estudo encontram compatibilidade com as

5. MACHADO SEGUNDO, *op. cit.* p. 227.

experiências práticas verificadas na realidade[6]. Ultrapassando a noção de teoria da significação (voltada a investigar os conceitos linguísticos e suas compreensões e aplicações no mundo fenomênico), o Pragmatismo pode também ser entendido como uma teoria da verdade, que busca investigar quais os efeitos práticos e as consequências relevantes que decorrem de uma ou outra escolha[7].

Para o Pragmatismo jurídico, o conhecimento não é algo acabado, mas vivo, fruto de tentativas de acerto e erro, naturalmente decorrente da prática vivenciada na resolução de problemas reais e adaptável a mudanças de circunstâncias e cenários. O Pragmatismo alerta para a necessidade de se construir significados jurídicos além do pensamento dedutivo e das atividades de subsunção. O Pragmatismo abraço o método abdutivo, em que o intérprete raciocina por meio de hipóteses críveis ou explicações que se mostrem plausíveis à luz do que seja observado[8].

Três são os elementos fundamentais para a compreensão do pragmatismo filosófico, base do Pragmatismo Jurídico. O primeiro deles é o antifundacionalismo, que traz a ideia de os pensamentos não terem um pressuposto necessário, um ponto de partida ou fundamento imutável. O pragmatismo está sempre aberto a revisitar criticamente conceitos e pressupostos até então entendidos como verdadeiros, fundantes ou dogmáticos. O segundo é o contextualismo, que orienta a valorização da experiência prática na investigação de quaisquer eventos ou institutos, afastando os estudos de abstrações deslocadas de valores sociais, políticos, históricos, econômicos e culturais. O terceiro e último seria o consequencialismo, que

6. RIBEIRO, Leonardo Coelho. *O direito administrativo como "caixa de ferramentas": uma nova abordagem da ação pública*. São Paulo: Malheiro, 2016, p. 36

7 MENDONÇA, José Vicente Santos de. *Direito constitucional econômico: a intervenção do Estado na economia à luz da razão pública e do pragmatismo*. 2. ed. Belo Horizonte: Forum, 2018. p. 28.

8. BROWNE, George. *O pragmatismo de Charles Sanders Peirce: conceitos e distinções*. In: ARAÚJO, Clarice von Oertzen de; ALVES, Pedro Spíndola Bezerra (organizadores). *Reflexões sobre o pragmatismo filosófico e jurídico: escritos do professor George Browne*. Curitiba: CRV, 2019. P. 31.

traz a preocupação com o futuro e as modificações concretas que podem decorrer de uma dada escolha. O pragmático, antes de tudo, é um empirista, um experimentalista, que busca escolher o melhor dos caminhos ofertados pelas experiências concretas para responder a alguma demanda ou a concretizar um fim desejável[9].

Em razão do tradicional pensamento positivista que se consolidou por aqui, no sentido de que o papel do juiz ou do gestor público seria aplicar a lei e não considerar cenários extrajurídicos em suas conclusões, o pragmatismo foi rechaçado inicialmente no Brasil. Inovar nas atividades de subsunção seria perigoso, quando não arbitrário, já que essa visão estrita positivista entendia que a atuação administrativa deveria ser guiada estritamente pela lei e nos termos (exatos) dispostos nela.

Com a evolução natural das concepções positivistas, a abertura a outras visões do Direito e a crescente preocupação relativa aos possíveis cenários derivados de tomadas de decisão, o Pragmatismo foi sendo identificado em decisões em nosso sistema jurídico, ainda que de forma velada, em sofisticadas construções utilizadas para disfarçar considerações acerca dos resultados nas decisões administrativas e judiciais. Com a juridicização de elementos e raciocínios consequencialistas e empiristas em diplomas legais e decisões judiciais, abriu-se um caminho para o acolhimento formal e seguro do pensamento pragmático.

O Consequencialismo, como vimos, constitui base de sustentação do Pragmatismo, mas com ele não se confunde. O pensamento consequencialista provoca intensos debates jurídicos e filosóficos desde a formação de seus principais contornos conceituais. A investigação da legitimação ético-moral de ações praticadas em sociedade em razão dos cenários comparáveis em tomadas de decisão atrai renovados questionamentos e propostas. No Direito, campo aberto para argumentação e retórica, não seria diferente, e a lógica

---

9. POGREBINSCHI, Thamy. *Pragmatismo: teoria social e política*. Rio de Janeiro: Relume Dumará, 2005. p. 72.

consequencialista nele aplicada deu origem ao Consequencialismo Jurídico.

Em um grande esforço para tentar densificar em poucas palavras a ideia central que perpassa as diversas teorias, acepções e pensamentos consequencialistas no Direito, é possível se enquadrar na ideia de Consequencialismo Jurídico toda proposição teórica que influencia ou condiciona, em alguma medida, a adequação e a justificação de uma decisão jurídica à valoração das consequências e suas alternativas[10]. Em reação ao modelo teórico dogmático tradicional, o consequencialismo jurídico desloca a investigação do Direito, ainda que parcialmente, ao que informam as mudanças promovidas no mundo real em função de escolhas realizadas pelo legislador, pelo juiz ou pelo administrador público.

A hermenêutica consequencialista não está adstrita à verificação de conformação da lei com o fato social ao qual se refira. Desponta a preocupação com a adequação das consequências derivadas da atividade interpretativa com o mundo jurídico e real[11]. Esse deslocamento de preocupações para as consequências tem um potencial imenso para a compreensão das tomadas de decisão. Tradicionalmente, a atividade interpretativa é compreendida como um exercício de olhar retrospectivo, no sentido de que o intérprete, ao resolver uma questão, busca fundamento em algum elemento normativo preexistente para definir o caso[12]. Olhar para as consequências, todavia, é olhar para o presente e naturalmente para o futuro, para os cenários que derivarão em função de como se decidirá.

---

10. SCHUARTZ, Luis Fernando. *Consequencialismo jurídico, racionalidade decisória e malandragem*, In: MACEDO JR, Ronaldo Porto; BARBIERI, Catarina Helena Cortada (org.). *Direito e Interpretação: racionalidades e instituições*. São Paulo: Saraiva, 2011. p. 384.

11. FRANÇA, Philip Gil. *Controle do ato administrativo e consequencialismo jurídico na era da IA: judicialização, discricionariedade, compliance e LGPD*. 5. ed. São Paulo: Thomson Reuters Brasil, 2021. p. 150.

12. LEAL, Fernando. *Consequencialismo, racionalidade e decisão jurídica: o que a teoria da decisão e a teoria dos jogos pode oferecer?* In: PINHEIRO, Armando Castelar; PORTO, Antônio J. Maristrello; SAMPAIO, Patrícia Regina Pinheiro. Direito e economia: diálogos. Rio de Janeiro: FGV Editora, 2019. p. 86

A própria atividade de controle do que se decide muda em função do fato de a decisão controlada ter uma ou algumas razões de ordem consequencialista para justificar o que e como se decidiu. Em nosso sistema jurídico, o Judiciário é a principal instituição de controle dos atos administrativos. Pela ordem constitucional, o Judiciário é responsável pelo controle de constitucionalidade das leis editadas, da juridicidade das ações e das decisões administrativas. Para decisões consequencialistas haverá a possibilidade de se conferir ao Judiciário e aos demais órgãos de controle o poder de avaliar as consequências eventualmente alegadas pela autoridade administrativa na motivação do ato, bem como se elas guardam pertinência com a realidade. Observa-se, com isso, novos contornos para a teoria dos motivos determinantes, tão bem assentada no Direito Administrativo brasileiro.

A teoria dos motivos determinantes pode ser conceituada como a vinculação que se estabelece do ato ou decisão administrativa com a fundamentação de fato e de direito explicitamente considerada[13]. Como dito, o olhar investigativo sobre os motivos dos atos administrativos é tradicionalmente retrospectivo, no sentido de que o controle dos fatos e fundamentos jurídicos lançados como motivação da ação administrativa é realizado considerando as variáveis factuais e jurídicas aplicáveis até a data do ato ou decisão administrativa. Com a inserção de parâmetros consequencialistas na motivação de atos e decisões administrativas, a investigação das escolhas realizadas pela Administração Pública passa a ter uma perspectiva também prospectiva, dado que será avaliada não apenas a verificação das consequências ou efeitos práticos levantados pelo agente decisor, mas a plausibilidade das consequências invocadas, a possibilidade de se imaginar outras consequências relevantes não antevistas na prática do ato, mas que se realizaram, e em que medida a não antevisão e os métodos probabilísticos escolhidos serão avaliados pelas instituições competentes.

13. FREITAS, Juarez. *O controle dos atos administrativos e os princípios fundamentais*. 5ª ed. São Paulo: Malheiros, 2013. p. 91.

Enquanto proposta teórica, o consequencialismo jurídico encontrou espaço para crescimento ao lado do pragmatismo e do realismo jurídico, em um movimento relativamente recente que denotou a preocupação de juristas com o desacoplar do direito da realidade. Nesse contexto, doutrinadores e pensadores do Direito passaram a pesquisar e criticar dogmas e pressupostos teóricos antes entendidos como inquestionáveis e necessários ao pensamento jurídico científico. Um dos caminhos escolhidos foi o de valorizar as experiências práticas na investigação de eventos sociais e institutos juridicizados e se preocupar com o futuro e as modificações derivadas das escolhas realizadas por autoridades judiciais ou administrativas.

Desponta como uma das primeiras manifestações legais acolhedoras de raciocínios consequencialistas no sistema jurídico brasileiro a Lei nº 9.668/1999, que chancelou a possibilidade de modulação dos efeitos da declaração de inconstitucionalidade por "razões de segurança jurídica ou de excepcional interesse social". As consequências sociais identificadas pelo julgador em um determinado caso levado à apreciação judicial aparecem como razão para justificar a modulação dos efeitos da decisão.

Em paralelo às preocupações de cunho realístico, a consolidação de ambientes democráticos exorta os decisores a incrementarem os níveis de argumentação e justificação em seus encaminhamentos. Mais que resolver problemas com técnicas de subsunção legal, há que se explicar e convencer, na maior medida possível, das legítimas razões que levaram ao desfecho materializado em uma decisão. Nesse sentido, situações simples e corriqueiras permanecem resolvíveis com um leve esforço hermenêutico, dada a menor possibilidade de surpresa ou fundada irresignação dos envolvidos. Já nos casos complexos, de relevante impacto social e de necessidade de acomodação de indeterminação jurídica, o cenário muda, pois surge a necessidade de se adotar mecanismos de convencimento aos destinatários e alcançáveis pelas decisões. Mais do que fundamentar de forma clara as decisões, há que se convencer (ou ao menos se esforçar para convencer) o auditório jurídico da legitimidade e consistência dos argumentos centrais e periféricos utilizados na tomada de decisão[14]. E a atenção ao público destinatário das decisões administrativas se dá justamente com o robustecimento das motivações.

Por ser uma atividade de construção jurídica complementar às tradicionais práticas de criação do Direito, a argumentação consequencialista pode ser compreendida como a última etapa de justificação da decisão, aplicável em situações de necessidade de abertura à realidade, após a consideração de todos os elementos tradicionais que guiam as decisões, como a indicação de dispositivos legais e precedentes judiciais aplicáveis ao caso. Trata-se de uma forma de robustecimento do ônus argumentativo para que a decisão seja mais bem aceita socialmente. A sua relevância jurídica depende, portanto, de necessária relação com fontes tradicionais do Direito. Os argumentos de ordem consequencialista que podem ser utilizados ao final do exercício interpretativo proporcionaram um rol hierarquizado de opções, do qual despontará a alternativa que possua maior justificabilidade[15].

De fato, uma das principais razões para esse esforço argumentativo do consequencialismo é o desalinhar de expectativas entre o que foi decidido e as consequências fáticas ou jurídicas pensadas pelos destinatários da norma-decisão. O incremento na fundamentação é feito, entre outras coisas, para promover um cenário realístico melhor ou mais condizente com a estrutura social alcançada pela decisão, bem como para estimular o convencimento dos que se considerarem não atendidos frente ao decidido pela autoridade. Logicamente, o fato de se apontar razões de ordem consequencial não é garantia de efetivo convencimento de quem se sente desatendido ou em alguma medida surpreendido. De todo

---

14. CHRISTOPOULOS, Basile Georges Campos. *Controle de constitucionalidade de normas orçamentárias: o uso de argumentos consequencialistas nas decisões do Supremo Tribunal Federal*. 2014. Tese (Doutorado em Direito Econômico e Financeiro) - Faculdade de Direito, Universidade de São Paulo, São Paulo, 2014. doi:10.11606/T.2.2014.tde-11022015-103805. Disponível em < https://www.teses.usp.br/teses/disponiveis/2/2133/tde-11022015-103805/publico/BASILE_GEORGES_CAMPOS_CHRISTOPOULOS_TESE.pdf > Acesso em: 2022-06-23. p. 27.

15. MENDONÇA, José Vicente Santos de, *op. cit.* p. 77.

modo, o incremento de argumentação ao decidir se posiciona como um mínimo de consideração aos que, capturados por uma visão naturalmente parcial e enviesada, não concordam com a decisão.

Em cenários democráticos, em que o público destinatário das decisões não apenas se contenta com a ciência do encaminhamento estatal, mas aguarda um mínimo de razoabilidade nas razões que levaram ao agir do Estado para se convencer minimamente, a preocupação com a fundamentação desponta como necessidade social. Prova disso é a proliferação de dispositivos legais e constitucionais com regras sobre a necessidade de explicitação dos fundamentos e razões nas decisões estatais.

A evolução para contextos sociais mais democráticos e a percepção de decisões estatais em situações extremamente complexas, que fogem da dicotomia "lícito/ilícito", eleva as expectativas sociais para que as decisões não se resumam a afirmar algo, mas se apoiem em razões que expliquem e justifiquem o encaminhamento adotado pela autoridade administrativa, colocando a justificação como função primária das argumentações e fundamentações[16]. Mais que formalmente fundamentados no ordenamento jurídico, os agentes decisores devem avaliar se suas decisões são convincentes[17]. Desse modo, razões de ordem econômica, em complemento às de ordem jurídica, podem atuar de modo a garantir maior robustez e justificabilidade a decisões estatais, propiciando desenhos de cenários e apontamento de consequências econômicas possíveis, de modo a não apenas garantir decisões fundamentadas, mas convincentes e mais justificadas.

Em decisões jurídicas, argumentos fundados em elementos microeconômicos podem ser considerados na construção de uma norma jurídica concreta. A Microeconomia, portanto, pode ser utilizada para atuar na formação da convicção e como garantia de fatos e fundamentos jurídicos, reforçando a

16. TOULMIN, Stephen Edelston. *Os usos do argumento*. Trad. Reinaldo Guarany. 3. ed. São Paulo: WMF Martins Fontes, 2022, p. 17.

17. PERELMAN, Chaim. *Ética e Direito*. Trad. Maria Ermentina Galvão. São Paulo: Martins Fontes, 2002, p. 557.

compatibilidade entre eles com a realidade econômica disciplinada. Isso, todavia, não afasta o Direito como sustentáculo que avalizará normativamente a tomada de decisão[18]. A Economia pode robustecer, mas não substituir o Direito enquanto fundamento das decisões jurídicas.

Os adeptos do consequencialismo defendem que a análise de impacto realizada em função dos resultados promovidos socialmente conduz a resultados mais racionais e a decisões judiciais e administrativas mais justificadas e qualificadas, especialmente as de cunho regulatório[19]. A consideração de argumentos consequencialistas encontra guarida ainda maior nos cenários em que se apresentam diversas alternativas para os juízes ou autoridades administrativas; nos casos em que não se consiga identificar uma norma expressa; e nas situações em que a norma aplicável seja ambígua ou incompleta[20]. Com a tomada de uma decisão, o cenário de incerteza é reduzido e uma proposta para o futuro é apresentada, uma vez que o encaminhamento adotado poderá ter o papel de servir como parâmetro para as demais decisões que surgirão para resolver casos semelhantes. O incremento de razões, argumentos e justificações atuará aumentando as chances de a decisão se tornar um paradigma e pacificar o tema de modo sistêmico.

Relativamente a cenários de indeterminação e atividade interpretativa, é oportuno relembrar que já em Kelsen é percebida a compreensão de que a atividade interpretativa não é destinada a alcançar uma única e correta solução, mas uma dentre várias possibilidades de compreensão que se ajustem à moldura de significação permitida pelo Direito[21]. Considerando a possibilidade de se perceber várias interpretações que se

---

18. ANDRADE, Jose Maria Arruda de. *Economicização do direito concorrencial.* São Paulo: Quartier Latin, 2014. p. 161.

19. MATHIS, Klaus. *Consequentialism in law.* In MATHIS, Klaus (Org.). *Efficiency, sustainability, and justice to future generations.* Londres: Springer, 2011. p. 13.

20. MACCORMICK, Neil. *Argumentação jurídica e teoria do direito.* Trad. Waldéa Barcellos. São Paulo: Editora WMF Martins Fontes, 2009. p. 192.

21. KELSEN, Hans. *Teoria Pura do Direito.* Trad. João Baptista Machado. 6. ed. São Paulo: Martins Fontes, 1998. p. 394.

revelem sustentáveis e depreensíveis das normas aplicáveis ao caso concreto, permitir a consideração da realidade posta e dos cenários futuros decorrentes de uma tomada de decisão não conflitaria, ao menos em princípio, com a noção de interpretação jurídica, especialmente em cenários complexos, inusuais e permeados de conceitos jurídicos de baixa densidade normativa.

Dentre as propostas teóricas do Consequencialismo, destaca-se a perspectiva apresenta por Neil Maccormick. Partindo do pressuposto de que as atividades interpretativas possuem potenciais consequências, o autor defende que os cenários resultantes do esforço intelectual interpretativo podem ser considerados para fins de justificação do encaminhamento adotado. O pensamento consequencialista, no entanto, não deve ser adstrito ao caso concreto, mas universalizável dentro do sistema jurídico. Dessa forma, propõe que a análise jurídica deve se preocupar com o Direito posto e com a potencialidade de repercussões e replicações em outras decisões (consequencialismo sistêmico)[22]. Por fim, e especialmente para situações em que plúrimas possibilidades estão postas ao final da atividade reflexiva, defende a possibilidade de se considerar critérios de justiça, senso comum e pressupostos filosófico-políticos como razões de sustentação e justificação da decisão adotada[23].

O recurso a pressupostos de filosofia política para fundamentação complementar ao decidido, chancela, do mesmo modo, a consideração de pressupostos de outros sistemas sociais, como o econômico, para fins de justificação e fundamentação da razoabilidade do desfecho dado[24]. Nesse sentido,

22. MACCORMICK, Neil. *Retórica e estado de direito*. Trad. Conrado Hubner Mendes e Marcos Paulo Veríssimo. Rio de Janeiro, Elsevier, 2008. p. 137.

23. MACCORMICK, Neil. *Argumentação jurídica e teoria do direito*. Trad. Waldéa Barcellos. São Paulo: Editora WMF Martins Fontes, 2009. p. 178.

24. BRUM, Gilberto Valle. *Políticas públicas, princípios e consequencialismo: notas sobre o artigo 20 da Lei de Introdução às Normas do Direito Brasileiro*. In. MAFFINI, Rafael; RAMOS, Rafael (org.). *Nova LINDB: consequencialismo, deferência judicial, motivação e responsabilidade do gestor público*. Rio de Janeiro: Lumen Juris, 2020. p. 151.

inclusive, aponta o artigo 20 da LINDB ao tratar da necessidade de atenção às "consequências práticas". A juridicização do consequencialismo, com a positivação em lei de critérios consequencialistas, seria um meio seguro, mas não único, para o assentamento do pensamento consequencialista no sistema jurídico.

De todo modo, críticos e céticos ao pragmatismo e ao consequencialismo jurídico não faltam. Muitas são as vozes que enxergam nessa forma de pensar o Direito, em especial, no neoconstitucionalismo teleológico, fundado em conceitos abertos e ponderações de princípios sem critérios, um ambiente propício para arbitrariedades pelos que decidem. De uma forma geral, alertam para um sensível risco de fragilização de elementos estruturais do Sistema Jurídico, como a previsibilidade, a coerência, a universalidade das regras dos jogos e seus valores subjacentes e, especialmente, a segurança jurídica[25].

Em reforço, questionam quais seriam as diretrizes aptas a levar os juízes a decidirem entre escolhas que representassem o melhor cenário possível ou a maior maximização da utilidade, especialmente em situações de incerteza. Considerando que diversos cenários podem decorrer de uma tomada de decisão, quanto mais variadas as possibilidades, maiores os desafios de escolha. Ao juiz que dispõe de variadas possibilidades recairão maiores custos de informação, custos de opção e custos psicológicos no decidir[26]. O consequencialismo, que se apresentava como possibilidade de solução para casos difíceis e complexos, pode levar ao incremento dos níveis de

---

25. AMARAL, Antonio Carlos Rodrigues do. *O juiz-legislador: consequencialismo e constituição à la carte no Brasil. A democracia e a necessária restauração do equilíbrio entre os poderes da república*. In MARTINS, Ives Gandra da Silva; CHALITA, Gabriel; NALINI, José Renato (Org.). *Consequencialismo no poder judiciário*. Indaiatuba: Foco, 2019. p. 191.

26. MACHADO, Gabriel Soares do Santos Machado. *Formalismo judicial como alavanca de resultados globais superiores*. In: VASCONCELOS, Agtta Christie Nunes; FEITOSA NETO, Pedro Meneses. (Org.). *Direito regulatório comportamental e consequencialismo: nudges e pragmatismo em temas de direito*. Rio de Janeiro: Lumen Juris, 2020. p. 388.

complexidade, imprevisibilidade, caos sistêmico e insegurança jurídica[27].

As questões apontadas são evidentemente relevantes. De um modo geral, há uma preocupação com um consequencialismo sem parâmetros e que resulte em mais insegurança para o sistema jurídico[28]. Para não se consolidar o cenário receado, apresenta-se a possibilidade de normatização de parâmetros consequencialistas, caminho aparentemente escolhido pelo legislador brasileiro, como se percebe com as alterações promovidas na Lei de Introdução às Normas do Direito Brasileiro (LINDB), em 2018, e em outros diplomas legais que serão mais bem analisados ainda neste capítulo, como o disciplinamento do processo decisório das Agências Reguladoras e da Análise do Impacto Regulatório na lei nº 13.848/2019 e no Decreto nº 10.411/2020, e a previsão de critérios a orientar a Administração Pública a evitar que seus atos e decisões configurem abusivas manifestações do poder regulatório, conforme previsto no artigo 4º da Liberdade Econômica (Lei nº 13.874/2019).

Ao se compreender em conjunto as mudanças legislativas mencionadas no parágrafo anterior, é possível concluir pela abertura do legislador à promoção de mudanças no sistema jurídico legal no intuito de oferecer melhores condições de agir para o administrador público e para o juiz, considerando as mudanças fáticas que serão promovidas por suas decisões. O cenário que se apresenta é o de possibilitar a juridicização das consequências sociais e econômicas, protegidas por normas jurídicas, que defluam da decisão administrativa ou judicial[29].

Finalmente, o Empirismo jurídico busca compreender o Direito por meio da experiência prática, em reação a uma cultura jurídica de criação de construções jurídicas apartadas

---

27. ANDRADE, José Maria Arruda de. *op. cit.* p. 19.

28. FRAZÃO, Ana. *Consequencialismo inconsequente - Os riscos da incorporaçao de uma visão superficial e irrefletida do consequencialismo nas decisões judiciais.* Jota, Brasília, p. 1 - 5, 15 jun. 2022. Disponível em < https://www.jota.info/opiniao-e-analise/colunas/constituicao-empresa-e-mercado/consequencialismo-inconsequente-15062022 > Acesso em 04 de março de 2023.

29. CHRISTOPOULOS, *op. cit.* p. 88.

da realidade vivenciada. Enquanto o pós-positivismo trouxe a pretensão de correção moral do Direito, fundado em promessas encartadas em textos constitucionais, o Empirismo chama o jurista à realidade, alertando-o sobre as limitações e os desafios da vida em sociedade. Há uma pretensão com o empirismo de concretização de valores constitucionais na medida das possibilidades, à luz do que a prática oferece, desviando-se de idealizações teórico-dogmáticas[30]. O distanciamento do Direito da realidade, seja pela criação de expectativas irreais em direitos sociais, seja pela inversão de valores institucionais, representa sério risco para a concretização de compromissos constitucionais, a efetivação de direitos e a sustentabilidade do próprio sistema jurídico.

Um dos principais problemas que se percebe atualmente na Administração Pública é justamente em relação ao controle administrativo realizado por órgão ou entidade que, simplesmente, desconhece a realidade que controla e, muitas vezes, sanciona duramente. O que se observa é a profusão de muitas decisões de controle fundadas em construções teóricas que possuem uma sustentabilidade normativa defensável, mas que negligenciam o contexto e a realidade de dificuldades e desafios impostas ao controlado. Esse cenário se formou, entre muitas razões, pela ideia de que o controle sempre seria bom, pois permitiria a correção de erros e garantiria atuação dentro da lei. Logo, quanto mais sofisticado o controle, quanto maiores as teorias bem-intencionadas no combate aos comportamentos que se desviem do sistema jurídico, melhor seria o resultado. A realidade prática revelou outros cenários, com erros de controladores falíveis, possibilidades de abusos na atuação controladora e substituição do administrador pelo controlador. Em reação a isso é que alguns autores apontam a necessidade de complementar a visão teórica-dogmática com a vida real do Direito Administrativo; é preciso valorizar uma visão interdisciplinar (com economia, política e sociologia),

30. TOSTA, André Ribeiro. *Instituições e o direito público: empirismo, inovação e um roteiro de análise*. Rio de Janeiro: Lumen Juris, 2019. p. 29.

considerar o empirismo no robustecimento do Direito e o impacto concreto do controle na Administração Pública[31].

Preservadas as regras fundamentais tradicionalmente conhecidas do fenômeno de interpretação/aplicação, o legislador brasileiro, de forma evidente, acolheu nas recentes mudanças legais a perspectiva pragmática, realista e consequencialista, de modo a permitir julgamentos e decisões administrativas mais refinadas e conscientes das escolhas e alternativas envolvidas em políticas públicas, especialmente as que possam causar sensíveis impactos ao Orçamento Público e à sociedade de um modo geral.

A perspectiva econômica se apresenta relevante na análise de institutos jurídicos, dada a potencialidade em auxiliar na compreensão pragmática do direito, evidenciando a teia de incentivos comportamentais formada pelas normas jurídicas, seus custos e benefícios e como o agir racional dos agentes opera em cenários de escassez[32].

Apresentado todo o contexto pragmatista, consequencialista e empirista acolhido, ainda que parcialmente, nas recentes reformas legislativas que serão estudadas, e considerando a natural vocação desse movimento em levar em conta, em algum nível, a variável econômica em tomadas de decisões jurídicas, temos a oportunidade de investigar com maior detalhamento o novo ambiente formado para decisões administrativas.

Decisões administrativas, como a própria expressão indica, são nominadas em função da instituição responsável por elas, no caso, a Administração Pública. Considerando o objetivo de avaliar como construir melhores decisões em Direito Público, em especial, da Administração Pública, todo o influxo teórico trazido pelo Pragmatismo, Consequencialismo e Empirismo será aproveitado para o resgate do Institucionalismo, brevemente apresentado no estudo de Direito

---

31. JORDÃO, Eduardo. *Estudos antirromânticos sobre controle da administração*. São Paulo: Juspodivm, 2022. p. 12.

32. BINENBOJM, Gustavo. *Poder de polícia, ordenação, regulação: transformações político-jurídicas, econômicas e institucionais do direito administrativo ordenador*. 3 ed. Belo Horizonte: Fórum, 2020. p. 164.

e Economia, mas que desponta com autonomia para novos contornos das decisões e escolhas administrativas. O resgate do Institucionalismo, como se verá, é mais um passo para a promoção de decisões mais próximas à realidade e atentas aos impactos econômicos que podem advir dos encaminhamentos administrativos, sendo uma proposta teórica alinhada às mudanças legais percebidas nos últimos anos no regime jurídico do Direito Público brasileiro.

## 3.2. O INSTITUCIONALISMO JURÍDICO REVISITADO E A SUA ACOMODAÇÃO PARA A ADMINISTRAÇÃO PÚBLICA BRASILEIRA

O Estado brasileiro possui diversas competências e responsabilidades sociais e econômicas, nos termos da Constituição Federal. Para a imensa maioria das situações foram atribuídos às autoridades administrativas instrumentos e procedimentos suficientes para atender as questões que reclamassem uma atuação da Administração. A Administração Pública identifica suas atribuições, responsabilidades e competências no ordenamento jurídico, de modo que a aferição de consentaneidade jurídica (juridicidade) do agir administrativo desponta como o sustentáculo fundamental e legitimador do atuar estatal. A juridicidade deriva dos princípios e regras constitucionais e legais que legitimam democraticamente ações e decisões dos órgãos administrativos[33].

As decisões e ações administrativas se materializam por atos administrativos, espécie de ato jurídico disciplinado essencialmente por normas de Direito Público, que conferem regras e prerrogativas específicas ao agir da Administração na concretização de interesses públicos[34]. Por meio dos atos administrativos a Administração Pública concretiza os objetivos constitucionais dela esperados. A atuação administrativa

---

33. BINENBOJM, Gustavo. *Uma teoria do direito administrativo: direitos fundamentais, democracia e constitucionalização.* 3 ed. Rio de Janeiro: Renovar, 2014. p. 37.

34. FRANÇA, Vladimir da Rocha. *Estrutura e motivação do ato administrativo.* São Paulo: Malheiros, 2007. p. 55.

e o controle de juridicidade dos atos administrativos são guiados pela verificação de existência de fundamentação legal ou constitucional do ato ou decisão administrativa à luz das normas jurídicas aplicáveis ao caso.

Mesmo com toda a rede normativa que foi se formando ao longo dos anos, cenários de incerteza, dúvida, ausência de padronização e insegurança jurídica foram se avolumando com o tempo, prejudicando o agir administrativo e o respectivo controle na concretização dos compromissos constitucionais esperados do Estado brasileiro.

Por força da centralidade do princípio da legalidade em nosso ordenamento jurídico administrativo, reformas legais foram necessárias para conferir à Administração Pública novas formas de reagir em cenários mais complexos e dinâmicos. Para concretizar influxos pragmatistas, consequencialistas e empiristas, vistos no capítulo anterior como potencialmente capazes de oferecer novas possibilidades de ação à Administração, leis foram editadas para reagir à sensação de gargalos de inoperância administrativa, especialmente em situações que fogem da mera análise dicotômica "lícito/ilítico". Nesse sentido, destacam-se justamente as leis que serão analisadas no presente capítulo e que reformaram a LINDB, institucionalizaram a análise de impacto regulatório e deram novos contornos ao processo decisório das agências reguladoras.

A edição de uma nova lei, no entanto, é apenas a primeira etapa em um sistema jurídico civilista para solucionar os problemas que motivaram a inovação legislativa. A interpretação/aplicação do direito, atividade criatividade de normas jurídicas, ocorre diante dos casos concretos, conciliando a literalidade dos dispositivos, os motivos que impulsionaram as mudanças normativas, as resistências impostas naturalmente pelo *status quo*, a tradição jurídica até então vigente, os preconceitos consolidados e os limites impostos pelo próprio sistema jurídico e pela realidade. A efetiva criação e consolidação do direito se dá nas batalhas interpretativas travadas entre o mundo que se almeja conteudisticamente[35] alcançar

35. ÁVILA, Humberto. *Teoria dos princípios: definição à aplicabilidade dos princípios jurídicos*. 8ª ed. São Paulo: Malheiros, 2008, p. 79.

(e seus perigos de excesso e desnaturação dos valores consolidados) e a tradição normativa consolidada (inapta a resolver os problemas que motivaram a inovação legislativa). Ao jurista, impõe-se o desafio de definir o direito aplicável, tendo em consideração os valores, condições factuais e objetivos, bem como os compromissos constitucionais envolvidos.

A lei, reforçamos, é apenas um elemento na atividade criativa, que é a construção de normas e significados jurídicos. Um elemento importante, é verdade, mas, ainda assim, a lei sozinha não é suficiente para uma tarefa tão importante como o estabelecimento das regras do jogo que conduzirão os comportamentos em sociedade e a formação de um ambiente de confiança e previsibilidade envolvendo a Administração Pública.

Definida uma interpretação, aplica-se o Direito - sob o viés da Administração, atua-se ou decide-se administrativamente. Dessa atividade criativa, no entanto, podem surgir insatisfações e questionamentos suficientemente densos para lastrear uma ação judicial. A cultura da litigiosidade já está consolidada no sistema jurídico brasileiro, de modo que se revela razoável a preocupação do administrador em ver um ato inovador seu ser questionado judicialmente. Dessa forma, por mais que a Administração Pública se apresente naturalmente como a mais capaz de compreender as particularidades das situações que reclamam uma prestação social estatal e o pleno exercício da função administrativa, o receio de análises de controle posteriores, mais distantes dos fatos e das impressões de quem atua na prática, levou a cenários de paralisia administrativa, especialmente em razão da possibilidade de aplicação de duras sanções ao agente administrativo decisor.

Nesse quadro, e considerando a necessidade de novas respostas a demandas juseconômicas, revela-se fundamental, em complemento à edição de leis veiculadoras de novas regras e procedimentos para o atuar administrativo, o resgate da compreensão de capacidades institucionais administrativas na resolução de problemas e demandas sociais.

Deficiências estruturais, omissões inescusáveis e profusão de erros de atuação resultaram em um cenário de elevada judicialização de políticas públicas e deslocamento de eixo de centralidade na definição de ações estatais e compreensão normativa para o Poder Judiciário, principal órgão de controle da Administração Pública brasileira. O Judiciário, em reação aos pedidos de correção de problemas gerados pela Administração, foi chamado a resolver essas questões. Como consequência, os órgãos do Executivo, institucionalmente desenhados para compreender e executar ações administrativas, foram perdendo o protagonismo na definição de compreensões jurídicas relativas a políticas públicas e respectivo substrato normativo. A consolidação desse cenário resultou em desnaturação de autoridades administrativas e de inversão de propriedades e capacidades institucionais, considerando-se o desenho constitucional atribuído aos Poderes e órgãos administrativos.

A situação ficou crítica a ponto de se perceber cada vez mais nos setores e órgãos administrativos uma busca por decisões dos órgãos de controle e posicionamentos judiciais sobre o tema antes mesmo de uma simples meditação sobre o caso. E para situações sem prévio posicionamento claro do órgão de controle, os agentes públicos passaram a realizar infindáveis exercícios de futurologia, em que se imagina como o Judiciário irá decidir quando a questão for levada à decisão de controle e o eventual peso da caneta sancionadora.

O adequado exercício de atividades administrativas é um claro objetivo que deve permear o ideário de todos que participam, de alguma forma, das manifestações estatais. Isso, no entanto, deve ser compreendido à luz das limitações naturais que existem nas estruturas administrativas e nas pessoas, de modo a se afastar a cultura que se instalou em órgãos de controle de repressão e punição a erros de execução, independentemente de plausíveis razões justificadoras. Os órgãos de controle e especialmente o Judiciário devem ter em mente, portanto, que alguns erros devem ser compreendidos como aceitáveis, assim como a não obtenção de um resultado individual esperado pode representar um ganho sistêmico, direcionando futuros recursos estatais a possibilidades ainda não testadas[36]. No atual cenário posto, todavia, soa temerário

36. FRANÇA, Philip Gil. *op. cit.* p. 215.

aconselhar a qualquer gestor público que desconsidere a variável "judicialização" da questão posta à apreciação.

Além da inversão do papel das instituições, deve-se ponderar sobre os custos gerados pela instituição controladora, que não ficam adstritos a seus respectivos orçamentos públicos e alcançam os custos gerados à Administração Pública controlada, que precisará se adequar às determinações do controlador; os custos sociais, derivadas especialmente da paralisação gerada no gestor público receoso de atuação controladora; e o ônus público que deriva da retirada de alternativas do leque de escolhas posto ao gestor público. A consideração dos custos da atuação controladora impõe uma necessidade de percepção pragmática da realidade, devendo ser realizada de modo adequado e não indistinto. O desafio e exercício mental que se impõe é avaliar qual instituição teria as melhores condições de decidir e até errar por último[37]. Dada a aparente insustentabilidade da atual ordem das coisas, há que se refletir sobre os possíveis cenários futuros, de agigantamento dos órgãos de controle e maior timidez, preocupação e paralisia dos órgãos que planejam e efetivam as políticas públicas, decidem demandas regulatórias complexas e foram estruturados para isso.

O resgate das ideias básicas do Institucionalismo e das capacidades institucionais se justifica especialmente em razão desse quadro de aparente alteração dos papéis dos órgãos e Poderes e vocações existentes nos processos de execução e implementação de direitos socioeconômicos, políticas públicas e de controle do agir administrativo. O institucionalismo se posiciona como um instrumento de resgate do prestígio das capacidades técnicas e específicas de órgãos administrativos frente a órgãos de controle, naturalmente generalistas ao se comparar com os controlados.

No capítulo anterior vimos o Movimento Institucionalista e o Neoinstitucionalismo dentro do Direito e Economia. As ideias de "institucionalismo" e "instituições", no entanto, não são restritas à Análise Econômica do Direito e às influências

37. JORDÃO, Eduardo. *op. cit.* p. 12.

dos estudos de Commons. Maccormick, Hariou e diversos outros juristas também trabalham com esses conceitos, ainda que se perceba diferentes tipos de enfoques e definições. De todo modo, é possível se perceber nas contribuições dos que estudam as Instituições o objetivo de construir alternativas teóricas a concepções meramente formalistas do Direito, apartadas da vida em ação e da realidade para a qual o Direito deve ter referibilidade[38].

Em reação a construções teóricas excessivamente academicistas, interpretações exclusivamente dogmáticas e discussões jurídicas que deveriam ser voltadas a resolver problemas concretos e específicos, mas que desaguam em abstratas discussões, o institucionalismo propõe, entre outras coisas, a valorização das interpretações (e decisões) realizadas pelas Instituições administrativas que foram criadas justamente para o enfrentamento de problemas sociais que demandam o exercício da função administrativa. Ainda que não tenhamos instituições perfeitas, valorizar as capacidades institucionais e compreender as limitações existentes tem o potencial de garantir decisões mais próximas à realidade, respeitando-se a coerência na distribuição de poderes e tarefas feita pelo ordenamento jurídico constitucional[39].

Ao passo que as Instituições podem ser compreendidas como estruturas socialmente reconhecidas e destinadas a regular, conformar e influenciar ações humanas, as capacidades institucionais se apresentam como as aptidões e vocações inerentes às Instituições, dotadas de perspectivas e propósitos que se revelam mais adequados a serem utilizadas no exercício de determinadas funções ou temas[40]. Nesse sen-

38. LOPES, José Reinaldo de Lima. *Curso de filosofia do direito – o direito como prática*. 2ª ed. Barueri: Atlas, 2022. p. 153.

39. SUNSTEIN, Cass. R.; VERMEULE, Andre. *Interpretations and institutions*. John M. Olin Program in Law and Economics Working Paper No. 156, 2002. p. 886. Disponível em: https://chicagounbound.uchicago.edu/law_and_economics/280/ Acesso em 15 de agosto de 2023.

40. PRADO FILHO, José Inacio Ferraz de Almeida. *Concorrência, ordem jurídica e nova economia institucional: uma análise custo-transacional da formação da política econômica antitruste*. Rio de Janeiro: Lumen Juris, 2018. p. 38.

tido, há uma tendência de direcionamento de protagonismo na formação de norma de decisão para a Instituição que se revele social, econômica e constitucionalmente destinada a decidir a questão. A partir da perspectiva de que a realidade não dispõe de instituições ideais, com Executivo, Judiciário e Legislativo dotados de falhas e limitações, o Institucionalismo propõe modelos interpretativos não extremados, que valorizem as funções primordialmente atribuídas a cada um dos Poderes. Não se trabalha aqui com perfeição (o ideal), mas adequação (o real).

A valorização da realidade e do contexto em tomadas de decisão parte do pressuposto de que a pré-compreensão é fundamental para a estruturação de qualquer juízo interpretativo. Dessa forma, a opção por modelos interpretativos ideais e abstratos, como o formalismo e o textualismo, naturalmente se revelará insuficiente para os desafios que esses modelos não possuem condições de suportar. O desenvolvimento da teoria das capacidades institucionais, adequando as abordagens interpretativas ao contexto e à realidade, apresenta-se como a proposta do Institucionalismo moderno (Neoinstitucionalismo) para a complexa vida atual em sociedade[41].

O Neoinstitucionalismo, enquanto movimento teórico, veio com o claro objetivo de resgatar a importância das Instituições, das regras (formais e informais), das restrições estabelecidas em sociedade, mostrando como elas se fazem observar em caso de descumprimento[42]. Dentro do pensamento econômico, o Institucionalismo se consolida crítico ao modelo neoclássico de Economia, centrado na racionalidade humana, com reduzida consideração sobre falhas informacionais e negligente quanto à consideração dos custos de transação/informação. No Neoinstitucionalismo, o modelo de Economia adotado aproxima-se mais da caótica realidade em que a sociedade se encontra, com os problemas inerentes à obtenção de informações, antes, durante e depois da celebração de contratos; com a aceitação da falibilidade do

41. TOSTA, Andre Ribeiro. *op. cit.* p. 72.

42. MACKAAY, Ejan. *op. cit.* p. 82.

pensamento humano, com as dificuldades inerentes à tomada de decisões e a compreensão de que viver custa.

Dentro de uma visão de Economia de Mercado, o Institucionalismo econômico em seu viés capitalista reconhece a importância do Estado como instituição a garantir os direitos de propriedade e viabilizador de um ambiente propício a transações econômicas com baixo custo. Nesse cenário, as instituições estatais são vistas como naturalmente dotadas de limitações que não são identificadas em agentes privados. O Estado é reputado fundamental para a promoção de bem-estar econômico, editando regras claras atributivas de direito e viabilizadoras de um sistema de trocas previsível, com baixos custos de transação. A relevância do Estado para a vida moderna, no entanto, não afasta suas falhas e limitações. Ações estatais que ultrapassem a promoção do ambiente em que os agentes econômicos atuam devem ser excepcionais e bem estudadas, sob pena de promoverem ineficiência econômica[43].

Ponto relevante a ser destacado é que o pensamento econômico e o próprio princípio jurídico da eficiência administrativa podem ensejar tanto um ativismo judicial quanto uma contenção do Judiciário, a depender da inclinação a uma ou outra perspectiva da relação entre Economia, Estado e Mercado. É possível resumir o quadro geral em três perspectivas: a formalista, tradicional, que é contra o ativismo e entende que a eficiência e as consequências sistêmicas serão alcançadas de modo mais eficaz com uma atuação judicial que se atenha ao texto normativo; a ativista, própria dos movimentos pós-positivistas, que se valeria de argumentos econômicos livremente para embasar suas decisões e alcançar o melhor resultado possível para o sistema jurídico e econômico; e a institucionalista, que defende a possibilidade de consideração das consequências econômicas nas políticas públicas, mas entende que o Judiciário é uma instituição que possui naturais limitações para essa função[44]. O pensamento institucionalista

---

43. ARAÚJO, Thiago Cardoso. *op. cit.* p. 124.

44. CYRINO, André. *Direito constitucional regulatório – elementos para uma interpretação institucionalmente adequada da Constituição econômica brasileira.* Rio de Janeiro: Processo: 2018. p. 195.

reconhece a importância fundamental do Poder Judiciário, a cláusula de inafastabilidade de jurisdição, mas destaca que o Poder Judiciário apresenta deficiências estruturais para a análise exclusiva e final de temas técnicos e dinâmicos, como os afetos à regulação econômica. Logo, a própria antecipação das consequências econômicas sistêmicas pelo julgador pode se dar com maiores chances de erro.

A inclinação pelo Institucionalismo jurídico se apresenta como uma alternativa entre a insuficiência do modelo legalista e a insegurança derivada do modelo ativista, que desconsideram os efeitos sistêmicos das consequências geradas pelas decisões, especialmente, as econômicas. A perspectiva institucionalista propõe que sejam consideradas as capacidades dos órgãos e o natural conhecimento da matéria regulada, seu aparelhamento técnico e a legitimidade do procedimento decisório, muitas vezes abertas à participação da população e ciosas do devido processo legal. Isso não significa inviabilizar o controle judicial, até porque o Judiciário é orientado a julgar a partir das informações que sejam apresentadas, permitindo ao órgão técnico apresentar todas as informações aplicáveis ao caso. No entanto, refletir sobre as vocações institucionais é prestigiar as escolhas do constituinte na organização do Estado e na definição dos responsáveis pela formulação e concretização de políticas públicas[45].

No estudo comparativo entre as ordens jurídicas de diversos países e o controle judicial realizado sobre políticas públicas e decisões governamentais, percebe-se, de um lado, um grupo de Cortes que adotam uma postura de maior deferência às decisões administrativas, fundadas especialmente na legitimidade democrática das instituições que formularam políticas públicas e ações estatais; e do outro, Tribunais que realizam níveis profundos de revisão de decisões de órgãos reguladores em temas complexos, fundando a intrusão no direito posto.

Para ilustrar o que se apresenta, temos a questão das decisões judiciais que adentram a análise de mérito realizado

45. *Idem*, p. 226.

por Agências Reguladores. Essas instituições administrativas especializadas são reputadas como as mais capazes tecnicamente de entender as necessidades dos agentes que atuam no Mercado, de modo a garantir elevados níveis de eficiência na geração e circulação de riquezas e na proteção dos direitos envolvidos. As Agências devem ouvir, além das empresas, os consumidores, trabalhadores e analistas políticos, de modo a garantir que suas percepções sejam construídas à luz das contribuições de diferentes setores da sociedade. Embora tenha a obrigação de ser isenta e guiada pelas regras jurídicas que lhe conferem independência técnica, há riscos de captura do ente regulador por setores ou agentes que atuam no Mercado para que as decisões regulatórias atendam a seus interesses. De todo modo, considerado a normalidade e regularidade do processo administrativo anterior à tomada de decisão regulatória, há que se presumir ser a decisão da Agência a mais capaz de melhor resolver o problema posto para definição.

Em cenários como o apresentado, os Tribunais podem acolher pleitos de modo a garantir o alinhamento da atuação do ente regulatório aos seus fins institucionais. Todavia, os órgãos julgadores devem levar em consideração que um controle intenso sobre as agências pode resultar na própria substituição de uma decisão administrativa técnica e bem-informada por uma decisão judicial que, a pretexto de proteger direitos, analisa a questão de modo recortado, com poucos envolvidos no processo e com o objeto delimitado pelos termos das peças processuais formalmente lançadas nos autos. Há, portanto, evidente risco de se negligenciar outros interesses e agentes envolvidos, resultando, no final das contas, em uma revisão de políticas públicas por decisões judiciais que não tenham se aprofundado tanto na análise da questão como fora feito pelas agências reguladoras, instituições, como já dito, tecnicamente vocacionadas a refletir sobre o tema. Além disso, o risco de captura não é exclusivo das entidades regulatórias, podendo alcançar quaisquer um dos Poderes.

Para evitar cenários de substituição das escolhas administrativas pelas escolhas judiciais, os Tribunais devem envidar esforços para garantir o respeito às escolhas e decisões técnicas e especializadas das instituições administrativas que tenham sido adotadas de forma transparente e não capturadas[46]. Para tanto, o sistema jurídico de controle, especialmente o Judiciário, deve reconhecer as capacidades institucionais dos entes administrativos que participaram do planejamento e execução de políticas públicas e das ações administrativas.

Nesse sentido, verificam-se alinhadas ao institucionalismo para o resgate das decisões administrativas a defesa pelo formalismo ou o textualismo nas decisões judiciais e uma postura de autocontenção do Judiciário frente ao que foi decidido administrativamente, especialmente em matérias complexas como o Direito Regulatório. O formalismo judicial em temas complexos e previamente definidos por entidades especializadas, como Agências Reguladoras, conferiria maior segurança e previsibilidade aos pronunciamentos judiciais, já que ficariam mais próximos dos comandos legais e do ordenamento jurídico como um todo. O estímulo que o Neoconstitucionalismo tem feito aos juízes para se desapegarem dos comandos legais e relativizarem decisões de entidades especializadas como as Agências, a partir de ponderações de princípios e cenários possíveis, se revela muito custoso, especialmente partindo-se da premissa de que o juízo de consequências já foi realizado pelo legislador e pela entidade administrativa institucionalmente pensada para a regulação econômica. Logo, diminuir a flexibilidade na interpretação e se ater ao comando normativo seria mais seguro, especialmente considerando a falibilidade humana, a limitação da mente racional em filtrar as informações e cenário possíveis, bem como as limitações estruturais de um órgão generalista como o Poder Judiciário frente aos debates, pesquisas e ponderações havidas em processos legislativos e administrativos antecedentes à inovação normativa questionada judicialmente[47].

A necessidade de reflexão sobre as capacidades institucionais e o desenho constitucional atributivos de poderes e

---

46. JORDÃO, Eduardo. *op. cit.* p. 301.

47. SUNSTEIN, Cass R.; VERMEULE, Adrian. *Interpretations and institutions*. John M. Olin Program in Law and Economics Working Paper No. 156, 2002. p. 928. Disponível em: https://chicagounbound.uchicago.edu/law_and_economics/280/. Acesso em 15 de agosto de 2023.

responsabilidades não é uma questão exclusiva do Direito brasileiro. Nos Estados Unidos, por exemplo, são percebidas severas críticas ao modelo de Estado administrativo americano. Os críticos argumentam que se criou uma máquina administrativa dotada de poderes sem limites, que desnatura a estrutura constitucional original, ameaça liberdades econômicas e permite a edição de políticas públicas irresponsáveis e antidemocráticas.

Três são os principais fundamentos dos críticos do Estado administrativo nos Estados Unidos: a elevada concessão de autoridade às Agências Reguladoras, que resultou na transferência das atribuições próprias do Legislativo e do Executivo àquelas instituições; a independência de algumas Agências frente ao próprio presidente, usurpando ilegitimamente a autoridade do Executivo; e a consolidação da deferência judicial como posta no sistema americano, que representaria uma negação da autoridade do Poder Judiciário[48].

Em contraponto, os defensores do Estado administrativo americano recusam a alegação de falta de legitimidade. Entendem-no como um derivado de desenho institucional que promove o bem comum em sociedade. Mesmo com problemas, defendem que o Estado administrativo promove melhores resultados e consubstancia a vontade democrática, dado que se materializa por instrumentos legais constitucionalmente estabelecidos. Em suma, defendem que o Estado Administrativo seria a entidade mais capaz de resolver problemas sociais que interferem na liberdade e autodeterminação das pessoas, como saúde, pobreza e meio ambiente[49]. Ao Judiciário caberia avaliar se o processo decisório das entidades administrativas foi técnico, razoável, fundado em amparo normativo e concretizador de direitos que lhe são afetos. Para os casos de desvirtuamento do agir administrativo é que caberia uma atuação mais intrusiva ou substitutiva do Poder Judiciário.

48. SUNSTEIN, Cass R.; VERMEULE, Adrian. *Lei e leviatã: resgatando o estado administrativo*. Trad. Nathalia Penha Cardoso de França. São Paulo: Contracorrente, 2021. p. 18.

49. *Idem*. p. 21.

Retornando os olhos para a realidade brasileira, outro exemplo a ilustrar a questão das capacidades institucionais em um contexto complexo e que demanda a consideração das consequências e da realidade posta pode ser identificado na grave crise imposta pelo Coronavírus (Covid-19) e nas variadas leis promulgadas, bem como nos institutos jurídicos criados para o enfrentamento do maior desafio socioeconômico desde a Segunda Guerra Mundial. Dentre as reformas jurídicas realizadas, destaca-se a mudança de critérios para a concessão do Benefício Assistencial de Prestação Continuada e a instituição do Auxílio Emergencial, prestações assistenciais que apresentam evidente impacto econômico e social, conforme se depreende da leitura da Lei nº 13.982/20.

Nesse contexto de pandemia, pagamento de prestações sociais e judicialização de direitos, o aplicador do Direito é reclamado a definir questões que abarcam desde as hipóteses de concessão dos benefícios até a responsabilização cível e penal pela indevida percepção dos valores pagos pelo Estado.

Ao definir as questões derivadas dessa microrreforma legislativa, os juristas deverão considerar o papel do Estado no enfrentamento da crise, os mandamentos constitucionais que compeliram o agir estatal no auxílio financeiro aos economicamente vulneráveis e a atenção ao fato de que o Estado, diante de grave cenário de retração econômica, aporta dinheiro na Economia, permitindo que um elevado número de pessoas possa arcar com despesas inadiáveis (alimentação, moradia, saúde, dentre outros) e garantindo a mínima manutenção de empresas (e empregos) responsáveis pela prestação de serviços à população amparada pelos referidos benefícios. Há, todavia, a necessidade de o Estado de avaliar a sustentabilidade orçamentária do benefício social, assim como os riscos inerentes de inflação ao aportar elevadas quantias de moeda na sociedade. Decisões administrativas que ampliem ou restrinjam as hipóteses de concessão dos benefícios instituídos pela Lei nº 13.982/20 resultarão em consequências econômicas passíveis de ser investigadas à luz dos institutos jurídicos pensados pelo legislador e pelos alegados fundamentos do planejador de políticas públicas.

Nesse quadro, os atores processuais legitimados a agir nos debates judiciais de políticas públicas (Advocacia Geral da União, Defensoria Pública, Advocacia Privada, Ministério Público Federal e entidades representativas de diversos segmentos da sociedade legitimados a atuar perante o Poder Judiciário) são chamados a trazer, além dos fundamentos normativos, as razões e argumentos econômicos, sociais, institucionais e estruturais que impulsionaram a elaboração de determinada inovação normativa e decisão administrativa discutida judicialmente.

A consideração dos desenhos institucionais e das capacidades institucionais das entidades envolvidas na execução da função administrativa prestigia decisões consagradas constitucionalmente na repartição de tarefas conferidas ao Estado e sinaliza atenção às estruturas das entidades que se firmaram ao longo dos anos e aos recursos a elas destinados. Do mesmo modo, o bom uso do argumento das capacidades institucionais pode conferir relevância às metodologias próprias de entes especializados utilizadas em tomadas de decisão que venham a ser controladas judicialmente[50].

Especialmente em questões complexas e potencialmente conflituosas, como as definidas pelas Agências Reguladoras, o acolhimento da noção de capacidades institucionais não se coloca como uma blindagem do agir administrativo, mas sinaliza um componente de manutenção de ordem e funcionalidade na definição de problemas sensíveis e urgentes. Caminhar para um cenário contrário, com o Mercado e a sociedade enxergando entidades regulatórias como um mero procedimento formal, antecedente ao que será efetivamente definido pelo Judiciário ou desfeito pelo Legislativo, seria extremamente disfuncional, custoso e moroso. Deve-se garantir, portanto, sustentabilidade constitucional para a máquina burocrática administrativa não ser vulnerabilizada em suas

50. LEAL, Fernando; ARGUELHES, Diego Werneck. *O argumento das "capacidades institucionais" entre a banalidade, a redundância e o absurdo*. p. 37. Revista Direito, Estado e Sociedade. https://revistades.jur.puc-rio.br/index.php/revistades/article/view/184. Acesso em 18 de agosto de 2023.

decisões de cunho técnico e responsivo às demandas complexas existentes e que justificaram a respectiva formação[51].

Compreender as bases teóricas do movimento Direito e Economia, do Pragmatismo, do Consequencialismo, do Empirismo e do Institucionalismo, funcionará, ao final, como instrumento a garantir a defesa das políticas públicas e a limitar excessos não antevistos no processo legislativo e nas ações estatais. Do mesmo modo, essas propostas teóricas, que não se limitam a técnicas de subsunção, poderão legitimar e incrementar a fundamentação das decisões administrativas e judiciais, aproximando-as cada vez mais da realidade regrada e do microssistema social pensado como destinatário da inovação legal e do agir administrativo, com especial consideração sobre as consequências econômicas.

À luz das linhas fundamentais traçadas sobre o pensamento institucionalista, apresentamos uma possibilidade de itinerário para a atividade interpretativa. Nesse sentido, o primeiro passo a ser dado é identificar as normas jurídicas aplicáveis ao caso. Existindo uma regra clara na Constituição ou na legislação pertinente, o controle da ação estatal será mais rigoroso e a análise menos complexa. Para as situações em que sejam identificados princípios, cláusulas abertas ou conceitos jurídicos indeterminados, outros elementos, além do jurídico, deverão ser considerados na avaliação e controle da ação estatal. Nesse caso, o controle será naturalmente menos intenso e demandará uma complementação com outros guias. Haverá aqui maior espaço para se entender como legítima a atuação da entidade administrativa ao encaminhamento legislativo. Para as situações não guiadas por regras constitucionais e que envolvam a concretização de direitos fundamentais e a manutenção de um ambiente democrático, o atuar do controle jurisdicional de política legislativa ou regulatória será guiada por postulados de razoabilidade proporcionalidade e eficiência. Esse é justamente o campo oportuno para a aplicação da Análise Econômica do Direito e de

51. ACKERMAN, Bruce. *The new separation of powers. Harvard Law Review* 113, no. 3 (2000): p. 694. Disponível em: https://doi.org/10.2307/1342286. Acesso em 17 de agosto de 2023.

fundamentos da microeconomia para a justificação de decisões. O dever de proporcionalidade poderá estabelecer níveis mínimos de eficiência na alocação de recursos e efetivação de direitos, avaliar as ações alternativas menos restritivas e permitir uma análise dos custos e benefícios envolvidos, especialmente para situações que podem gerar efeitos sistêmicos e escaláveis. À luz da eficiência alocativa, uma das faces do princípio da eficiência, a ação estatal que não atinja as próprias finalidades ou que promova resultados adversos ao legitimamente esperado será não apenas inadequada, como também inconstitucional.

A análise de custo-benefício das ações estatais que interfiram na dinâmica econômica deverá, de um lado, sopesar os direitos fundamentais envolvidos, os riscos de previsão causados por erro judiciário, os custos decorrentes da alteração das regras do jogo, o nível de tecnicidade e sofisticação da matéria analisada e a efetiva capacidade do regulador em decidir sobre uma determinada intervenção; do outro lado, considerar a racionalidade do procedimento administrativo e o teor democrático da medida. Quanto mais recente for a medida interventiva, quanto maior tiver sido o cuidado, melhor demonstrada a racionalidade na elaboração da medida regulatória e quanto menor for a interferência da ação estatal nos direitos fundamentais e na democracia, menos intenso deverá ser o controle judicial[52].

Apresentados brevemente os novos desafios impostos para as ações administrativas e as razões de ordem econômica, social e sistêmica que ensejaram o acolhimento do Institucionalismo pelo Congresso Nacional, é chegado o momento de explorar os instrumentos legais editados para o atendimento das expectativas e necessidades que impulsionaram as reformas legais.

Dada a magnitude e relevância da reforma perfectibilizada na LINDB no ano de 2018, iniciemos com a investigação do núcleo duro do microssistema gerado pela atualização dos

52. CYRINO, André. *Direito constitucional regulatório – elementos para uma interpretação institucionalmente adequada da Constituição econômica brasileira*. Rio de Janeiro: Processo: 2018. p. 313.

dispositivos legais da Lei de Introdução às Normas do Direito brasileiro.

### 3.3. O NORTE GUIADO PELA LEI DE INTRODUÇÃO ÀS NORMAS DO DIREITO BRASILEIRO (LINDB)

À luz do Institucionalismo, do Consequencialismo e dos demais influxos teóricos desenvolvidos para a promoção de refinadas ações estatais no enfrentamento de complexos problemas sociais, é possível entender a reforma de 2018 promovida na LINDB como um movimento do Congresso Nacional, sensível a cenários de inoperância e insegurança nas decisões administrativas, voltado a promover a juridicização da valoração das consequências para a atuação administrativa (especialmente as econômicas ou as que, em alguma medida, consumam recursos públicos) e a condicionada inclinação pela deferência dos órgãos de controle às decisões da Administração Pública.

Como resultado das alterações legais promovidas em 2018, a LINDB foi alçada à condição de bússola do Direito Público brasileiro, com novas propostas pragmáticas e orientações gerais sobre temas fundamentais, como vigência, interpretação, validade, invalidação, preservação e produção de atos e normas jurídicas[53].

Em sua redação originária, quando ainda se chamava "Lei de Introdução ao Código Civil Brasileiro", a LINDB já apresentava clara preocupação com as mudanças fáticas promovidas pelas atividades interpretativas inerentes a tomadas de decisão. Nesse sentido, destaca-se o artigo 5º, dispositivo com redação datada de 04 de setembro de 1942, que informa a necessidade de atenção aos fins sociais e às exigências de bem comum na aplicação da lei. O legislador brasileiro há 70 anos já apontava que a aplicação da lei poderia ser mais que uma mera atividade de subsunção, em que o olhar pendular do jurista fica resumido a identificar se o evento descrito em lei

53. SUNDFELD, Carlos Ari. *Direito administrativo: o novo olhar da LINDB*. Belo Horizonte: Fórum, 2022. p. 35.

ocorreu na vida real. Haveria, desde muito antes da reforma de 2018, a orientação para a necessidade de se avaliar se o resultado da interpretação/aplicação do Direito e as consequências verificadas estariam alinhadas ou distanciadas dos fins e expectativas que imantaram o próprio diploma legal.

Apesar do que se depreende do artigo 5º da LINDB, a tradição jurídica brasileira não era, ao menos explicitamente ou de forma assumida, de absorção de raciocínios consequencialistas. Conduzir atividades interpretativas em razão das mudanças de cenários fáticos seria, para muitos críticos, a desnaturação da separação de poderes e a fragilização de compromissos constitucionais. O Direito deveria ser aplicado conforme os mandamentos legais referíveis ao caso. A atenção aos "fins sociais" e "às exigências de bem comum" do referido dispositivo poderia ser alcançada, por exemplo, a partir de uma postura formalista do agente decisor, que atribuiria ao legislador o exercício de ter avaliado quais mudanças sociais e respostas estatais que deveriam ser praticadas quando verificadas no mundo social as condutas humanas ou as situações previstas em lei.

O formalismo, no entanto, se revelou insuficiente. E a proposta teórica alternativa a ele, o pós-positivismo, se revelou também extremamente de difícil composição com os ideários de segurança jurídica e previsibilidade do sistema jurídico. Após anos de amadurecimento de ideias e correntes jusfilosóficas, o que se percebeu foi a consolidação de dois grandes blocos teóricos: um formalista (positivista), muitas vezes limitado e em descompasso com a dinâmica social mutante, e outro pós-positivista/ativista, que gerou um cenário de decisões judiciais alicerçadas em conceitos abertos, indeterminados e princípios jurídicos, guiados por um ideário vacilante de Justiça. Ambos, portanto, com problemas operacionais.

Para diminuir os cenários de limitação impostos pelo textualismo que desconsidera variáveis realistas e complexas e a insegurança que as técnicas de interpretação pós-positivistas trouxeram, o legislador brasileiro caminhou pela edição de balizas legais que fornecessem aos intérpretes instrumentos jurídicos que permitissem um olhar para a realidade e para as consequências criadas por suas conclusões. A reforma legal ocorrida em 2018 trouxe para a LINDB a proposta de repensar as atividades de interpretação/aplicação do Direito, imantando-a de influxos realistas, pragmatistas, empiristas e consequencialistas. O objetivo do legislador foi o de promover uma mudança cultural na prática administrativa, possibilitando ações administrativas mais ágeis e menos burocráticas, de modo a efetivamente concretizar o interesse público[54].

O princípio da legalidade, que, como dito, representa a base fundamental legitimadora das atuações e decisões administrativas, continuou como núcleo duro de controle e sindicabilidade da juridicidade dos atos administrativos. A juridicização de parâmetros realistas teve o intuito de evitar um agir administrativo meramente protocolar e formal, valorizando uma Administração Pública que se adapte às circunstâncias, seja propositiva e preocupada com o cenário proporcionado ao fim da atividade intelectiva. Propõe-se uma superação da visão liberal formalista no direito administrativo, em que o princípio da legalidade imporia um diminuto âmbito de criação do Direito. As autoridades administrativas passariam a ter instrumentos capazes de concretizar os interesses públicos que motivaram a publicação da lei posta à consideração[55].

Dessa forma, a legalidade administrativa passa a ser compreendida em sintonia com valores democráticos e a necessidade de eficiência na gestão pública, preocupação com custos, incertezas, gastos, riscos e comprometimento do orçamento público. O Direito Administrativo mantém sua autonomia enquanto pertencente ao sistema jurídico, mas sem que isso signifique interrupção de comunicação com os sistemas econômico e político. Em suma, a lei é entendida como o resultado de influências políticas e econômicas que levaram à publicação do diploma legal[56].

---

54. NOBRE JUNIOR, Edilson Pereira. *As Normas de Direito Público na Lei de Introdução ao Direito Brasileiro: paradigmas para interpretação e aplicação do direito administrativo*. São Paulo: Contracorrente, 2019. p. 34

55. SUNDFELD, *op. cit.* p. 63.

56. CYRINO, André. *Direito administrativo de carne e osso: estudos e ensaios*. Rio de Janeiro: Processo, 2020. p. 50.

Dentre as principais expressões identificadas nos novos dispositivos da LINDB, destacam-se "consequências práticas das decisões", "alternativas de decisão" e "necessidade e a adequação da medida" (artigo 20); "regularização de modo proporcional e equânime" (artigo 21); "gestão pública", "políticas públicas", "obstáculos e dificuldades reais do gestor" (artigo 22); "regime de transição" e "orientações novas" (artigo 23); "orientações gerais" (artigo 24); "compromissos administrativos" (artigo 26); "compromissos processuais" (artigo 27); e "orientações vinculantes" (artigo 30). Esses novos dispositivos permitem uma interpretação do Direito Administrativo mais realista e pragmática, sensível às consequências, sem descurar das normas que imantam o agir administrativo e a centralidade desempenhada pela lei no sistema jurídico brasileiro. A análise casuística não afasta as compreensões sistêmicas do Direito, e o formalismo não é elevado à condição de escudo para ações desviadas do interesse público ou desacopladas da realidade[57].

O primeiro eixo de sustentação teórica da nova LINDB a ser explorado é o relativo às perspectivas consequencialistas traçadas na lei.

### 3.3.1. O pensamento consequencialista na LINDB

A reforma promovida na LINDB em 2018 teve o claro escopo de positivar parâmetros legais para os raciocínios consequencialistas nas tomadas de decisão realizadas por gestores e controladores. O objetivo do legislador foi o de promover maior segurança jurídica e previsibilidade ao agir administrativo, trazendo balizas legais sofisticadas para a motivação dos atos administrativos, bem como regras chanceladoras de perspectivas consequencialistas[58].

57. SUNDFELD, *op. cit.* p. 43.

58. NOHARA, Irene Patrícia. *Motivação do ato administrativo na disciplina de direito público da LINDB*. (In) VALIATI, Thiago Priess; HUNGARO, Luis Alberto; CASTELLA, Gabriel Morettini e (org.). *A lei de introdução e o direito administrativo brasileiro*. Rio de Janeiro: Lumen Juris, 2019. p. 03.

Especificamente em relação à motivação, vale resgatar a ideia fundamental de que a motivação e a fundamentação dos atos administrativos consistem em exigências estruturais do Estado Democrático de Direito. A Administração Pública deve agir conforme o ordenamento jurídico, fundamentando seus encaminhamentos, de modo a garantir que os administrados possam compreender as razões de fato e de direito que ensejaram a tomada de decisão, bem como conhecer as mudanças que serão geradas em suas vidas pela atuação administrativa[59].

Constitucionalmente, a motivação é identificada, entre outros dispositivos, na obrigatoriedade de fundamentação das decisões judiciais, prevista no artigo 93, inciso IX. Alcançando de forma direta a motivação para a Administração Pública, o artigo 50 da Lei do Processo Administrativo Federal informa o dever geral imposto ao agente público de indicar os elementos de fato e de direito que guiaram a prática do ato administrativo. A existência de regras claras que demonstram a necessidade e obrigatoriedade de motivações em ações e decisões administrativas, assim como as de controle, não foi, no entanto, suficiente para afastar as situações de ausência ou insuficiência nas fundamentações. As razões para isso são diversas, como o déficit de formação de determinados servidores públicos; as camadas de autoritarismo em determinados segmentos do serviço público, que acreditam não possuírem o dever de se justificar perante o público; a insuficiência da visão eminentemente formalista em problemas que passaram a alcançar custos e riscos jurídicos; e os movimentos teóricos pós-positivistas, que buscaram alternativas para soluções dos problemas postos em cenários de insuficiência de dispositivos legais.

Diante de um sistema legal carente e em descompasso com a realidade, o pós-positivista buscou fundamentações em outras fontes normativas para resolver questões sensíveis

59. CRISTOVAM, Jose Sergio da Silva; OUSA, Thanderson Pereira. *Motivação, invalidação e modulação de efeitos do ato administrativo a partir da Lei nº 13.655/2018*. (In). MAFFINI, Rafael; RAMOS, Rafael (org.). *Nova LINDB: consequencialismo, deferência judicial, motivação e responsabilidade do gestor público*. Rio de Janeiro: Lumen Juris, 2020. p. 159.

e novas. Nesse cenário, ao mesmo tempo que são identificadas fundamentações robustas, houve a profusão de decisões fundadas exclusivamente em conceitos indeterminados e vagos. Por mais que sejam explicitados os fundamentos nessas decisões, as razões utilizadas são abstratas e muitas vezes capazes de servir de alicerce para encaminhamentos diametralmente distintos, a depender dos interesses da autoridade que decida. Fundamentar que uma decisão está sendo tomada pela necessidade de se "fazer justiça", por exemplo, é não fundamentar, é ter uma expressão que consiste tão somente numa declaração de boa vontade daquele que decide, mas que não guarda necessariamente compatibilidade com a estrutura normativa existente ou com as necessidades reais postas à apreciação. Considerando-se que a motivação, em sua dimensão substancial, legitima o ato ou decisão administrativa perante o ordenamento jurídico, conferindo a ele validade[60], o problema de déficit de fundamentos foi se tornando cada vez mais sensível, de difícil absorção social e geradora de problemas de operabilidade sistêmica.

Corrente emblemática pós-positivista pode ser identificada no Neoconstitucionalismo, proposta de hermenêutica jurídica que findou por estender ao Poder Judiciário um poder semelhante ao de legislar a partir de princípios jurídicos, criando normas colaborativas ou até mesmo substitutivas às editadas pelo Poder Legislativo. O Neoconstitucionalismo representa, no mínimo, uma relativização dos princípios da separação dos poderes e democrático, num cenário de incerteza quanto aos parâmetros de controle dessa forma de atuar do Judiciário[61].

A LINDB desponta justamente como um movimento de reação do Legislativo ao que ficou conhecido como a "farra dos princípios", em que decisões judiciais ativistas de revisão de políticas públicas são fundamentadas em valores abstratos, conceitos abertos e indeterminados, sem respeitar o espaço

60. FRANÇA, Vladimir da Rocha. *Estrutura e motivação do ato administrativo*. São Paulo: Malheiros, 2007. p. 92.

61. NOBRE JUNIOR, Edilson Pereira. *Ativismo judicial e direitos sociais*. São Paulo: Juspodivm, 2022. p. 154.

de atuação de cada uma das instituições no funcionamento dos sistemas regrados pelo Direito e desconsiderando causas, consequências e vantagens e desvantagens. No mesmo sentido, a LINDB reage contra situações em que a Administração Pública invoca princípios e um genérico "poder geral de cautela" para frustrar expectativas criadas junto a administrados. Exemplos disso se verificam no desfazimento unilateral de compromissos celebrados com particulares, arrimados na tão conhecida expressão "interesse público", e nas alterações contratuais havidas em contratos de infraestrutura, em que o "princípio da moralidade tarifária" é invocado para, entre outras coisas, suspender a cobrança de tarifas públicas pelo parceiro privado[62].

A vagueza na motivação, assim como a própria ausência de fundamentação, traz ao público destinatário da decisão a sensível dificuldade de compreensão do que, de fato (e de direito), ensejou a prática do ato. Compreender os fundamentos de uma decisão serve tanto para convencer aquele que teve frustrada uma expectativa de acolhimento de um pedido quanto para permitir ao prejudicado impugnar o ato, apontando a insubsistência das razões invocadas. A vagueza traz evidente incremento de dificuldade ao inconformado e representa um estímulo à dedução da questão administrativa em juízo.

O novo movimento realista no direito administrativo brasileiro percebe o desacoplar entre o pensamento centralizado nos dogmas jurídicos com a realidade socioeconômica e o consequente engessamento de ideias, como o da supremacia do interesse público sobre o privado. Dada a fluidez e imprecisão do conceito de interesse público, a inadequada e imprecisa utilização desse princípio trouxe cenários de insegurança jurídica, com imprevisíveis comportamentos da Administração Pública, assim como controladores voluntaristas

62. VIALLI, Thiago Priess. *O impacto da nova lei de introdução às normas do direito Brasileiro (Lei nº 13.655/2018) em relação aos setores de infraestrutura.* (in) VALIATI, Thiago Priess; HUNGARO, Luis Alberto; CASTELLA, Gabriel Morettini e (org.). *A lei de introdução e o direito administrativo brasileiro.* Rio de Janeiro: Lumen Juris, 2019. p. 213.

equiparando falhas funcionais a ilicitudes. O Realismo aponta para a necessidade de se considerar a complexa vida em sociedade, onde estruturas rígidas tendem a se imobilizar e, cedo ou tarde, a se tornar inoperantes. A guinada realista propõe perspectivas que abracem a indeterminação e assumam a incompletude do Direito, oferecendo parâmetros para a segura utilização[63].

Em reação a decisões fundadas em conceitos indeterminados, o legislador brasileiro trouxe no artigo 20 da LINDB a impossibilidade de tomada de decisão fundada em valores jurídicos abstratos que não considerem as consequências práticas que advirão do encaminhamento adotado. Para as situações de invalidação de ato, contrato, ajuste, processo ou norma administrativa, o parágrafo único do artigo 20 informa que a motivação apontará a necessidade e a adequação da medida, inclusive em face das alternativas possíveis.

Ao se considerar o diálogo entre o *caput* do artigo 20 da LINDB e o artigo 50 da Lei de Processo Administrativo Federal, observa-se que a reforma de 2018 trouxe nuances mais desafiadoras e profundas para a motivação do ato administrativo. Além de ser explícita, clara e congruente, a motivação, para os casos em que o artigo 20 da LINDB se aplique, deverá considerar as consequências práticas da decisão e, para as situações do seu parágrafo único, os possíveis cenários alternativos[64].

"Valores jurídicos abstratos" pode ser compreendido como todo o plexo de variantes de indeterminação identificadas no Direito, como os conceitos jurídicos indeterminados, os princípios jurídicos e as cláusulas gerais. A indeterminação consiste em uma dúvida ou falta de clareza sobre um determinado ponto relevante[65] e, portanto, demanda um olhar contextual, seja ele normativo ou de efetiva análise da realidade. Para situações em que a fundamentação de uma escolha esteja amparada em termos ou expressões dotadas de

63. SUNDFELD, *op. cit.* p. 143.

64. NOHARA, *op. cit.* p. 13

65. ÁVILA, Humberto. *Teoria da indeterminação no direito: entre a indeterminação aparente e a determinação latente*. São Paulo: Malheiros/Juspodivm, 2022. p. 15.

indeterminação ou abertura de significação, o *caput* artigo 20 da LINDB trouxe um incremento no ônus argumentativo ao responsável pela decisão, que não poderá se valer de valores jurídicos abstratos sem desconsiderar a realidade que advirá da decisão nela adotada.

Do mesmo modo, o parágrafo único do artigo 20 consagra o consequencialismo ao indicar que, em determinadas situações em que se identifiquem desfechos distintos possíveis, a autoridade responsável deverá indicar qual deles é o mais razoável e adequado ao caso. Há, portanto, uma exortação para que o agente atente para o leque de escolhas posto, de modo a compreender o contexto em que está inserido e as possibilidades que se apresentam em sua tomada de decisão.

O objetivo do legislador com o artigo 20 da LINDB foi o de reduzir subjetivismos e afastar decisões superficiais identificadas na prática administrativa e nas atuações de órgãos de controle, com a imposição legal da necessidade de consideração das consequências da decisão e dos possíveis cenários à apreciação[66]. O artigo 20 desponta como comando normativo de combate a atividades interpretativas capturadas por caprichos e convicções pessoais, que se valem de "valores jurídicos abstratos" para passar uma imagem de aparente assento normativo da decisão adotada no sistema jurídico, mas que, no final das contas, consistem em mero decisionismo, que fragiliza a segurança jurídica e tende a se distanciar da realidade[67].

Se os princípios são normas jurídicas voltadas a alcançar um estado ideal de coisas[68], decisões fundadas em princípios, espécie evidente de "valor jurídico abstrato", naturalmente já

66. JUSTEN FILHO, Marçal. *Art. 20 da LINDB - Dever de transparência, concretude e proporcionalidade nas decisões públicas*. Revista De Direito Administrativo, 13–41. https://doi.org/10.12660/rda.v0.2018.77648. p. 15 Disponível em <https://bibliotecadigital.fgv.br/ojs/index.php/rda/article/view/77648/74311>. Acesso em 22 de dezembro de 2022.

67. NOBRE JUNIOR, Edilson Pereira. *As Normas de Direito Público na Lei de Introdução ao Direito Brasileiro: paradigmas para interpretação e aplicação do direito administrativo*. São Paulo: Contracorrente, 2019. p. 50

68. ÁVILA, Humberto. *Teoria dos princípios: definição à aplicabilidade dos princípios jurídicos*. 8ª ed. São Paulo: Malheiros, 2008, p. 79.

deveriam trazer as consequências que se objetivam alcançar ao se decidir. A partir da alteração promovida no artigo 20 da LINDB, o legislador plasmou em lei a natural aposição das consequências antevistas que levaram à decisão fundada em princípio[69], em uma clara sinalização legislativa da necessidade de se dar perspectivas concretas a decisões fundadas em normas abstratas.

Em sintonia com o artigo 20, o artigo 21 da LINDB informa a necessidade de previsão das consequências jurídicas e administrativas para os casos de decisão que decrete a invalidade de ato, contrato, ajuste, processo ou norma administrativa já plenamente produzida. A orientação do artigo 21 é no sentido de que, considerando que a decisão pela invalidação do ato administrativo ocorre sempre em um caso concreto, com a ponderação dos elementos de fato e de direito aplicáveis, deve-se atentar para a realidade e traçar as consequências da invalidação[70]. A alteração normativa contida no artigo 20 da LINDB trouxe um guia de mínima sindicabilidade futura da decisão, um olhar entre o *status quo*, a realidade que fora alterada, e as alternativas que tinham sido cogitadas.

A previsão de consequências está na motivação dos atos administrativos fundados no artigo 20, assim como a indicação dos pressupostos fáticos. De fato, consequências e pressupostos fáticos são dois lados da mesma moeda, a realidade, que se vê na atualidade e se projeta para o futuro, para sua posterior sindicabilidade e controle. A mesma preocupação que existe com a compreensão da realidade que se apresenta para quem decide deve existir com a antecipação dos cenários futuros que decorrerão de uma tomada de decisão.

---

69. LEAL, Fernando. *Consequencialismo. Inclinações pragmáticas no direito administrativo: nova agenda, novos problemas*. (in) VASCONCELOS, Agtta Christie Nunes; FEITOSA NETO, Pedro Meneses (org.). *Direito regulatório comportamental e consequencialismo: nudges e pragmatismo em temas de direito*. Rio de Janeiro: Lumen Juris, 2020. p. 29

70. MARTINS, Ricardo Marcondes. *Teoria do ato administrativo à luz das alterações da LINDB*. In: VALIATI, Thiago Priess; HUNGARO, Luis Alberto; CASTELLA, Gabriel Morettini e. (Org.). *A lei de introdução e o direito administrativo brasileiro*. Rio de Janeiro: Lumen Juris, 2019. p. 42

Em complemento ao *caput*, o parágrafo único do art. 21 da LINDB orienta o administrador público a, quando possível, encaminhar pela regularização do ato viciado, atendidos os parâmetros de proporcionalidade e justa distribuição de ônus entre os envolvidos. Mais uma vez, as consequências influenciarão para se decidir pela invalidação, de modo a se construir uma Administração pública séria, previsível e proba.

O artigo 21 alerta a autoridade administrativa que decreta uma determinada invalidade que essa atuação não ocorre apartada da realidade, abstratamente. É justamente a autoridade que deverá avaliar as peculiaridades do caso concreto, regularizando a situação de modo proporcional, equânime e eficiente. A LINDB consolidou a percepção da necessidade de revisão parcial da teoria dos atos administrativos, em especial, a de que a reação que invalide um ato administrativo deve se dar de modo adequado e proporcional à irregularidade identificada. Trata-se, de fato, de positivação em lei de abertura para a conservação parcial de atos administrativos em razão de segurança jurídica, o que já era reconhecido pela doutrina e jurisprudência.

Finalizando os contributos para uma análise mais realista e contextual, o artigo 22 da LINDB alerta os controladores e revisores de atos administrativos a considerar o contexto em que está situado o agente administrativo ao decidir da forma como decidiu. Há uma sinalização clara para que se lembre que os administradores não operam em um mundo ideal. Ao contrário: normalmente estão em cenários de escassez de servidores, ausência de capacitação prévia, prazos escoando, limites orçamentários, que, inegavelmente, conduzem e condicionam sensivelmente o atuar administrativo[71]. Negligenciar a realidade vivida pelos gestores e acreditar que a clareza de uma análise retrospectiva é semelhante ao que foi imposto ao agente público sindicado tende a silenciar administradores bem-intencionados e engessar a Administração.

71. NOBRE JUNIOR, Edilson Pereira. *As Normas de Direito Público na Lei de Introdução ao Direito Brasileiro: paradigmas para interpretação e aplicação do direito administrativo*. São Paulo: Contracorrente, 2019. p. 77

Além da questão das dificuldades em que o administrador estava inserido, o *caput* do artigo 22 destaca que o juízo do controlador deve analisar o caso posto sem desconsiderar o contexto geral, macro, atentando para as necessidades e exigências inerentes a negócios políticos e políticas públicas. Nesse sentido, decisões que, a par de resolverem um problema micro, comprovadamente desarticulem ou embaracem toda uma política pública, não estarão compatíveis com o ordenamento jurídico e deverão ser revistas.

Ao se considerar em conjunto os artigos 20, 21 e 22 da LINDB , é possível se compreender a análise e investigação dos atos estatais numa perspectiva consequencialista, como uma atividade de interpretação jurídica que permanece guiada pelos parâmetros legais, mas à qual são agregadas ponderações que consideram as repercussões reais à luz de valores reputados relevantes para o Direito (como o interesse público e segurança jurídica) e para outros sistemas sociais, como o econômico (escassez, racionalidade e eficiência)[72].

O Institucionalismo se encontra presente na reforma legislativa promovida em 2018 exatamente nesses comandos normativos que amparam as escolhas realizadas pelos administradores públicos em cenários de múltiplas possibilidades de encaminhamento. O institucionalismo prestigia o julgamento técnico e experiente do gestor público acerca do alinhamento da decisão em concreto aos cenários imaginados por uma determinada política pública. Do mesmo modo, valoriza as capacidades institucionais de escolha das instituições administrativas, notadamente, ao se limitar controles lacônicos, vagos, que negligenciam o contexto vivido pelo administrador ou que desprezem as consequências práticas, sociais, econômicas ou jurídicas, que gerarão.

### 3.3.2. A deferência às decisões administrativas na LINDB

Como explorado anteriormente, as decisões administrativas consistem na forma pela qual a Administração Pública

72. FRANÇA, Philip Gil. *op. cit.* p. 169.

atua na consecução de mandamentos constitucionais e concretiza o interesse público que ensejou a atribuição de competência para o agir administrativo. Identificar se os compromissos constitucionais do Estado e a ação administrativa estão efetivamente orientados para um fim público demanda algum nível de supervisão ou controle, interno ou externo, da atuação administrativa.

A tradição jurídica administrativista brasileira restringia ao controle judicial a sindicabilidade formal do decidido administrativamente. O mérito do ato administrativo não seria, em regra, objeto de controle judicial, em respeito à tradicional concepção de separação dos Poderes. Com a constitucionalização do Direito Administrativo promovida pela Constituição Federal de 1988, a complexificação da dinâmica administrativa e a percepção de que o diminuto espaço de controle judicial do mérito administrativo era aproveitado para desvios, percebeu-se campo aberto para a possibilidade de controle judicial das decisões (e escolhas) administrativas. O combate à corrupção e os problemas de efetivação de direitos e compromissos constitucionais alçaram o Judiciário à condição de ator político de elevado protagonismo com a judicialização de políticas públicas. O resultado percebido foi o de transferência, ainda que parcial, das prerrogativas de atuação administrativa e das oportunidades de escolha da ação estatal do Executivo para o Judiciário.

Um dos resultados alcançados por essa mudança de paradigma foi a relativa desnaturação das decisões de gestão pública editadas por órgãos administrativos. De fato, ao olhar jurídico tradicional, o princípio da separação de poderes estaria em avançado processo de desfazimento ou mutação com os cenários de profundo controle e intrusão judicial no agir administrativo. O aprofundamento do ativismo judicial se daria, para muitos críticos, em prejuízo da vocação técnica dos órgãos e do corpo de servidores que compõe o Poder Executivo e da própria competência deste poder em administrar recursos orçamentários escassos, politicamente alocados em função de debates que antecederam a aprovação de projetos de lei que disciplinam os orçamentos.

O atuar administrativo, vale lembrar, encontra-se contemplado em uma determinada política pública que depende ou espera por aquela micro decisão para se materializar em seu todo. Logo, uma decisão controladora que desfaça ou modifique uma decisão administrativa deverá considerar o contexto em que o ato administrativo está incluído e a repercussão que o controle implicará para a organização e planejamento da Administração Pública. Essa diligência sistêmica pelo órgão controlador, no entanto, muitas vezes não é percebida, em prejuízo da organização administrativa pensada para a execução de uma política pública.

Diante do cenário de consolidado controle jurisdicional da Administração Pública, que deve considerar essa realidade em seu planejamento e execução de políticas públicas, a solidez de uma decisão administrativa e a sua permanência no mundo jurídico dependerão cada vez mais da explicitação e convencimento do Judiciário e demais órgãos de controle, do atendimento aos requisitos legais pertinentes e da efetiva concretização do interesse público posto. E essa explicitação se encontrará na motivação, na fundamentação do ato administrativo.

De fato, o fortalecimento institucional e republicano das ações da Administração Pública se deu, especialmente, com a Constituição de 1988 e sua força normativa, seguida de promulgação de guias legais que exortam e direcionam para a fundamentação e motivação das decisões administrativas. O objetivo do constituinte e do legislador ordinário foi o de permitir que os elementos de fato e de direito que levaram ao atuar administrativo fossem de conhecimento e compreensão de todos, administrados e controladores, que poderão atestar ou questionar a plausibilidade das razões apresentadas. Decidir por decidir, sem se preocupar com o ordenamento jurídico vigente, sem se justificar com os destinatários nem meditar sobre os custos inerentes ao movimento da máquina pública, não se compatibiliza com a racionalidade econômica e jurídica, minimamente necessárias para a implementação de direitos e o controle dos gastos estatais.

A fundamentação, obviamente, não é garantia *per se* de manutenção da decisão. A própria fundamentação, inclusive, pode ser a causa de desfazimento de um encaminhamento administrativo pelo Judiciário. Nesse sentido, o controle jurisdicional pode, por exemplo, concluir pela inidoneidade dos pressupostos fáticos invocados ou pela incorreção do fundamento normativo aposto na decisão controlada, afastando-a. Partindo do pressuposto de que o agente competente que decide a demanda levada à Administração Pública é naturalmente interessado em ver sua decisão perdurar e não ser sancionado, especialmente em cenários de aplicações de duras sanções por órgãos de controle, há um natural espaço para meditação da autoridade administrativa, algumas vezes tensionada, em função do que se invoca ao decidir e do exercício de imaginar o olhar retrospectivo do controlador sobre o juízo realizado.

A autoridade administrativa possui a competência legal para determinar o encaminhamento previsto e desejado em lei, sendo, do mesmo modo, a pessoa mais próxima aos eventos valorados que ensejaram a atuação. Além disso, outros elementos podem influir em refinada análise administrativa, os quais muitas vezes não são de evidente identificação pelo público destinatário da decisão e pelo órgão controlador. Nesse sentido, destacam-se a expertise do servidor ou órgão, a experiência na matéria e, em alguns casos, o amadurecimento plural do agir administrativo, especialmente em órgãos colegiados e que realizem consultas públicas.

Toda essa vocação institucional dos órgãos administrativos na consecução de políticas públicas não afasta nem é destinada a obstaculizar o controle jurisdicional, que permanece como farol e salvaguarda de direitos e garantias fundamentais que gravitem em torno das decisões administrativas. Isso não elide, contudo, as relevantes discussões doutrinárias relativas a substituições das escolhas públicas encartadas em decisões administrativas por decisões (e possíveis escolhas) judiciais e os potenciais problemas e desafios em cenários socioeconômicos extremamente complexos e sensíveis, especialmente em situações em que os problemas estruturais e de fundamentação são também identificados nas decisões de controle judicial.

Ao mesmo tempo que são percebidas decisões judiciais robustas, que controlam e convencem o auditório jurídico do controle realizado, são identificadas decisões lacônicas, que discrepam imotivadamente de jurisprudência consolidada, desconsideram o caráter sistêmico de uma determinada política pública, fecham os olhos para a realidade posta e, por fim, geram uma sensação de imprevisibilidade e insegurança jurídica. Para o Mercado e os agentes econômicos em geral, essas decisões sinalizam a necessidade de cautela e guiam para a retração do agir empresarial, o que se dá em prejuízo aos níveis de geração e circulação de riquezas.

À luz do pensamento institucionalista e numa tentativa de avaliar possibilidades de reforçar a funcionalidade nas relações entre Administração Pública e Poder Judiciário, fragilizadas, em alguma medida, pelo Neoconstitucionalismo e o ativismo judicial arrojado e imprevisível, despontaram em recentes trabalhos jurídicos nacionais estudos sobre a deferência, ideia desenvolvida no Direito norte-americano.

O princípio ou *standard* da Deferência pode ser compreendido como uma orientação geral para o Poder Judiciário adotar uma postura menos intrusiva em relação a decisões administrativas, notadamente, as de cunho regulatório e normativo editadas por Agências Reguladoras. Trata-se, em suma, de uma diretriz para que o Judiciário realize um exercício de autocontenção ao ser provocado para decidir sobre esses atos administrativos[73].

A compreensão da deferência está intrinsecamente ligada ao famoso caso *Chevron*, precedente que simboliza um marco na postura do Poder Judiciário americano frente a ações que envolvam Agências Reguladoras. Nesse caso, foi levada ao Judiciário questão relativa a regulamentação editada por uma Agência de proteção ambiental americana. Basicamente, a normatização foi apontada como prejudicial ao meio ambiente e contrária aos propósitos da lei, editada pelo Congresso, que chancelou a atuação protetiva da Agência. A

73. MEDEIROS, Isaac Kofi. *Ativismo judicial e princípio da deferência à administração pública*. Rio de Janeiro: Lumen Juris, 2020. p. 227.

decisão normativa do órgão administrativo estaria, portanto, desvirtuada da delegação normativa a ela conferida.

Ao rever o entendimento do Tribunal recorrido, a Suprema Corte americana decidiu que a norma editada pela Agência deveria ser mantida, por entender que a decisão do órgão administrativo não estava exorbitando o âmbito de competência normativa conferida pelo Congresso americano. Para situações como a apresentada à Suprema Corte, o mero discordar da ação administrativa ou da interpretação adotada não se revelaria suficiente para fundamentar uma invalidação de ato normativo. Caberia ao Judiciário, portanto, prestar deferência às decisões normativas das Agências que se revelassem legais e razoáveis[74].

A consolidação da doutrina Chevron, à luz do decidido pela Suprema Corte, trouxe um guia interpretativo dividido em duas fases, que se comunica com o que vimos no estudo do Institucionalismo e da necessidade de valorização das capacidades institucionais. Na primeira etapa, o Judiciário, enquanto órgão de controle, deve analisar se há ambiguidade ou indeterminação legislativa na delegação normativa conferida à Agência. Em caso positivo avança-se para a segunda fase, em que o Judiciário deve se limitar a investigar se a decisão ou interpretação adotada pela Agência se revela razoável ou admissível[75]. Há, portanto, uma deferência (daí o nome) do Poder Judiciário ao normatizado pela entidade questionada que se revele alinhada ao conteúdo legislativo originário, especialmente em situações que trazem uma miríade de encaminhamentos possíveis, a depender do contexto e da justificação realizada.

A Doutrina Chevron e a lógica inerente ao princípio da deferência trouxeram evidente fortalecimento institucional das Agências no sistema jurídico americano. Dentre os principais fundamentos que guiaram o posicionamento da Suprema Corte, destacam-se a vocação institucional e a expertise

74. ESTADOS UNIDOS DA AMÉRICA, Suprema Corte. Chevron U.S.A., Inc. versus NRDC, 467 U.S. 837, 1984.

75. JORDÃO, Eduardo. *op. cit.* p. 56.

das Agências em tratar de temas específicos e a *accountability* política dessas entidades, que teriam condições de absorver as novas políticas públicas em compasso com as sucessões presidenciais, refletindo interesses da sociedade consagrados em eleições. Parte-se do pressuposto da existência de refinada capacidade técnica das Agências em atuar no setor para as quais foram instituídas, de modo a despontar uma natural expectativa de que a análise do cenário realizada pela entidade reguladora seja adequada, eficiente e alinhada às políticas públicas setoriais existentes.

Em posterior complemento ao originariamente decidido, os Tribunais e juristas americanos passaram a apontar a consistência das interpretações das Agências como mais um alicerce para a deferência. A consistência do comportamento das Agências, de modo que se pautem também pelas suas próprias interpretações, passa a ser vista como uma relevante necessidade de segurança jurídica[76].

Contextualizada a noção de deferência, que levou anos de debates judiciais e evolução doutrinária nos Estados Unidos, cabe avaliar se ela seria aplicável ao Direito brasileiro.

Em um primeiro momento, o sistema jurídico brasileiro sinalizaria a dificuldade ou impossibilidade de acolhimento da deferência tal como surgiu nos Estados Unidos. A centralidade do princípio da legalidade, a força do princípio da inafastabilidade do Poder Judiciário, a extensão do texto constitucional e os diferentes quadros de evolução histórica, social e econômica, não chancelaria a existência de uma deferência nos moldes em que surgiu nos Estados Unidos. Dada a tradição civilista e a missão constitucional confiada ao Poder Judiciário, a análise jurisdicional brasileira de normas ou decisões regulatórias emanadas por entidades administrativas, como as Agências Reguladoras, não se restringe à análise de conformidade técnica; avaliando, especialmente, se o ato infralegal está de acordo com a Constituição e com a chancela legislativa para o atuar administrativo, seja ela explícita ou depreensível da análise do diploma legal. Em suma, há que se

76. SUNSTEIN, Cass R.; VERMEULE, Adrian. *op.cit.* p. 108.

identificar em lei a autorização, ainda que indireta, para que as Agências possam normatizar sobre determinada matéria.

Ponto relevante a ser destacado é o de que a figura da "delegação legislativa" do poder de elaborar normas para as Agências, pressuposto fundamental do princípio da deferência, apresenta regramentos distintos no direito brasileiro e no americano. No Brasil, a delegação legislativa é extremamente restrita, nos termos estabelecidos no artigo 68 da Constituição Federal, diferentemente do que se percebe no texto constitucional americano. Logo, a ideia de deferência, originária em um sistema jurídico em que a delegação legislativa apresenta compreensão distinta da brasileira, poderia suscitar dúvidas quanto a sua aplicabilidade no sistema jurídico brasileiro, nos moldes em que foi construído nos Estados Unidos.

Críticos ao alargamento das possibilidades de delegação legislativa, como as que ocorrem para Agências Reguladoras, costumam apontar que esse trilhar representaria um perigo para o princípio da separação dos Poderes, pois transmitira a órgãos do Executivo poderes normativos que deveriam ficar restritos ao Legislativo. Curiosamente, muitos desses críticos não veem grandes perigos no Neoconstitucionalismo e na evidente relativização das fronteiras entre os Poderes promovida por decisões ativistas, que substituem as meditações administrativas constitucionalmente atribuídas a órgãos e entidades administrativas. É como se a relativização da separação dos poderes só pudesse ocorrer quando o Judiciário substituísse a vontade do administrador em razão da necessidade de concretização de algum princípio ou para a tutela de algum direito constitucionalmente assegurado, e não quando entidades especializadas, como Agências Reguladoras, normatizassem dentro das possibilidades legais atribuídas e constitucionalmente previstas. Isso não nos parece razoável e proporcional no natural tensionamento que possa existir entre os Poderes.

Em reação a um ativismo judicial sem parâmetros, à frágil situação em que foram colocadas as meditações adotadas por gestores públicos e à pujança das atuações controladoras sobre o agir administrativo é que se defende um desenho atributivo de competências que franqueie à Administração Pública instrumentos que possam privilegiar suas vocações institucionais e acompanhem a evolução e o fortalecimento verificado nos órgãos de controle. A edição de normas reguladoras por Agências Reguladoras está umbilicalmente ligada à formação e ao desenho dessas entidades. Recepcionar essas instituições no sistema jurídico brasileiro sem permitir que possam realizar atuações normativas seria inviabilizar seus objetivos.

A posição pela indelegabilidade do poder normativo fecha os olhos para a realidade e para a evolução das relações entre os Poderes e instituições envolvidas na realização de objetivos e compromissos sociais resguardados constitucionalmente. Propõe, no final das contas, um modelo estatal que não tem condições de resolver os problemas sociais e econômicos que existem, evoluem e se renovam diariamente[77].

Não se busca com a possibilidade de delegação de poderes normativos a entidades administrativas o desnaturamento do princípio da separação dos poderes, mas a sua evolução atrelada a necessidades reais existentes. Do mesmo modo que o princípio da legalidade evoluiu para o princípio da juridicidade, avalia-se a possibilidade de novos contornos constitucionais ao princípio da separação dos poderes, permitindo-se atuações normativas mais céleres e reativas a dinâmicas de Mercado. E para esses casos, as Agências Reguladoras despontam claramente com uma expertise e uma estrutura próprias, que devem ser consideradas. A sua capacidade normativa mais responsiva que a verificada em processos legislativos será exercida dentro dos limites legais dos poderes a elas atribuídos, em respeito ao Poder Legislativo.

E por fim, ainda que a Agência Reguladora ou quaisquer outras entidades administrativas dotadas de extensos poderes normativos exerçam essa competência, permanecerá com o Poder Legislativo a capacidade plena de legislar sobre a matéria, inclusive contrariamente. Nesse sentido, temos a

77. CYRINO, Andre; NUNES, Daniel Capecchi. *A Constituição, as instituições e as delegações legislativas: um caso de mutação.* A&C – Revista de Direito Administrativo & Constitucional, Belo Horizonte, ano 17, n. 70, p. 175-198, out./dez. 2017. p. 182 Disponível em DOI: 10.21056/aec.v17i70.487. Acesso em 27 de agosto de 2023.

recente edição de lei que autorizou a ozonioterapia (Lei nº 14.684/2023) após manifestações normativas do Conselho Federal de Medicina e do próprio Ministério da Saúde contrárias ao procedimento.

Aceitando a possibilidade de delegação normativa a entidades especializadas, nos termos da lei, e abrindo-se a possibilidade de incorporação da deferência em nosso sistema, há que se destacar, de início, que as próprias agências reguladoras foram estrangeirismos até serem incorporadas em nosso sistema jurídico. Inspiradas nas *agencies* do direito norte-americano, as agências reguladoras atualmente estão consolidadas no ordenamento jurídico brasileiro e desempenham papel destacado na normatização e regulação de ações e comportamentos de relevante impacto econômico e social. Considerando que o princípio de deferência se consolidou justamente nas *agencies* americanas, haveria a possibilidade de se avaliar a sua adequação e filtragem ao sistema jurídico brasileiro, tal como ocorreu com a institucionalização das agências reguladoras.

Voltando os olhos para a realidade brasileira, apresenta-se a possibilidade de se trabalhar com a ideia de deferência no Brasil, limitando a normatização das Agências Reguladoras ao permitido pela lei que atribuiu as competências da entidade e traçou o âmbito normativo em que as Autarquias poderão trabalhar. A função normativa das Agências, portanto, está guiada por lei, a ela não se equiparando. De todo modo, ao exercer a função normativa ou regulamentar, regras são criadas ou ao menos esclarecidas, de modo que, nesse âmbito, poderia se trabalhar com a ideia de deferência às escolhas ou juízos administrativos, especialmente em cenários dinâmicos e complexos.

Acerca do tema, relevante rememorar que o STF, no julgamento da AFI nº 4.874/DF em 01 de fevereiro de 2018, se manifestou pela possibilidade do estabelecimento de normas pelas Agências Reguladoras, respeitadas as diretrizes legais que autorizam o poder normativo dessas entidades. Aos olhos do Supremo Tribunal Federal, portanto, a ordem constitucional brasileira não impede a normatização das Agências Reguladoras.

Não obstante toda a discussão que envolve os limites e o âmbito normativo que podem ser explorados pelas Agências Reguladoras, ao se ter uma visão geral das decisões do Poder Judiciário brasileiro nas questões que envolvem Agências Reguladoras e decisões administrativas regulatórias em geral, percebe-se uma postura de acolhimento de juízos técnicos e escolhas realizadas, em sintonia com a noção de deferência construída no sistema jurídico americano[78]. Há, portanto, uma acomodação própria, jurídica e fática, da noção de deferência dos atos adotados pelas Agências Reguladoras no sistema jurídico brasileiro, ainda que não coincida totalmente com a deferência surgida nos Estados Unidos – até porque estamos tratando de noções jurídicas que evoluem e se transformam em função de diferentes contextos, das instituições envolvidas e dos problemas distintos que surjam.

Firmados os pressupostos de deferência analisados, cabe, finalmente, adentrar a perspectiva proposta no presente tópico, qual seja, a ideia de deferência às decisões administrativas à luz da Lei de Introdução às Normas do Direito Brasileiro. Não se restringirá, portanto, a noção de deferência às decisões normativas das Agências Reguladoras. O objetivo é avaliar a possibilidade de aplicação da lógica da deferência às decisões administrativas que estejam alinhadas aos preceitos da LINDB, notadamente, os comandos normativos contidos nos artigos 20 e 22.

Em relação ao artigo 20 e à decisão administrativa fundada em "valor jurídico abstrato", há que se destacar, de início, que se apresenta pouco provável que decisões administrativas sejam fundadas exclusivamente em "valores jurídicos abstratos", a demandar a complementação da fundamentação com a aposição das consequências práticas, conforme preceituado no artigo. 20. A grande maioria das situações apontam no sentido contrário, ou seja, de pluralidade de normas, orientações ou práticas administrativas, potencialmente conflitantes, que apresentam soluções distintas, defensáveis e, portanto, lícitas, cabendo ao gestor público a identificação do que seria aplicável ou não ao caso concreto. Nesses cenários, a autoridade

78. JORDÃO, Eduardo. *op. cit.* p. 242.

administrativa, complementando a fundamentação ordinariamente posta em dispositivos legais e regulamentares, pode se valer de princípios, cláusulas gerais, conceitos abertos ou indeterminados para colmatar a motivação do ato e decidir. Nesse caso, ao se conferir peso a valor jurídico abstrato na decisão administrativa, a autoridade administrativa ou o gestor público, além de invocar o normativo aplicável e determinado valor jurídico abstrato a respaldar novo ou inusual encaminhamento, deverá apontar as consequências práticas que advirão da prática do ato.

A indeterminação, vale destacar, é dupla: tanto da situação posta à decisão quanto do argumento utilizado para decidir. Se a questão levada a Administração fosse corriqueira, já enfrentada ou de fácil depreensão do conjunto normativo posto, não haveria necessidade de a autoridade decisória se valer de "valores jurídicos abstratos" para alcançar uma nova solução.

A previsão legal de aposição expressa das consequências práticas nesse contexto de atribuição de peso a "valor jurídico abstrato" em fundamentação ao agir administrativo assume um papel de contenção/vinculação da autoridade decisória, pois não apenas limitará "atos inconsequentes", ou seja, atos que não conseguem antever consequências dentro do campo de visão esperado por quem detém competência e expertise para agir, como o consumo de recursos públicos e problemas de operabilidade administrativa que advirão de sua prática inusual (por mais que algum princípio jurídico possa respaldá-lo), como franqueará a possibilidade de sindicar a metodologia ou os fundamentos utilizados para a previsão das consequências elencadas.

Nesse sentir, há tanto um guia de atuação como um incremento de controle: o legislador aponta a necessidade de aposição das consequências nos casos em que a "valor jurídico abstrato" seja conferida densidade normativa relevante ao decidir, ao mesmo tempo que se abre ao órgão de controle a possibilidade de avaliação do julgamento realizado, do cenário antevisto e das consequências sinalizadas pelo agente ou órgão que decidiu.

A LINDB parte do pressuposto da necessidade de se conferir ao administrador a capacidade de realizar escolhas com responsabilidade. Mas, acima de tudo, que faça escolhas. O dever de contextualização vem para dar maiores liberdades ao gestor ao mesmo tempo que permitirá avaliar se a sua avaliação e atuação foi responsável no caso concreto[79].

Obviamente, a autoridade administrativa não tem como ponderar todos os riscos e prever todas as consequências possíveis de uma tomada de decisão, mas a aposição do ambiente em que inserido e do que foi visualizado poderá dar luz ao controlador sobre a idoneidade da avaliação administrativa e do eventual método utilizado para a previsão de consequências. Nesse sentido, exigir fundamentação para a antevisão das consequências, com regras de ônus de prova a determinar o resultado que deve ser privilegiado; selecionar critérios jurídicos para ordenação das consequências; e avaliar mecanismos de vinculação para os casos futuros são caminhos a respaldar a ação administrativa e viabilizar um seguro controle futuro[80]. Ainda sob essa perspectiva, o artigo 3º, §2º, do Decreto 9.380/2019 aponta que consequências práticas são as possíveis de ser vislumbradas no caso concreto em razão de diligente atuação do gestor público.

Em complemento, o artigo 22 da LINDB, ao sinalizar a necessidade de consideração das limitações, obstáculos e dificuldades enfrentadas pelo gestor, direciona o controlador a realizar, antes de tudo, um juízo de razoabilidade da interpretação adotada pela autoridade administrativa. Ao concluir pela efetiva existência de obstáculos e dificuldades reais em uma decisão administrativa que se revele pouco ortodoxa ou que, num primeiro momento, seria enxergada com reserva, o controlador deverá, à luz do artigo 22, se abrir ao exercício de

79. PAGANI, Rodrigo de Souza. ALENCAR, Letícia Lins de. *O dever de contextualização na interpretação e aplicação do Direito Público*. (in) VALIATI, Thiago Priess; HUNGARO, Luis Alberto; CASTELLA, Gabriel Morettini e (org.). *A lei de introdução e o direito administrativo brasileiro*. Rio de Janeiro: Lumen Juris, 2019. p. 67.

80. LEAL, Fernando. op. cit. p. 31.

considerar as possíveis interpretações igualmente razoáveis que seriam aplicáveis ao caso concreto.

O artigo 22 apresenta claro comando normativo destinado ao controlador, para que ele considere e valore as circunstâncias fáticas e reais que tocam o gestor em momentos de decisão. Há uma evidente guinada pelo realismo na LINDB, que juridiciza e valoriza a dificuldade vivida e os cenários de incerteza em tomadas de decisão. Do mesmo modo, o parágrafo 1º do artigo 22 aponta a necessidade de se considerar as circunstâncias práticas que influenciaram o tomador de decisão[81].

Da leitura dos artigos 20 e 22 é possível se depreender uma proposta de itinerário interpretativo tal como a análise bifásica que funda a doutrina Chevron. Como visto, o princípio da deferência orienta o Judiciário a verificar se a situação apresenta indeterminação normativa para, em caso positivo, analisar a razoabilidade da decisão controlada. Já os artigos 20 e 22 da LINDB apontam que o Judiciário ou qualquer outro controlador deve analisar os "valores jurídicos abstratos" invocados e as dificuldades reais do administrador público ao decidir para avaliar a plausibilidade ou sustentabilidade da decisão[82].

Ponto a ser repisado: ao se destacar a inclinação da reforma da LINDB pelo resgate do institucionalismo e a comunicação dessa ideia com a noção de deferência, não se quer apontar como rumo do Legislativo uma defesa da insindicabilidade judicial dos atos praticados pela Administração Pública. O guia normativo da LINDB aponta para o institucionalismo ao estimular o controlador a considerar e valorar as limitações e dificuldades vividas pelo controlado ao decidir. Do mesmo modo, concluir pela idoneidade das consequências indicadas em fundamentações alicerçadas em "valores jurídicos

81. HENRIQUES, Diana Carolina Biseo; BORGES, Jéssica Suruagy Amaral. *A aplicação de sanções ao agente público à luz do art. 22, §3º, da LINDB*. In: VALIATI, Thiago Priess; HUNGARO, Luis Alberto; CASTELLA, Gabriel Morettini e. (Org.). *A lei de introdução e o direito administrativo brasileiro*. Rio de Janeiro: Lumen Juris, 2019. p. 503.

82. JORDÃO, Eduardo. *op. cit.* p. 56.

abstratos" é um claro indicativo de que há plausibilidade no juízo administrativo. Nesses cenários, cogita-se um ambiente favorável à manutenção de decisões administrativas que atentem para os comandos consequencialistas, pragmáticos e empiristas da LINDB, reforçadores da própria motivação dos atos.

A inclinação pela deferência na LINDB é, antes de tudo, condicionada: deve o administrador público fundamentar de forma robusta suas decisões, avaliar as consequências de seus atos ao invocar conceitos indeterminados e apresentar os desafios ou as dificuldades vivenciadas ao agir. Decisões infundadas e arbitrárias permanecerão incompatíveis com o sistema jurídico brasileiro e devem ser afastadas pelo Poder Judiciário e demais controladores. O princípio da inafastabilidade jurisdicional e o primado da legalidade no sistema jurídico brasileiro permanecem com a força que lhes são peculiares. De todo modo, os comandos consequencialistas, pragmáticos e empiristas estão previstos em lei e são direcionados a quem age e a quem controla.

Concluída a análise da LINDB e a sua proposta de valoração dos juízos realizados por órgãos administrativos, temos agora a oportunidade de investigar outro novo diploma normativo, em que se percebe um direcionamento ao Institucionalismo como possibilidade de reposicionar o protagonismo e a força das decisões administrativos. Avança-se, a seguir, no novo processo decisório das agências reguladoras fornecido, especialmente, pela Lei nº 13.848/2019.

## 3.4. O NOVO PROCESSO DECISÓRIO DAS AGÊNCIAS REGULADORAS

Como visto, a evolução do Estado Liberal para o Estado Regulador representou uma mudança significativa nas relações entre Estado e Economia. De um perfil absenteísta, passando pela fase em que se optou por um Estado provedor e extremamente intrusivo no funcionamento do Mercado até o momento atual, em que possibilidades de intervenção e inação estatal convivem em diferentes setores sociais e econômicos, com a sobrelevação do perfil regulador do Estado.

No momento em que nos encontramos, avizinha-se o estudo mais detido sobre Agências reguladoras, instituições já apresentadas no presente capítulo, mas que merecem um olhar mais detido, especialmente em função das reformas legais recentes, que trouxeram novas e refinadas formas de ação regulatória e tomadas de decisão. Antes, um breve resgate sobre os principais pontos sobre Regulação, os quais subsidiarão os alicerces para o estudo das Agências.

### 3.4.1. Regulação estatal da Economia

Partindo de cenários de reduzidas normas e relativa facilidade na compreensão dos mandamentos existentes, a evolução social registrada nas últimas décadas trouxe contextos normativos caóticos e de elevada complexidade aos sistemas jurídico e político, demandados a conciliar expectativas do ambiente de Mercado com os fundamentos jurídico-políticos que alicerçam a Constituição Federal de 1988. Os desafios impostos aos legisladores, reguladores e intérpretes, criadores e concretizadores de uma determinada política pública regulatória, principiam com a dificuldade em se avaliar o impacto decorrente das inovações legislativas e regulatórias, pensadas para correção de falhas de mercado e tutela de direitos envolvidos com a exploração de serviços públicos. Decidir por um caminho regulatório, definir as normas aplicáveis aos casos concretos e pensar em novas normas sem criar novos problemas é desafiadora empreitada, que inicia com a necessidade de compreender a que se destina, afinal, a regulação jurídica estatal dos principais e mais importantes eventos econômicos havidos em sociedade.

Estudar regulação é, de um modo geral, olhar para as condições estatais de reação a demandas econômicas. As relações implicacionais existentes entre os tipos de Estado e os modos de ser da Economia são evidentes: no Estado Liberal ou Mínimo opera-se o liberalismo econômico; no Estado Socialista, a economia planificada; e no Estado Regulador objetiva-se um convívio harmonioso entre a dinâmica econômica inerente ao capitalismo e os objetivos sociais preservados pelo Estado disciplinador das atividades econômicas e garantidor de direitos básicos à autodeterminação das pessoas. Naturalmente, o ordenamento jurídico acompanha essa variação e as evoluções dos perfis estatais, pendulando entre perspectivas individualistas e coletivistas, revisando paradigmas e agregando novos objetivos e valores.

As fronteiras que divisam conceitualmente os Estados em Liberal ou Social estão cada vez mais difíceis de se precisar, o que é natural na atual quadra evolutiva humana e na constatação de rivais e distintos interesses que influenciam a tomada de decisões políticas em um cenário democrático. Identificar atualmente exemplos de Estados dotados exclusivamente de características sociais ou liberais é algo difícil. Contextos históricos, econômicos e sociais resultam em guinadas individualistas ou coletivistas em diferentes épocas e partes do mundo. Diante disso, outra forma de analisar os Estados e saber como eles podem atuar para resolver problemas socioeconômicos é à luz da perspectiva da existência de instituições políticas e econômicas inclusivas ou extrativas.

São consideradas inclusivas as instituições políticas e econômicas que garantem a propriedade privada, a livre iniciativa, a liberdade de concorrência, viabilizando um sistema jurídico imparcial e serviços públicos necessários a garantir condições mínimas de inserção social e autodeterminação dos indivíduos[83]. O Estado viabiliza um contexto de incentivo à circulação e geração de riqueza, sem estamentos sociais intransponíveis. Isso não significa ausência de diferença na distribuição da renda, mas um cenário propício à melhor distribuição dos recursos na sociedade. A importância do Estado é evidenciada ao se observar que a simples existência de um ambiente de Mercado não representa, por si só, a presença de instituições inclusivas. Nesse sentido, a ascensão de trustes pode resultar no domínio do Mercado por poucas empresas, que determinam o preço final de produtos e serviços e inviabilizam o efetivo ingresso de novos concorrentes, em claro risco de prejuízo à população. As políticas antitruste compõem,

83. ACEMOGLU, Daren; ROBINSON, James. *Por que as nações fracassam: as origens do poder, da prosperidade e da pobreza.* Rio de Janeiro: Elsevier, 2012. p. 61.

desse modo, uma possibilidade de atuação estatal no incremento de instituições econômicas inclusivas[84].

Ao revés, as instituições extrativas são percebidas em Estados capturados pelas elites econômicas, de modo que as riquezas são concentradas, o ambiente de negócios é fechado e disfuncional, e significativa parcela da população é marginalizada e destituída de direitos básicos. Não raras vezes instituições inclusivas e extrativas coexistem em sociedade, cabendo ao Estado, em algum momento, definir o rumo econômico ou social que prevalecerá.

Nesse contexto de evolução das instituições e de tensões entre os sistemas econômico e jurídico encontra-se o Estado brasileiro, responsável por filtrar as mensagens desses sistemas em leis, atos administrativos e judiciais, além de efetivar uma ampla gama de demandas sociais, nos termos estabelecidos na Constituição Federal de 1988. Tradicionalmente intervencionista, evoluindo para um perfil regulador e, recentemente, sendo reclamado à inação em determinados setores, o Estado brasileiro apresenta um papel relevante na efetivação de direitos sociais, na solução de problemas existentes entre indivíduos e com o próprio Estado, e no enfrentamento de crises econômicas. Políticas públicas, ao final, são viabilizadas por atos e decisões administrativas que deverão considerar a perspectiva estatal pensada pelo legislador para o setor econômico respectivo.

A regulação estatal é vocacionada a corrigir falhas de mercado e a conduzir atividades econômicas relevantes aos interesses públicos legitimamente tutelados pelo ordenamento jurídico. Contudo, nem todas as vocações humanas são concretizadas. As dificuldades que gravitam em torno da regulação iniciam com a definição de interesse público, conceito indeterminado e extremamente aberto, de difícil precisão nos casos concretos e, principalmente, passível de colisão com outros interesses, públicos ou não, tutelados pelo ordenamento jurídico. Do mesmo modo, o diagnóstico e a correção estatal das falhas de mercado não consistem em algo

84. Idem. p. 251

simples. Sempre há o risco de a regulação não ser eficiente, não atender a outros interesses públicos também relevantes ou, simplesmente, ser cooptada por grupos de interesse.

Ao desafiador compromisso regulatório adiciona-se o elemento "escassez", fundamental para a compreensão do funcionamento dos sistemas econômicos, mas tradicionalmente negligenciado por construções doutrinárias jurídicas. Compromissos jurídico-constitucionais que não apontem os meios para serem alcançados são fáceis de identificar em nossa tradição jurídica. Não se desconsidera o aspecto positivo ao se estabelecer constitucionalmente princípios elevados e objetivos sociais caros à República Federativa do Brasil. Enquanto sociedade, precisamos de algum rumo, mesmo quando identificamos mais de uma bússola no texto constitucional (algo natural em regimes plurais e democráticos). De todo modo, as cíclicas crises financeiras e de recursos que o Brasil costuma enfrentar construíram a sensação compartilhada por muitos segmentos da sociedade de que é necessário considerar os meios existentes para que programas normativos se façam perceber na realidade.

Como já explorado, Estado e Mercado se relacionam em um eterno recriar de tensões, induções e repreensões. O Direito se apresenta como a via de mão dupla entre Estado e Economia, dado que o sistema econômico demanda por instituições jurídicas para que opere satisfatoriamente, e o Estado se vale de instrumentos jurídicos para orientar os agentes econômicos a atuarem consoante fins eleitos como fundamentais à sociedade. As comunicações relevantes percebidas entre os sistemas jurídico e econômico estabelecem as recíprocas influências que se firmam nessa relação. O resultado poderá ser de sofisticação da atuação estatal, melhora da economia ou retrocessos funcionais e operacionais. A Regulação desponta como possibilidade de ação estatal menos custosa e intrusiva, e adaptável a diversos cenários que se sucedam.

A regulação jurídica da Economia se destaca como o braço estatal voltado a normatizar comportamentos ou setores econômicos que reclamem algum nível de conformação a objetivos e valores reconhecidos pelo sistema jurídico constitucional. A perspectiva econômica na análise de institutos jurídicos auxilia na compreensão do direito e sua operabilidade, evidenciando a teia de incentivos comportamentais formada pelas normas jurídicas, seus custos e benefícios, e mostra como o agir racional dos agentes opera em cenários de limitação de recursos e eleição de prioridades sociais[85].

Para o estudo da regulação estatal da Economia, é importante firmar o pressuposto de que as intervenções estatais regulatórias do sistema econômico, ainda que irrefletidas, interferem em alguma medida no funcionamento do sistema de preços e, consequentemente, na percepção da escassez na sociedade. Como visto, a escassez é elemento central para a dinâmica econômica. Se os recursos não fossem recamados de finitude em algum nível, muitos dos dilemas sociais que nos são impostos, simplesmente, inexistiriam. No entanto, outra é a realidade. Influir na lei de oferta e demanda e se antecipar nas correções que poderiam ser alcançadas naturalmente pelo Mercado demanda um juízo crítico da relação custo-benefício envolvida e dos valores concretizados com o agir estatal.

A complexidade inerente ao atuar regulatório alcança ampla faixa de estudos, permitindo a investigação, por exemplo, da evolução das modalidades de intervenção regulatória do Estado na Economia e a análise dos reflexos e elementos econômicos decorrentes.

A primeira fase da regulação econômica, especialmente a concorrencial, se deu através do exercício do poder de política, com o Estado liberal/absenteísta, tímido na prestação de serviços públicos e na concretização de direitos, mas controlador e repressor de ações econômicas que não se compatibilizassem com o funcionamento do Mercado. A regulação se dava por meio de normas proibitivas e sancionadoras de comportamentos que não se amoldassem ao indeterminado conceito de "interesse público", muitas vezes invocado para decisões estatais enviesas, voltadas a privilegiar injustificadamente

85. BINENBOJM, Gustavo. *Poder de polícia, ordenação, regulação: transformações político-jurídicas, econômicas e institucionais do direito administrativo ordenador*. 3 ed. Belo Horizonte: Fórum, 2020. p. 164.

determinados setores econômicos ou, simplesmente, a chancelar um abuso de autoridade.

Dentro da análise da evolução do Direito Administrativo, disciplina jurídica fundamental do Direito Regulatório, comumente se faz uma reflexão sobre como seria contraditória a consolidação de um ramo jurídico e de uma Administração Pública dotados de características autoritárias e poderes desproporcionais em relação aos administradores, considerando suas linhas iniciais desenhadas pelos movimentos liberais, guiados pelo respeito à lei, à separação e limitação dos poderes, e ao direitos individuais[86].

Quanto a esse ponto, devemos lembrar, antes de tudo, que o liberalismo foi alicerçado pela burguesia, estrato da sociedade que já contava com significativo poder de influência econômica e almejava do Estado a mínima intervenção possível, salvo para garantia de funcionamento do Mercado. Para a burguesia e, principalmente, para consolidados agentes econômicos privados, quaisquer movimentos sociais que representassem algum nível de desordem no sistema econômico e no fluxo de geração de riquezas deveriam ser fortemente reprimidos pelo Estado, alçado à condição de único detentor legítimo do poder de coerção e violência em sociedade. O que se percebe, portanto, é que o Estado Moderno e a respectiva Administração Pública já nasceram capturados por grupos sociais, de modo que a manutenção de contornos autoritários e de império, próprios do Antigo Regime, atendia aos interesses dos responsáveis pelos desenhos das instituições estatais e das definições normativo-constitucionais, independentemente de isso conflitar com uma idealização de contenção do Poder estatal. Em outras palavras, Estado forte para manter o *status quo* que se consolidava e Estado fraco para mudanças econômicas e sociais que potencialmente fragilizassem ganhos dos que possuem influência social e econômica.

86. *Idem* p. 39.

A captura ou ao menos a significativa influência do Estado pelo poder momentaneamente condutor das políticas públicas e escolhas estatais é percebida nos anos que se seguiram, como se percebe com a edição de Constituições que inovaram com a previsão de direitos sociais e econômicos e a permanência de traços autoritários no Estado Social. Aqui, o Estado não tinha mais um viés absenteísta, mas condutor de profundas transformações sociais. E para concretizar os novos e valorosos desideratos constitucionais, mais força estatal era necessária, sendo agora chanceladas e estimuladas as intervenções na ordem econômica. A realidade é que a luta contra e pelo arbítrio e contra e pela concentração de poderes é algo que se renova de tempos em tempos, invoca os mais variados fundamentos políticos e econômicos, alcança novas perspectivas e demanda uma contínua reflexão sobre os limites de atuação estatal, a quem ela serve e quais os benefícios que dela defluem.

No Brasil, a defesa da liberdade de concorrência, uma das frentes regulatórias mais evidentes atualmente, apareceu inicialmente com o viés de criminalização das práticas abusivas adotadas pelos agentes econômicos. A manipulação de preços, o *dumping* e o estabelecimento de monopólio por empresas da iniciativa privada eram considerados crimes contra o Estado.

Nessa fase inicial, a atuação estatal era de ataque e repressão a agentes econômicos que adotassem uma ação que se amoldasse a um agir criminoso contra a Ordem Econômica. Não se buscava orientar ou dirigir empresas a ações econômicas mais virtuosas, eficientes ou promotoras de melhores cenários à Economia. O dever do Estado, o seu objetivo, era punir e controlar. Consequentemente, havia uma tendência paralisante à geração e circulação de riquezas, sem que o Estado fosse chamado a refletir sobre isso, dada a necessidade de aplicação da lei.

Valorizando uma intervenção estatal menos criminalizante e mais indutora de condutas, a Ordem Econômica estabelecida pela Constituição de 1946 conferiu ao Estado brasileiro um perfil menos repressivo e mais indutor de comportamentos dos agentes econômicos que atendessem aos objetivos econômicos previstos no texto constitucional[87]. Percebe-se aqui uma clara inclinação favorável à geração de riquezas, dado que o Estado, além de coibir comportamentos, passa a orientá-los, induzi-los. De todo modo, a Constituição de 1946 também trouxe para o Estado a incumbência de explorar segmentos desprezados pela iniciativa privada, incrementando os gastos sociais e comprometendo o orçamento público, tendência cada vez mais presente nas ordens constitucionais que se seguiram.

A constitucionalização dos direitos sociais trouxe ao Estado brasileiro a obrigação de concretizar um elevado número de direitos prestacionais. A evolução do perfil estatal ensejou intensa atuação na Economia, concretizadora de direitos individuais e sociais, com os inerentes custos necessários à sua manutenção. Graves crises fiscais impostas pela escassez de recursos não tardaram a aparecer, reclamando por uma mudança no perfil do Estado. O resultado não foi a retirada dos direitos sociais dos textos constitucionais, mas a alteração da atuação estatal na efetivação de direito fundamentais: de agente protagonista, passou a se tornar cada vez mais uma instituição reguladora e normatizadora de serviços públicos[88].

Acompanhando essa mudança no perfil do Estado, a regulação econômica evoluiu, não mais se identificando exclusivamente com normas derivadas do poder de polícia ou repressora de ilícitos. A regulação se torna mais refinada e complexa, abarcando normas de mando e de controle, mas também normas incentivadoras, indutoras de comportamentos que se adequem a reclames e valores sociais. Desenvolveu-se um direito regulatório menos diretivo e mais indutivo de comportamentos reputados adequados pelo ente regulador, o que naturalmente é menos custoso de ser absorvido pelos agentes econômicos. Como resultado de um Estado menos atuante e

87. BERCOVICI, Gilberto. *Constituição econômica e desenvolvimento: uma leitura a partir da Constituição de 1988*. São Paulo: Malheiros, 2005, p. 26.

88. BINENBOJM, Gustavo. *Poder de polícia, ordenação, regulação: transformações político-jurídicas, econômicas e institucionais do direito administrativo ordenador*. 3 ed. Belo Horizonte: Fórum, 2020. p. 168.

mais indutor, observa-se uma tendência (ou ao menos uma possibilidade) de diminuição do tamanho do Estado e uma maior sintonia entre os interesses individuais e os coletivos[89].

Importante reforçar que não houve uma superação absoluta das normas de controle ou diretivas, inclusas as de poder de polícia, pelas normas indutoras. Há situações em que cada uma se revela mais adequada. O que se percebeu foi a possibilidade de o Estado se valer de normas estimuladoras de comportamentos para determinadas situações, de modo a se diminuir custos sociais e incentivar (ou ao menos não desestimular) a geração e circulação de riquezas. Nesse sentido, aponta-se o desenho constitucional do planejamento econômico no texto constitucional. Conforme estabelece o artigo 174 da Constituição Federal, o planejamento econômico é determinante para o setor público e indicativo para o setor privado. A tomada de crédito público, por exemplo, afeta diretamente as contas públicas e influencia o planejamento dos agentes privados acerca dos rumos de investimentos disponíveis no Mercado[90]. Ainda que subsidiária, a atuação direta ou indireta do Estado é relevante para o funcionamento da Economia.

Uma das principais razões que justificam a opção por normas de indução em substituição aos tradicionais comandos diretivos reside na redução dos custos regulatórios pela adesão dos agentes aos fins estatais pensados em determinada política pública. Com o estabelecimento pontual de normas indutoras, não haverá uma investigação de ilícitos, pautada em contraditório e ampla defesa (elementos que resultam em consumo de tempo e dinheiro) para se cominar uma punição. Haverá, sim, uma demonstração por parte do agente

---

89. CARDOSO, Henrique Ribeiro. *Direito regulatório comportamental: a sintonia fina entre estado e cidadão*. In: LEAL, Fernando; CARDOSO, Henrique Ribeiro (coord.). VASCONCELOS, Agtta Christie Nunes; NETO, Pedro Meneses Feitosa. *Direito Regulatório, comportamental e consequencialismo: nudges e pragmatismo em temas de direito*. Rio de Janeiro: Lumen Juris, 2020, p. 16.

90. FABRI, Andréa Queiroz. *Falhas de mercado: por uma nova visão do planejamento econômico. In: Direito econômico: evolução e institutos: obra em homenagem ao professor João Bosco Leopoldino da Fonseca* / Aline Bertolin ... [et al]; organização Amanda Flávio de Oliveira. Rio de Janeiro: Forense, 2009, p. 54.

econômico que guiou seu comportamento consoante a política pública escolhida, razão pela qual deverá ser premiado, por exemplo, com uma isenção fiscal ou uma concessão de licença para operação de atividade econômica. De todo modo, há ações em que o distanciamento dos fins sociais reclama por uma resposta mais enérgica, proibitiva e sancionadora, como as derivadas do poder de polícia.

As normas de controle são fundadas no binômio prescrição-sanção; preconizam normativamente um comportamento e estabelecem a consequência estatal para o caso de perfectibilização da ação. Ainda que enquadradas como normas de controle, realizam (des)estímulo comportamental, já que os destinatários das mensagens sopesarão as consequências de serem punidos pela ação perpetrada. Diversamente da lógica "prescrição-sanção" das normas de controle, as normas regulatórias por indução operam sob o binômio "prescrição--prêmio", de modo que são menos diretivas ou intrusivas no agir do agente econômico regulado. A lógica passa a ser a de premiar ou recompensar o regulado que escolha agir de acordo com a proposta normativa pensada para perfectibilizar as políticas públicas e os valores de determinado setor econômico[91].

Ainda que diversas, normas de controle e de indução se aproximam em algum nível, pois são modalidades de regulação. Logo, trazem em si um custo inerente ao agir estatal e a movimentação da máquina administrativa na realização de trabalhos de pesquisa, planejamento, estudo, execução e acompanhamento dos objetivos inerentes às normas reguladoras. Diferente é o cenário que se delineia em situações de desregulamentação da atividade econômica, em que o Estado é levado a se afastar do funcionamento do Mercado, influenciando o mínimo possível a alocação de recursos em sociedade e atuando apenas como um garantidor do funcionamento do ambiente de negócios. Há, aqui, um movimento pendular, um olhar às reminiscências do Estado Liberal, confirmando a

91. BINENBOJM, Gustavo. *Poder de polícia, ordenação, regulação: transformações político-jurídicas, econômicas e institucionais do direito administrativo ordenador*. 3 ed. Belo Horizonte: Fórum, 2020. p. 175.

dificuldade em se divisar e diferenciar atualmente a tradicional classificação dos tipos de Estado, ante a possibilidade de coexistência de políticas indutoras, diretivas e absenteístas em um mesmo sistema político-econômico.

Assentadas as principais reflexões que se entende relevantes em relação ao que gravita em torno das ações estatais normativas e regulatórias sobre a dinâmica econômica, apresenta-se a seguir o estudo sobre o processo decisório das Agências Reguladoras.

### 3.4.2. Compreendendo as Agências Reguladoras e as principais regras de seu processo decisório

A regulação, como vimos, pode ser entendida como uma sofisticada modalidade de intervenção estatal nos domínios econômico e social, destinada a garantir o atendimento de finalidades específicas do setor regulado e concretizar interesses públicos reconhecidos pelo ordenamento jurídico constitucional[92]. Em cenários de proeminência do perfil regulatório, o Estado se retira da exploração direta da maioria das atividades econômicas e transfere serviços públicos fundamentais para agentes privados. Dada a relevância dessas atividades para a sociedade e o desenvolvimento seguro do país, o Estado intensifica a normatização e regulação das atividades exploradas pela iniciativa privada[93].

As políticas públicas, intervenções estatais voltadas a resolver problemas sociais[94], são planejadas para concretizar compromissos do Estado brasileiro, disciplinar e conferir segurança jurídica à exploração de atividades econômicas e prestação de serviços públicos e corrigir falhas de mercado,

92. FRANÇA, Vladimir da Rocha. *Princípio da legalidade administrativa e competência regulatória no regime jurídico-administrativo brasileiro*. In: Revista de informação legislativa, v. 51, n. 202, p. 7-29, abr./jun. 2014, p. 21.

93. BINENBOJM, Gustavo. *Poder de polícia, ordenação, regulação: transformações político-jurídicas, econômicas e institucionais do direito administrativo ordenador*. 3 ed. Belo Horizonte: Fórum, 2020, p. 168.

94. GRAU, Eros. *O direito posto e o direito pressuposto*. 7. ed. São Paulo: Malheiros, 2008, p. 27.

variáveis identificadas nas transações econômicas que distanciam os recursos de seu uso mais eficiente, tornando as operações mais custosas[95].

O objetivo final das intervenções viabilizadoras de políticas públicas é promover melhoria na vida das pessoas. No entanto, os riscos de captura e de desconsideração de repercussões econômicas ao se alterar contextos regulatórios representam um elevado risco de a política pública resultar em graves problemas sociais, alguns deles nem sequer imaginados pelo planejador social. Nesses cenários, a intervenção estatal amolda-se ao conceito de falha de governo, espécie de falha de mercado em que a ineficiência econômica deflui de uma ação específica do Estado[96].

Para evitar ou diminuir as possibilidades de captura ou falha na intervenção estatal reguladora da Economia o sistema jurídico brasileiro optou por acolher a experiência positiva americana e conferiu protagonismo às Agências Reguladoras, entidades de Direito Público dotadas de patrimônio e receita próprias, criadas por lei para o exercício de atividades típicas de Estado, conforme estabelecido no artigo 5º, inciso I, do Decreto-Lei nº 200/67. Por serem materializadas por descentralização e, portanto, dotadas de personalidade jurídica própria, as Autarquias não são hierarquicamente controladas pelo ente federativo criador, mas supervisionadas, de modo que suas atuações são tuteladas para que não se desviem dos fins que ensejaram a edição da lei criadora.

Às Agências Reguladoras foi confiada a operacionalização da política regulatória nacional, concretizando os mandamentos juseconômicos contidos na Constituição Federal de 1988, em especial, os artigos 170 a 181. Após anos de evolução doutrinária, jurisprudencial e legislativa, o Estado brasileiro, com o objetivo de uniformizar e sintetizar dispersa legislação, aprovou o Marco Legal das Agências Reguladoras com a edição da Lei nº 13.848/2019 e consolidou as regras gerais relativas à gestão, organização, e o novo processo decisório dessas entidades no sistema jurídico brasileiro.

95. NUSDEO, *op. cit.*, p. 115.

96. PORTO, Antônio José Maristrello; GAROUPA, Nuno, *op. cit.*, p. 77.

Em seu desenho institucional originário, reafirmado na Lei nº 13.848/2019, as Agências foram criadas como Autarquias Públicas, pessoas jurídicas de Direito Público dotadas de patrimônio e receita próprias, criadas por lei para exercício de atividades típicas de Estado, conforme estabelecido no artigo 5º, inciso I do Decreto-Lei nº 200/67. As Autarquias possuem personalidade jurídica própria e, dessa forma, não se confundem com o ente federativo que as instituiu.

A independência das Agências Reguladoras é elemento fundamental em seus traços constitutivos. Dado o compromisso de concretizar políticas perenes de Estado e compatibilizá-las com os compromissos transitórios de governo[97], apontam-se como características de destaque das Agências o mandato fixo dos seus dirigentes e o fato de que as decisões relativas à regulação do setor econômico ou de serviço público específico não são revisáveis pelo Poder Executivo.

De todas as atividades estatais possíveis, a regulação se destaca como uma das mais complexas e se perfectibiliza de três modos distintos: com a realização de atividades administrativas tradicionais, como o exercício do poder de polícia, traço sensível nas primeiras experiências da regulação do ambiente concorrencial brasileiro[98]; com o exercício do poder normativo, materializado em regulamentos editados para viabilizar a aplicação e minudenciar comandos legais aplicáveis ao setor; e com atividades judicantes, dada a potencial conflituosidade de agentes econômicos em concorrência e em razão de insatisfações do mercado consumidor por defeitos na prestação dos serviços públicos regulados[99]. De forma sucinta, é possível conceituar a atividade regulatória como o plexo de ações estatais voltadas a modalizar ou influenciar comportamentos de agentes econômicos para o atendimento de objetivos considerados relevantes ou

---

97. VILELA, Danilo Vieira. *Agências reguladoras e a efetivação da ordem econômica constitucional brasileira*. Salvador: Juspodivm, 2018, p. 61.

98. BERCOVICI, *op. cit.*, p. 24.

99. OLIVEIRA, Rafael Carvalho Rezende. *Curso de direito administrativo*. 5ª ed. São Paulo: Método, 2017, p. 105.

necessários, conforme as regras jurídicas aplicáveis ao setor socioeconômico analisado[100].

Como se percebe, as Agências Reguladoras alcançam, a um só tempo, funções judiciárias, executivas e legislativas. Essa tripla dimensão veio acompanhadas de críticas ainda em suas primeiras experiências nos Estados Unidos. Os que se mostraram resistentes às *agencies* viam nessas instituições um caminhar de ofensa ao princípio da separação e independência harmônica dos poderes, tanto por aglutinar funções quanto pela possibilidade de usurpar os poderes constitucionalmente estabelecidos. Do outro lado, defensores das Agências alegavam que a pluralidade de funções seria necessária para garantir maior adaptabilidade à dinâmica de Mercado, coesão e controle na execução das políticas públicas envolvidas. A tensão entre as correntes divergentes se fez perceber em vários julgados na Suprema Corte Americana, gravitando as discussões em torno da teoria da *non delegation doctrine* e dos limites para a revisão judicial das escolhas das Agências[101].

A caracterização legal da natureza especial das Agências Reguladoras na Lei nº 13.848/2019 consagra as tradicionais lições definidoras dessas instituições e reforça o traço da independência como um atributo que se exercita perante o próprio governo[102]. Nesse sentido, o artigo 3º aponta que agência reguladora é caracterizada pela ausência de tutela ou de subordinação hierárquica, pela autonomia funcional, decisória, administrativa e financeira, e pela investidura a termo de seus dirigentes e estabilidade durante os mandatos. Em complemento, o parágrafo 2º do artigo 3º da lei pormenoriza as competências que firmam a autonomia administrativa das

100. TRAVASSOS, Marcelo Zenni. *A legitimação jurídico-moral da regulação estatal à luz de uma premissa liberal-republicana: autonomia privada, igualdade e autonomia pública. Estudo de caso sobre os argumentos paternalistas*. Rio de Janeiro: Renovar, 2015, p. 02.

101. VALLE, Vanice Regina Lirio do. *Deferência judicial às escolhas regulatórias: o que podemos aprender com standards aplicados pela Suprema Corte estadunidense*. Revista de Direito Administrativo, Rio de Janeiro, v. 280, n. 2, p. 137 164, maio/ago. 2021, p. 143.

102. NOBRE JUNIOR, Edilson Pereira. *O controle jurisdicional da função normativa das agências reguladoras*. São Paulo: Contracorrente, 2021, p. 70.

Agência Reguladoras, notadamente, o poder de celebrar contratos administrativos e iniciar junto ao Ministério da Economia processos relativos à realização de concursos públicos, provimento de cargos e alterações do quadro de pessoal e dos planos de carreira dos seus servidores.

A leitura desses dispositivos reforça a importância e o destaque institucional que as Agências Reguladores possuem no sistema jurídico brasileiro. Ao estimular, desencorajar, penalizar ou premiar comportamentos de agentes privados na consecução de atividades econômicas ou na prestação de serviços públicos relevantes, as Agências Reguladoras estabelecem as principais regras do jogo que guiam o funcionamento de setores cruciais para o desenvolvimento do país. Dessa forma, é possível antever que a ampla gama de atuações e responsabilidades dessas Autarquias reclama por segurança, previsibilidade e estabilidade. Nesse contexto, despontam as regras que disciplinam o processo administrativo que antecede as ações e tomadas de decisão das Agências Reguladoras.

As tomadas de decisão e as ações administrativas no Estado brasileiro se materializam essencialmente por atos administrativos, espécie de ato jurídico regido por normas de Direito Público, que conferem prerrogativas ao agir da Administração na concretização de interesses públicos[103]. Os atos administrativos são praticados para realizar os objetivos constitucionais conferidos aos entes públicos e aos que estejam no exercício de sua representação. Logo, o controle de juridicidade dos atos administrativos será guiado pela verificação da existência de fundamentação legal ou constitucional do ato ou decisão administrativa à luz das normas jurídicas aplicáveis ao caso.

Em complemento à perspectiva estática normativa, em que se investiga o respaldo legal e constitucional do ato administrativo praticado, no processo administrativo se estuda o regramento de atos e fatos em ação. O processo administrativo pode ser definido como o complexo de trâmites e exigências legais posto pelo ordenamento jurídico para disciplinar

103. FRANÇA, Vladimir da Rocha. *Estrutura e motivação do ato administrativo*. São Paulo: Malheiros, 2007, p. 55.

o sequenciar de fatos e atos administrativos que envolvem a tomada de decisões pela Administração Pública[104]. O regramento do procedimento administrativo por meio de normas adjetivas visa a estabelecer uma sucessão de eventos e atos assessórios encetados para concretizar um ato principal, que representa o agir administrativo esperado.

No âmbito da Administração Pública Federal, destaca-se a Lei nº 9.784/1999, conhecida como a Lei do Processo Administrativo Federal, principal diploma normativo infraconstitucional a estabelecer as normas gerais relativas a procedimentos administrativos. Realizando-se um mapeamento geral da lei, observa-se a explicitação de guia principiológico e critérios de atuação procedimental no artigo 2º; direitos e deveres do administrado nos artigos 3º e 4º; regras fundamentais atinentes a instauração, tramitação e atribuição de competências no processo administrativo entre os artigos 5º a 47; a consubstanciação do dever de decidir e de motivar nos artigos 48 a 50; disciplinamento sobre desistência, extinção, anulação, revogação e invalidação entre os artigos 51 a 55; o regramento nuclear da recorribilidade das decisões administrativas entre os artigos 56 a 67; e a previsão dos tipos de sanções passíveis de serem impostas administrativamente no artigo 68, além das disposições finais entre os artigos 69 a 70.

A Lei nº 9.784/1999 nos fornece as balizas gerais dos processos administrativos instaurados na esfera federal. Para afastar quaisquer dúvidas que pudessem surgir sobre sobreposição de normas, o legislador plasmou no artigo 69 da lei que regras e procedimentos específicos previstos em outras leis continuariam vigentes, aplicando-se os comandos da Lei nº 9.784/1999 apenas subsidiariamente. Logo, no âmbito federal, aplicam-se as regras descritas no parágrafo anterior, salvo regramento próprio constante em diplomas normativos que disciplinem procedimentos administrativos específicos, como a Lei do Processo Decisório das Agências Reguladoras.

A concretização de todo o universo de competências legalmente atribuído às Agências Reguladoras passa naturalmente

104. SUNDFELD, Carlos Ari. *Direito administrativo para céticos*. 2 ed. São Paulo: Malheiros, 2014, p. 299.

por tomadas de decisão e pelos respectivos processos administrativos. Decisões administrativas concluem a análise de uma questão social que demanda, em algum grau, por definição. Pior que uma decisão ruim, passível de correção por um recurso, é não decidir. No âmbito da Administração Pública, postergar injustificadamente uma decisão é não concretizar uma determinada competência legalmente atribuída, prolongando um cenário de indefinição. Essa situação é incompatível com a dinâmica de Mercado e com as legítimas expectativas dos agentes econômicos por uma decisão. "Decidir" é o verbo que respalda a existência das Agências Reguladoras enquanto instituições públicas e justifica a escolha orçamentária que viabiliza a manutenção da entidade.

A regulação estatal da Economia realizada pelas Agências Reguladoras é destinada a conduzir atividades econômicas relevantes aos interesses públicos legitimamente tutelados pelo ordenamento jurídico e a corrigir falhas de mercado, promovendo elevados níveis de eficiência na geração e circulação de riquezas. Essa tarefa, no entanto, é de difícil materialização e comprovação perante o auditório jurídico, já que a medida regulatória poderá consistir numa proibição, indução, restrição, condicionamento, premiação ou obrigação que recaia sobre algumas das variáveis regulatórias, como preço, quantidade, entrada, qualidade, informação e banimento[105]. A complexidade, como se percebe, é inerente ao agir regulatório.

As dificuldades para se alcançar eficiência na regulação iniciam com a própria definição de interesse público, conceito indeterminado e extremamente aberto, variável, de difícil precisão nos casos concretos e, principalmente, passível de colisão com outros interesses, públicos ou não, tutelados pelo ordenamento jurídico, dado que muitos são os valores depreensíveis do texto constitucional. Do mesmo modo, o diagnóstico e a correção estatal das falhas de mercado não é algo simples. Sempre há o risco de a regulação não atender a outros interesses públicos também relevantes, mas desconsiderados

105. TRAVASSOS, *op. cit.*, p. 30.

na tomada de decisão, ou, simplesmente, de termos o ente regulador cooptado por grupos de interesse.

Ao se considerar que as Agências Reguladoras encampam suas principais decisões por meio de órgãos colegiados e heterogêneos (com representantes do Governo, Mercado e sociedade civil), observa-se que o caminho traçado com uma composição plural foi o de compensar, ainda que parcialmente, a natural limitação da legitimidade democrática dessas instituições, especialmente ao compará-las com o Executivo e o Legislativo, Poderes que criam as Agências e demais normas do sistema jurídico através do processo legislativo.

Outro elemento a complexificar a tomada de decisões regulatórias é a consideração da escassez, fundamental para a compreensão do funcionamento do sistema econômico capitalista, mas tradicionalmente negligenciada por construções doutrinárias jurídicas ou timidamente considerada em decisões administrativas. Nessa perspectiva, a consideração da variável econômica na análise de institutos jurídicos vem-se revelando relevante na compreensão do Direito e sua operabilidade.

Comparando a funcionalidade dos sistemas jurídico e econômico, percebe-se que a análise das consequências práticas em razão das tomadas de decisões é algo natural à Eco nomia. A realidade e as consequências verificadas em função de uma ação econômica são o campo de estudos apropriado para a valoração eficientista das condutas e comportamentos econômicos. No Direito, por outro lado, embora haja linhas de pensamento que entendem que as mudanças promovidas na realidade por uma decisão devem ser consideradas, como o Realismo e o Consequencialismo Jurídico, há consolidada tradição no sentido de que as consequências, enquanto elementos extrajurídicos, não podem guiar ou influenciar decisivamente a tomada de decisões, sob pena de fragilizar valores caros como a segurança jurídica e a legalidade.

Em relação aos críticos ao pensamento consequencialista, relembra-se que o Direito é, também, realidade[106]. Especial-

106. NOBRE JUNIOR, Edilson Pereira. *As normas de direito público na lei de introdução ao direito brasileiro: paradigmas para interpretação e aplicação do direito administrativo*. São Paulo: Contracorrente, 2019, p. 246.

mente em situações complexas, nas quais o binômio lícito/ilícito é apenas uma saudosa lembrança de tempos em que as questões postas apontavam com clareza uma única solução, a tomada de decisão deve considerar as consequências, sob pena de desperdício de recursos públicos, oportunidades e, no longo prazo, de insustentabilidade jurídica e econômica. A desconsideração da variável econômica em lídimas decisões já trouxe duras consequências à sociedade brasileira.

Um consequencialismo sem parâmetros, em que as decisões são casuisticamente escolhidas em função exclusiva das consequências, certamente não será um caminho para a previsibilidade das decisões estatais e, consequentemente, para a segurança jurídica, valor fundamental para uma sociedade[107]. No outro extremo, negligenciar o fato de que as consequências existem e que o Direito integra e faz parte do mundo real pode representar a aniquilação de compromissos e direitos sociais com a inviabilização de restritos orçamentos públicos, assim como tornar o sistema econômico disfuncional e distante do seu principal objetivo - promover a criação e a circulação de riquezas. Desconsiderar o fato de que as consequências existem e que o Direito integra e faz parte do mundo real pode representar a aniquilação de compromissos e direitos sociais com a inviabilização de restritos orçamentos públicos. Dado que as Agências Reguladoras têm como missão auxiliar o sistema econômico a se tornar funcional e eficiente, a ponderação de consequências se apresenta natural para uma instituição como ela, e o consequencialismo jurídico desponta como possibilidade de solução administrativa.

A interpretação/aplicação do Direito não opera independentemente da situação concreta que reclame por definição. Dessa forma, os mandamentos constitucionais aplicáveis ao caso devem ser interpretados em função das condições factuais e não em razão de abstrações eminentemente normativas[108]. Dada a peculiar posição das Agências Reguladoras,

---

107. ÁVILA, Humberto. *Constituição, liberdade e interpretação.* 2 ed. São Paulo: Malheiros, 2021, p. 66.

108. MOREIRA, Egon Bockmann. *Normatividade legal V. regulatória - caso "tv a cabo, STF": ADI nº 4.923, STF*. In: MARQUES NETO, Floriano Peixoto; MOREIRA,

verdadeiras portas giratórias que divisam os sistemas jurídico e econômico, assim como viabilizam a recepção, filtragem e resposta das mensagens encaminhadas pelos dois sistemas, a perspectiva consequencialista, especialmente a eficientista, deve ser considerada por essas especiais entidades em suas funções.

Atentar para as consequências econômicas é dever que se impõe ao ente regulador que almeja ser eficiente e estar alinhado com seus objetivos constitucionalmente estabelecidos. Dada a escassez de recursos, mudanças promovidas por ações regulatórias que incrementem os níveis de eficiência do sistema econômico e se afastem do desperdício de recursos serão naturalmente valorizadas e absorvidas, ainda que se percebam naturais e pontuais resistências de agentes no curto prazo.

Com o objetivo de concretizar políticas públicas e corrigir falhas de Mercado, as Agências Reguladoras editam decisões que, em algum nível, interferirão na dinâmica de Mercado. Dessa forma, atentar para os cenários econômicos que advirão de suas decisões é algo natural a uma instituição destinada a incrementar níveis de eficiência no sistema econômico. Ao menosprezar a realidade econômica subjacente aos casos postos a apreciação, as Agências Reguladoras correm o risco de ver as ações regulatórias se confundirem com as próprias falhas de mercado, especificamente, as falhas de governo, em que a ineficiência econômica é derivada de uma ação governamental[109]. A decisão regulatória, portanto, há que atentar para o Direito e para a Economia.

Sensível à necessidade de uma regulação mais afinada com a realidade e as demandas do sistema econômico, o Congresso Nacional aprovou a Lei nº 13.874/2019, conhecida como a Lei da Liberdade Econômica, que consagra no capítulo "Das Garantias da Livre Iniciativa" a preocupação em se evitar e

---

Egon Bockmann; GUERRA, Sergio (org.). *Dinâmica da Regulação. Estudo de Casos da Jurisprudência Brasileira: a convivência dos tribunais e órgãos de controle com agências reguladoras, autoridade da concorrência e livre iniciativa.* Belo Horizonte: Forum, 2020, p. 35.

109. PORTO, Antônio José Maristrello; GAROUPA, Nuno. *op. cit.* p. 77.

combater o abuso do poder regulatório. A Lei da Liberdade Econômica indica maiores especificidades normativas à Lei Geral das Agências Reguladoras e compõe, junto com a LINDB, um microssistema normativo a guiar a atuação regulatória e o novo processo decisório das Agências Reguladoras. O legislador aponta a necessidade de a regulação ser executada de forma a não gerar maiores ineficiências econômicas nem atentar contra o princípio da livre iniciativa[110]. Há, portanto, um resgate da valorização das capacidades institucionais das Agências, ao mesmo tempo em que se alerta essas entidades sobre o impacto de suas decisões para a funcionalidade do Mercado.

Para conferir maior concretude ao que se poderia entender como abusividade no poder regulatório, o artigo 4º e incisos apontam alguns parâmetros normativos para compreensão. Nesse sentido, os incisos I e II preconizam que as regulações não devem resultar em reservas de mercado nem obstaculizar a entrada de novos agentes econômicos no Mercado. Do mesmo modo, será abusiva a regulação que instituir benefícios injustificados, concedendo privilégios a agentes específicos, em prejuízo de um ambiente de livre concorrência e acesso aos Mercados.

Medidas regulatórias que resultem em indevida reserva de mercado representam clássicos exemplos de captura do órgão regulador. A teoria da captura informa que há situações em que o ente regulador competente para editar regras necessárias para o funcionamento de um determinado setor econômico se distancia dos fins públicos para os quais foi criado e atua de modo a refletir os interesses de corporações influentes, em prejuízo da população e dos demais participantes do Mercado[111]. Os princípios da livre iniciativa e da livre concor-

110. MENDONÇA, José Vicente Santos de Mendonça. *Art. 4º: requisitos para regulação pública*. In: MARQUES NETO, Floriano Peixoto; RODRIGUES JR. Otávio Luiz (org.). *Comentários à lei da liberdade econômica: Lei 13.874/2019*. São Paulo: Thomson Reuters Brasil, 2019, p. 213.

111. MARQUES NETO, Floriano de Azevedo. *Limites à regulação: liberdade de iniciativa – caso "UBER, STF"*. In: MARQUES NETO, Floriano Peixoto; MOREIRA, Egon Bockmann; GUERRA, Sergio. (org.) *Dinâmica da Regulação. Estudo de Casos da Jurisprudência Brasileira: a convivência dos tribunais e órgãos de*

rência são parâmetros normativos fundamentais para o controle da captura regulatória.

Em sequência, temos os mandamentos contidos nos incisos III, IV, VI, VII e IX do artigo 4º, voltados a diminuir as dificuldades em se instalar e operar uma empresa no Brasil. O objetivo do legislador foi o de conscientizar os órgãos reguladores e a Administração Pública como um todo da necessidade de considerar os efeitos colaterais desestimuladores da circulação e geração de riquezas que alguns atos regulatórios e decisões administrativas podem gerar.

Destaque deve ser dado ao inciso V do artigo 4º, dispositivo que traz regra clara para que as regulações não causem injustificado incremento de custos de transação nos negócios. A expressão "custos de transação" desponta como clara deferência aos estudos do economista Ronald Coase sobre a natureza das empresas (*firms*), as externalidades e os custos existentes no Mercado, conforme foi estudado no capítulo anterior. Nos estudos de Coase, o Direito e as normas em geral, inclusas as regulatórias, devem ser direcionados para viabilizar um ambiente de negócios livre, reduzindo os custos de transação, direcionando os recursos aos que melhor tiverem condição de absorção[112]. A diminuição de custos de transação significa maiores recursos para geração e circulação de riquezas, fim fundamental para qualquer sistema econômico que busque eficiência. Essa premissa, que não deveria ser negligenciada por nenhuma instituição que se apresenta voltada a regular em um ambiente de livre mercado, foi por muitas vezes desconsiderada ou relativizada injustificadamente. De todo modo, a juridicização dos custos de transação representa um marco normativo relevantíssimo e um comando direto aos que normatizam os comportamentos e negócios havidos em Mercado, de modo a servir de parâmetro para a análise de adequação e qualidade das regulações futuras.

---

*controle com agências reguladoras, autoridade da concorrência e livre iniciativa*. Belo Horizonte: Forum, 2020, p. 21.

112. COASE, *op. cit.* p. 177.

Em complemento, há que se considerar que o abuso no exercício do poder regulatório pode se dar também pela via omissiva, quando, por exemplo, Agência Reguladora, provocada ou não, deixa de editar, de forma injustificada, atos regulatórios necessários para a normatização de determinados eventos ou fatos econômicos que reclamam por um disciplinamento pelo ente regulador. Como destacado em tópico anterior, o silêncio administrativo pode representar uma frustração para um setor ou agentes privados que carecem de uma manifestação estatal sobre um determinado tema. Considerando que Agências Reguladoras editam atos regulatórios cruciais para a dinâmica de Mercado, a omissão ou o retardamento injustificado por parte das Agências poderá resultar em prejuízos à sociedade, além de estimular comportamentos inadequados ou ilegais nos envolvidos, como corrupção ou tráfico de influência, voltados a garantir que os processos alcancem um desfecho.

As Agências Reguladoras encontram amparo para o exercício de suas competências normativa, fiscalizadora e regulatória no texto constitucional e nas leis que as instituíram. Na já apresentada lei de processo administrativo federal, o artigo 48 estabelece o dever da Administração Pública de decidir matérias de sua competência, conferindo um prazo de 30 dias, prorrogável por igual período, para a confecção da decisão. Nesse sentir, ultrapassados os 60 dias sem decisão, estaria a Administração em mora, devendo haver motivo justificável para que não tenha concluído. O legislador reconheceu a necessidade de evitar cenários de indefinição, em claro prestígio ao princípio da duração razoável do processo[113].

Para mitigar cenários de paralisia decorrentes do silêncio administrativo, leis foram editadas voltadas a proporcionar efeitos positivos para os casos de inação pelas Agências Reguladoras. Nesse sentido, destaca-se a possibilidade de aprovação tácita dos atos públicos de liberação de atividade

113. MARRARA, Thiago. *Administração que cala consente? Dever de decidir, silêncio administrativo e aprovação tácita*. Revista Digital De Direito Administrativo, 8(1), 19-49, p. 24. Disponível em https://doi.org/10.11606/issn.2319-0558.v8i1p19-49. Acesso em 02/11/2022.

econômica, prevista no artigo 3º, inciso IX, da Lei de Liberdade Econômica.

De acordo com o dispositivo legal, para ser possível a materialização de efeitos positivos em situações de silêncio administrativo, a situação deve envolver um requerimento formulado por interessados de confecção de ato administrativo liberatório de atividade econômica. Estando o processo devidamente instruído e tendo a Administração Pública estabelecido um prazo para decidir, o descumprimento do prazo gerará os efeitos positivos de liberação, ressalvados os casos vedados em lei[114].

Voltando os olhos especificamente para a Lei nº 13.848/2019, diploma legal que trata do processo decisório das Agências, observa-se que as principais linhas de orientação para as decisões regulatórias na lei geral das autarquias ficaram concentradas entre os artigos 4º e 5º. Esses dispositivos prestigiam, por exemplo, o princípio da proporcionalidade, ao apontarem a necessidade de adequação do ato decisório ao fim proposto, e o princípio da motivação, ao preconizarem o dever de explicitação dos pressupostos de fato e de direito que respaldam uma determinada decisão regulatória. Para os destinatários dos atos regulatórios, compreender a motivação e as razões de fato e de direito que levaram à conclusão da Agência Reguladora concretiza também o princípio da segurança jurídica, permitindo que concessionários e prestadores de serviços públicos, empresas exploradoras de atividades econômicas reguladas e a população em geral tenham compreensão das razões fáticas e jurídicas que ensejaram a prática do ato final[115].

---

114. CYRINO, Andre. *Atos de liberação*. In: MARQUES NETO, Floriano Marques; RODRIGUES JR., Otavio Luiz; LEONARDO, Rodrigo Xavier. *Comentários à lei de liberdade econômica: lei 13.874/2019*. São Paulo: Thomson Reuters Brasil, 2019, p. 152.

115. SCHIER, Adriana da Costa Ricardo; LIMA, Maria Cristina. *O processo decisório das agências reguladoras: elementos de instrução à decisão regulatória (artigos 4º ao 6º da Lei nº 13.848/2019)*. In: SCHIER, Adriana da Costa Ricardo; FORTINI, Cristiana; CASIMIRO, Lígia Maria Silvia Melo de; VALLE, Vanice Regina Lírio do (Coord.). *Marco legal das agências reguladoras na visão delas: comentários à Lei nº 13.848/2019 e à IN nº 97/2020*. Belo Horizonte: Fórum, 2021, p. 53.

Aliados aos dispositivos da lei da Liberdade Econômica e da lei do processo decisório das Agências Reguladoras estão os novos dispositivos da LINDB. Como visto no capítulo anterior, os artigos 20 a 24 da LINDB representam uma evidente inclinação do legislador brasileiro à necessidade de mudanças do ordenamento jurídico de modo a privilegiar a realidade e uma preocupação com a efetivação dos compromissos da Administração Pública. Essas novas regras da LINDB, de um modo geral, conferem maior estabilidade, transparência, segurança, fundamentação e previsibilidade às decisões públicas e suas consequências[116].

Há na LINDB uma exortação legal para que autoridades públicas minudenciem na motivação de suas decisões todas as circunstâncias fáticas relevantes e não apenas o principal fato que ensejou a tomada de decisão. Há uma sugestão, uma indicação para que, especialmente em situações complexas, o gestor público aponte todo o cenário que influenciou a escolha realizada, seja para auxiliar o controlador a compreender as agruras às quais o administrador estava submetido, seja para respaldar ainda mais o encaminhamento adotado. Em complemento, a absorção do consequencialismo pela LINDB trouxe uma permissão e uma contenção ao atuar administrativo. Nesse sentido, destaca-se a possibilidade de se decidir com base em valores jurídicos abstratos (permissão), desde que sejam consideradas as consequências práticas da decisão (contenção).

Esse microssistema gerado possibilita atuações muito mais refinadas, responsivas e dinâmicas pelas Agências Reguladoras, seja para resolver problemas em concreto, seja para normatizar sobre determinado tema. Trata-se de um conjunto de normas que possibilita a plena absorção em nosso sistema jurídico de instituto de elevada relevância, voltado a promover regulações mais alinhadas com as necessidades reais e, consequentemente, mais eficientes. Estamos falando da

---

116. MOREIRA, Egon Bockmann. *A nova lei de introdução: segurança reforçada ao direito administrativo*. In: VALIATI, Thiago Priess; húngaro, Luis Alberto; CASTELLA, Gabriel Morettini e. (Org.). *A lei de introdução e o direito administrativo brasileiro*. Rio de Janeiro: Lumen Juris, 2019.

Análise de Impacto Regulatório (AIR), identificada no artigo 5º da Lei de Liberdade Econômica e no artigo 6º da Lei geral das Agências Reguladoras.

Dada a relevância do instituto e a potencialidade de protagonismo da AIR para o sistema jurídico brasileiro, apresenta-se a seguir detida análise desse instrumento jurídico inovador.

### 3.4.2.1. *Análise do Impacto Regulatório e o refinamento de normas e decisões administrativas*

A institucionalização da Análise de Impacto Regulatório no sistema jurídico brasileiro foi o resultado de mudanças de paradigmas para a Administração Pública, com o paulatino fortalecimento da ideia de necessidade de refinadas avaliações *ex ante*, precedentes a intervenções estatais na Economia. As boas e as más experiências havidas nas relações estabelecidas entre os sistemas jurídico, econômico e político sobrelevaram a necessidade de se definir com maior precisão os motivos que sustentem modificações de normas regulatórias, os setores competentes para concretizar os novos comandos normativos e, especialmente, a avaliação dos possíveis impactos com as alterações de normas reguladoras de atividades econômicas[117].

A Organização para a Cooperação e Desenvolvimento Econômico (OCDE), instituição internacionalmente engajada em desenvolver estudos sobre como incrementar a qualidade de políticas públicas e os cenários favoráveis ao comércio, com redução da desigualdade e progresso econômico, exerceu grande influência para que a Análise de Impacto Regulatório viesse a ser institucionalizada em nosso sistema jurídico, dado que as políticas regulatórias representam uma de suas principais preocupações.

117. MENEGUIN, Fernando B. *A análise de impacto regulatório e o aprimoramento das normas*. In: YEUNG, Luciana. *Análise econômica do direito: temas contemporâneos*. São Paulo: Actual, 2020, p. 361.

Da leitura do documento "Regulatory Policy Outlook 2018", observa-se que a boa qualidade da política regulatória é identificada em leis e regulações que estejam em consonância com a política governamental; sejam claras, simples e de fácil compreensão e cumprimento pela população; tenham base legal e empírica; sejam congruentes com as demais regulações e políticas governamentais; produzam benefícios superiores aos custos; sejam concretizadas de modo justo, transparente e proporcional; minimizem os custos e distorções do mercado; e promovam o comércio e o investimento[118]. Nesse contexto, a Análise de Impacto Regulatório se apresenta como instrumento hábil a auxiliar a tomada de decisões de modo a garantir que a política do ente regulador atenda aos critérios de qualidade da OCDE e das demais instituições preocupadas com critérios de eficiência regulatória.

As experiências nacionais com Análise de Impacto Regulatório começaram antes mesmo de sua instituição legal, com iniciativas registradas em Agências Reguladoras Federais. Nesse sentido, aponta-se o Programa de Fortalecimento da Capacidade Institucional para Gestão em Regulação - PRO-REG, instituído pelo Decreto nº 6.062/2007, que, apesar de não usar a expressão Análise de Impacto Regulatório, tinha como principais objetivos, nos termos do artigo 2º, fortalecer o sistema regulatório e a capacidade de formulação e análise de políticas públicas em setores reguladores, em estrita consonância com os objetivos da AIR. No mesmo sentido, o Decreto 9.203/2017, que dispõe sobre a política de governança da Administração Pública federal direta, autárquica e fundacional, trouxe parâmetros normativos voltados ao controle de consequências e gestão de riscos nos encaminhamentos de entes administrativos que interfiram em contextos regulatórios. De todo modo, identifica-se na Resolução Normativa nº 798 da Agência Nacional de Energia Elétrica - ANEEL, editada em 12 de dezembro de 2017, a consideração explícita e a

118. OCDE. Regulatory policy outlook 2018. Disponível em: https://www.oecd-ilibrary.org/sites/9789264303072-en/1/2/1/index.html?itemId=/content/publication/9789264303072-en&_csp_=46cd5ed37844c9dc6cf21c84716ab307&itemIGO=oecd&itemContentType=book#chapter-d1e894. Acesso em 21 de setembro de 2021.

normatização da obrigatoriedade de se fazer Análise de Impacto Regulatório previamente à expedição de ato normativo pela Autarquia[119].

Em consonância com a OCDE e as inovações administrativas encampadas por Agência Regulatórias Federais, o Congresso Nacional, em movimento de prestígio à eficiência regulatória e à consideração das consequências econômicas nas ações estatais, trouxe a Análise de Impacto Regulatório em relevantes diplomas legais. Destacam-se em ordem cronológica a Lei de Liberdade Econômica (Lei nº 13.874/2019 – previsão da AIR no artigo 5º) e o Marco Legal das Agências Reguladoras (Lei nº 13.848/2019 – positivação da AIR no artigo 6º).

O primeiro diploma normativo alcança toda a Administração Pública Federal, ao passo que o Marco Legal da Agências Reguladoras é restrito a essa espécie de Autarquia. A par das diferenças identificadas na redação dos dispositivos, a Análise de Impacto Regulatório é regulamentada essencialmente em âmbito federal pelo Decreto nº 10.411/2021, que não faz distinção quanto à origem da AIR ser ou não de Agência Reguladora. Fica evidente, ao nosso sentir, o viés de complementariedade que se estabelece entre as redações dos dispositivos legais que tratam da AIR, com algumas consequências práticas. Nesse sentido, a restrição de o impacto ser "econômico", conforme previsto na Lei da Liberdade Econômica, não afasta a possibilidade de consideração de outras consequências em função da alteração dos atos normativos na Administração Pública Federal, seguindo a abertura da AIR do Marco Legal das Agências Reguladoras. Do mesmo modo, o registro de "consumidores" no texto do artigo do Marco Legal não impossibilita que esse segmento da sociedade seja considerado explicitamente em AIR de outros entes da Administração Pública Federal, especialmente em demandas e direitos do consumidor.

119. SCHIER, Adriana da Costa Ricardo; LIMA, Maria Cristina. *O processo decisório das agências reguladoras: elementos de instrução à decisão regulatória (artigos 4º ao 6º da Lei nº 13.848/2019)*. In: SCHIER, Adriana da Costa Ricardo; FORTINI, Cristiana; CASIMIRO, Lígia Maria Silvia Melo de; VALLE, Vanice Regina Lírio do (Coord.). *Marco legal das agências reguladoras na visão delas: comentários à Lei nº 13.848/2019 e à IN nº 97/2020*. Belo Horizonte: Fórum, 2021, p. 56.

Em relação ao princípio ou postulado da razoabilidade, explicitado somente na Lei de Liberdade Econômica, há que se entender como naturalmente aplicável às regulações encampadas pelas Agências Reguladoras, em que pese a sua não menção no Marco Legal dessas entidades. Isso não apenas pela relação complementar que se estabelece entre os dispositivos, mas, fundamentalmente, pela compreensão de que a razoabilidade consiste em norma jurídica que deriva do sistema jurídico constitucional brasileiro e guia a interpretação do direito na aplicação de princípios e regras, de modo a se alcançar harmonia entre as normas gerais e os casos práticos, bem como referibilidade entre o conteúdo normativo e seu substrato fático[120]. Evidente, portanto, que a razoabilidade não tem como ficar restrita a tão somente uma das hipóteses de AIR. De fato, ainda que não tivesse sido mencionado em nenhum dos dispositivos, o princípio da razoabilidade irradiaria seus efeitos sobre quaisquer análises de impacto regulatório feitas pela Administração Pública brasileira.

Assentada a perspectiva una do instituto previsto nas duas leis e à luz dos dispositivos que institucionalizaram no ordenamento legal brasileiro a AIR, é possível entender a Análise de Impacto Regulatório como um instrumento de refinamento das normas regulatórias. Em situações previstas em lei, um determinado ente estatal se vê diante da possibilidade de alterar o cenário normativo regulatório existente para fins de correção de uma falha de mercado ou para tutelar algum aspecto relevante na prestação de serviços públicos. A AIR se apresenta como um procedimento prévio à materialização da nova regulação, um mecanismo destinado a auxiliar o responsável pela mudança regulatória, a compreender de maneira eficaz o cenário envolvido, evitando um agir administrativo açodado e estimulando a coleta ótima de informações pertinentes, de modo a reduzir cenários de assimetria de informações. Como resultado da adoção da AIR, aumentam as chances de se alcançar uma melhor apreensão dos interesses contrapostos e das consequências possíveis para os agentes

120. ÁVILA, Humberto. *Teoria dos princípios: da definição à aplicação dos princípios jurídicos*. 5. ed. São Paulo: Malheiros, 2006. p. 151

econômicos, os prestadores de serviços públicos, os consumidores e a população em geral, de modo a se garantir que a edição de novas normas regulatórias promova efetivamente maior bem-estar econômico e social[121].

Definida a AIR, temos no Decreto Regulamentar nº 10.411/2021 o principal diploma normativo a indicar as funcionalidades e operabilidade da Análise de Impacto Regulatório, com as regras basilares relativas ao conteúdo, os quesitos mínimos a serem objeto de exame, as hipóteses em que será obrigatória e as situações em que poderá ser dispensada. O decreto oferece normas que auxiliam a compreensão da Análise de Impacto Regulatório e confere contornos mais concretos à definição apresentada do instituto.

Uma das principais contribuições do Decreto para as próximas regulações que venham a ser materializadas é a positivação de "custos regulatórios" no artigo 2º, inciso IV. Trata-se de conceito fundamental para a compreensão da importância da Análise de Impacto Regulatório e que demanda a realização de algumas considerações antecedentes sobre eficiência, falhas de mercado, custos de transação e intervenções estatais reguladoras de setores econômicos.

O termo "eficiência", como visto no Capítulo 1, costuma ser explorado nos trabalhos jurídicos nacionais como a noção de se produzir mais em menos tempo ou com menos recursos, numa relação de custo-benefício[122]. Em complemento a essa válida e importante compreensão, a perspectiva trabalhada pela Análise Econômica do Direito explora a perspectiva alocativa da eficiência. A eficiência, portanto, seria a capacidade do Mercado em direcionar os escassos recursos existentes em sociedade aos agentes econômicos que tenham condições

121. URTI, Maurício Soares; GUERRA, Sergio. *Análise de impacto regulatório – caso "ANS": relatório de AIR/2017, ANS*. In: MARQUES NETO, Floriano Peixoto; MOREIRA, Egon Bockmann; GUERRA, Sergio. *Dinâmica da Regulação. Estudo de Casos da Jurisprudência Brasileira: a convivência dos tribunais e órgãos de controle com agências reguladoras, autoridade da concorrência e livre iniciativa*. Belo Horizonte: Forum, 2020, p. 63.

122. OLIVEIRA, Regis Fernandes de. Curso de direito financeiro. 3. Ed. São Paulo: Editora Revista dos Tribunais, 2010, p. 98.

de concretizar o maior número de interesses possível, produzindo-se mais ou de forma otimizada em menos tempo ao se comparar com os demais[123].

Como já visto, as falhas de mercado são condições ou circunstâncias identificadas nas operações econômicas que as tornam mais onerosas ou menos dinâmicas na promoção de bem-estar socioeconômico. Compreender e tentar diminuir as falhas de mercado é demanda que se coloca para o Estado e para o Mercado para alcançar maiores níveis de eficiência na Economia.

As regulações, pensadas para corrigir falhas de mercado e elevar os níveis de eficiência da Economia, são planejadas para gerar cenários de maior facilidade de celebração, cumprimento e manutenção de contratos. Embora representem uma das possibilidades de se reduzir os custos e otimizar os negócios, a regulação em si consiste em uma intrusão no que seria livremente pactuado pelas partes interessadas em celebrar um negócio jurídico. Logo, inerentes à regulação estão os custos regulatórios. Dentro de uma legítima expectativa que se imagina de uma regulação eficiente, os custos regulatórios devem ser menores que os benefícios a serem promovidos com a alteração das regras regulatórias. São exemplos de custos regulatórios o tempo necessário à compreensão da norma reguladora e em que medida ela altera as regras do jogo antes de a transação ser perfectibilizada, os custos para manutenção de documentos e registros atualizados e os custos de notificação de a autoridade regulatória para os casos de obrigatória apresentação de informações.

A partir do momento em que as regulações deixam de corrigir eficazmente falhas de mercado e passam a figurar como mera sobreposição de regras e exigências aos negócios, sem que seja possível identificar melhora na eficiência econômica, a regulação passa a onerar demasiadamente as transações. Nesse cenário, os custos regulatórios deixam de ter fundamento para existirem, se distanciam do princípio da razoabilidade e amoldam-se à condição de falha de governo, espécie de falha de mercado já vista.

123. MACKAAY, Ejan; ROUSSEAU, Stéphane, *op. cit.*, p. 624.

Para resolver os problemas sociais, os governos devem levar em conta no seu planejamento as consequências de suas tomadas de decisão. A quantificação dos custos é medida que se impõe na solução das questões que demandam algum nível de regulação econômica, sob pena de deslocamento da ação estatal da realidade e penalização da população mais vulnerável economicamente[124].

Em uma tentativa de auxiliar na sensibilização dos custos regulatórios e seus efeitos para o sistema econômico, o Governo Federal, por meio da Secretaria de Advocacia da Concorrência e Competitividade (SEAE), desenvolveu a Calculadora de Onerosidade Regulatória – CalReg , ferramenta eletrônica voltada a conferir transparência aos custos regulatórios no País, disseminar métodos quantitativos mais precisos para o cálculo de impacto regulatório de novas regulações e orientar as análises de custo benefício.

Retomando a análise do Decreto Regulamentador nº 10.411/2020, a "atualização do estoque regulatório", prevista no artigo 2º, inciso VI, é novo procedimento voltado à simplificação da regulação e, consequentemente, à diminuição dos custos regulatórios. Resumidamente, o novo comando normativo insta a entidade administrativa competente a avaliar periodicamente a permanência da pertinência dos atos regulatórios editados, dada a possibilidade de mudança do contexto fático e, consequentemente, o deslocamento dos comandos regulatórios da realidade normatizada.

Não é incomum que a Administração Pública e os administrados se vejam diante de atos normativos que não mais se compatibilizam com a realidade fática para a qual a norma foi pensada. Além disso, são corriqueiros os casos em que há sobreposição de atos regulamentares, normativos ou regulatórios conflitantes e aparentemente aplicáveis ao mesmo substrato fático, em evidente incremento de custos e dificuldade para se determinar o direcionamento que deve ser adotado ou seguido tanto pela Administração Pública, quanto pelos

---

124. SUNSTEIN, Cass R. *Valuing life: humanizing the regulatory state.* Chicago: The University of Chicago Press, 2014, p. 173.

administrados[125]. Para corrigir esses problemas de orientação normativa e com o objetivo de simplificar a regulação, a "atualização do estoque regulatório" se apresenta como procedimento voltado a afastar cenários de regulação confusa, inconsistente, redundante e excessiva[126].

Com o objetivo de evitar a erosão institucional da Análise de Impacto Regulatório, dado o risco de ela se tornar apenas mais um procedimento burocrático indistintamente exigível antes da tomada de decisões administrativas, o Decreto 10.411/2020 plasmou no artigo 3º parágrafo 2º as hipóteses em que a AIR não se aplica. Basicamente, os incisos explicitam situações em que não são identificadas alterações próprias do cenário regulatório para evitar confusões das autoridades administrativas sobre a exigência ou não da AIR. Atos normativos sem impacto regulatório, como os destinados a resolver questões internas da entidade administrativa e corrigir erros gramaticais, não demandarão a realização do procedimento[127].

Diferentes são as situações previstas no artigo 4º do Decreto nº 10.411/2020, dispositivo que apresenta as hipóteses de dispensa da Análise de Impacto Regulatório. Nesse sentido, o dispositivo contempla situações em que a AIR seria aplicável, mas o diploma normativo concedeu a faculdade para a entidade competente dispensar o procedimento. As hipóteses de dispensa, contudo, não afastam a obrigação da autoridade que alterar o cenário regulatório de realizar nota técnica que fundamente a mudança normativa, nos termos do parágrafo 2º, artigo 4º do Decreto, muito menos afastam a superveniente sindicabilidade da confirmação da hipótese de dispensa da AIR e do próprio impacto da regulação.

---

125. RIBEIRO, Leonardo Coelho. *O direito administrativo como "caixa de ferramentas": uma nova abordagem à ação pública*. São Paulo: Malheiros, 2016, p. 135.

126. SUNSTEIN, Cass R. *Simpler: the future of government.* New York: Simon & Schuster Paperbacks. 2013, p. 35.

127. GUEDES, Marcelo. *Da análise de impacto regulatório*. In: SANTA CRUZ, André; DOMINGUES, Juliana Oliveira; GABAN, Eduardo Molan (org.). *Declaração de direitos de liberdade econômica - comentários à lei 13.874/2019*. Salvador: Juspodivm, 2020, p. 343.

De um modo geral, as hipóteses de dispensa da AIR são passíveis de compreensão pela simples leitura do dispositivo e a verificação da ocorrência de seu suporte fático autorizador no mundo real. Excepciona esse cenário a dispensa de Análise de Impacto Regulatório para as situações em que o ato normativo seja considerado de baixo impacto regulatório, conforme previsão do artigo 4º, inciso III, dada a necessidade de se compreender o que diferencia esse ato normativo dos demais.

Em uma tentativa de traçar contornos normativos para maior concretude conceitual, o Decreto nº 10.411/2020 informa no artigo 2º, inciso II, que será considerado ato normativo de baixo impacto aquele que não promova significante incremento de custos regulatórios para os agentes econômicos ou para a população consumidora dos serviços prestados; não represente aumento expressivo de despesa orçamentária ou financeira; e não reverbere substancialmente em políticas públicas de saúde, segurança, ambientais, econômicas ou sociais.

De fato, por mais que os dispositivos tenham reduzido em alguma medida a abertura conceitual de "ato normativo de baixo impacto", é difícil precisar aprioristicamente, com base no Decreto, o que diferenciará um aumento significativo de custos de um não significativo, o aumento expressivo de despesa do aumento não expressivo, ou o nível de repercussão em determinadas políticas públicas serem substanciais ou não. Considerando que a condição de baixo impacto normativo representa uma hipótese de dispensa do procedimento, surge mais um risco para a AIR, qual seja, o das instituições ou autoridades públicas simplesmente não instituírem uma rotina de estudos antecedentes às mudanças das normas reguladoras, com a alegação genérica de que alterações representam diminuto ou inexpressivo impacto.

Quanto a esse risco, vale realizar uma consideração em contraponto, rememorando a gênese do instituto, pensado como um instrumento de auxílio ao ente regulador para que promova alterações regulatórias mais eficientes. Considerando que a eficiência é princípio constitucional que orienta o agir administrativo técnico e de acordo com a legislação aplicável[128], sendo, portanto, dever exigível dos gestores públicos, a AIR opera uma dupla função: protege os destinatários da nova regulação, com a mensuração do impacto que advirá da alteração de normas regulatórias, e auxilia a resguardar o próprio mérito do que for tecnicamente decidido pelo ente regulador, já que incrementará a fundamentação de sua decisão com um procedimento voltado a avaliar as consequências práticas do decidido.

A institucionalização de parâmetros consequencialistas é um fenômeno recente no sistema jurídico brasileiro. As alterações promovidas na LINDB, como visto, representam um grande marco legislativo para o consequencialismo jurídico brasileiro, a orientar gestores e autoridades públicas a complementar a consideração de elementos normativos em suas decisões com a avaliação *ex ante* sobre as mudanças que serão promovidas na realidade com uma tomada de decisão. Essa perspectiva de entender o fenômeno jurídico reforça que o Direito é construído à luz das demandas sociais que reclamem por uma tutela específica e efetiva, de modo que as normas jurídicas devem ser interpretadas e aplicadas em função do suporte fático posto[129].

Outro ponto a ser considerado é o fato de que a Análise de Impacto Regulatório ser ou não realizada não afasta a análise das consequências da alteração do cenário regulatório. Logo, falhas de governo em regulações permanecerão sendo investigadas e eventualmente corrigidas e afastadas do sistema jurídico independente da AIR. Estamos diante de um procedimento concretizador dos princípios da cautela e prevenção, a tutelar o público alcançado pela mudança do cenário regulatório e complementar a fundamentação da decisão administrativa realizada. O ente responsável pela alteração

128. FRANÇA, Vladimir da Rocha. Eficiência administrativa na constituição federal. Revista de direito administrativo, v. 220, p. 165-177, 2000, p. 174.

129. MOREIRA, Egon Bockmann. *Normatividade lega V. regulatória - caso "tv a cabo, STF": ADI nº 4.923,* STF. In: MARQUES NETO, Floriano Peixoto; MOREIRA, Egon Bockmann; GUERRA, Sergio. *Dinâmica da Regulação. Estudo de Casos da Jurisprudência Brasileira: a convivência dos tribunais e órgãos de controle com agências reguladoras, autoridade da concorrência e livre iniciativa.* Belo Horizonte: Forum, 2020, p. 35.

regulatória poderá se valer da AIR para coleta refinada de dados e avaliação das possíveis consequências com a alteração regulatória.

Digna de registro é a consideração identificada no documento "Análise de impacto regulatório – perguntas frequentes", disponibilizado pelo Governo Federal no sentido de que não foram estabelecidos limites quantitativos para a definição do baixo impacto em atos normativos nesse primeiro momento, exatamente pela ausência de tradição que pudesse viabilizar um parâmetro mais rígido, concreto e seguro[130]. Naturalmente, com o assentamento da AIR no sistema jurídico nacional, haverá uma tendência de serem seguidos os exemplos de outros países, com a formação de balizas mais precisas.

Apresentada a perspectiva estática da Análise de Impacto Regulatório, com sua definição, principais linhas caracterizadoras e institutos complementares, abre-se a oportunidade para a investigação do instituto em sua perspectiva dinâmica, procedimental e funcional, conforme se realizará a seguir.

#### *3.4.2.2. Métodos e parâmetros de funcionalidade do ciclo regulatório*

Como se viu, a AIR consiste em um procedimento endógeno a tomadas de decisão, destinado a alterar normas regulatórias de relevo. Trata-se de um instrumento voltado a aumentar as chances de a regulação superar contextos de assimetria de informações e promover maior eficiência regulatória, reduzindo custos regulatórios e maximizando benefícios sociais[131]. A Análise de Impacto Regulatório é uma das fases do Ciclo Regulatório, complexo processo que se retroalimenta

130. BRASIL. MINISTÉRIO DA ECONOMIA. *Análise de impacto regulatório: perguntas frequentes*. Documento disponível no seguinte sítio eletrônico: https://www.gov.br/economia/pt-br/assuntos/air/o-que-e-air/copy_of_1.AIRFAQ.pdf. Acesso em 14 de novembro de 2022, p. 8.

131. BINENBOJM, Gustavo. *Art. 5º: análise de impacto regulatório*. In: MARQUES NETO, Floriano Peixoto; RODRIGUES JR. Otavio Luiz; LEONARDO, Rodrigo Xavier (coord.). *Comentários à lei de liberdade econômica: lei 13.874/2019*. São Paulo: Thomson Reuters Brasil, 2019, p. 224.

e se inicia a partir da identificação de problemas sociais que demandam uma alteração do contexto regulatório, estuda as possibilidades e condições de interferência estatal, viabiliza efetivas mudanças normativas a partir do planejamento feito e avalia os resultados obtidos, abrindo a oportunidade de se reiniciar novamente o processo para adaptar a normatização a problemas não antevistos ou surgidos supervenientemente.

Para a instauração da Análise do Impacto Regulatório, nos termos do artigo 5º do Decreto nº 10.411/2020, impõe-se a identificação clara do problema regulatório a ser resolvido e da conveniência e oportunidade em resolvê-lo por meio de uma inovação regulatória (dada a possibilidade de a solução ser alcançada pelo próprio Mercado).

O passo seguinte é a coleta de dados necessários à compreensão do problema regulatório, de modo a diminuir os riscos de enviesado direcionamento final à medida estatal, em razão de assimetria de informações, e traçar os objetivos a serem alcançados. Nessa fase, deverá o ente regulador adotar estratégias de coleta e tratamento de dados, conforme preconizado no artigo 17 do Decreto regulamentar. Não se impõe ao ente regulador a coleta da absoluta totalidade de informações que possam ser relacionadas ao problema a ser enfrentado, seja pela existência de dados de diminuta relevância, seja pela impossibilidade inerente à racionalidade humana de processar todos os dados existentes. O que deve ser exigido da instituição engajada em alterar o cenário regulatório é a apresentação do substrato fático relevante para a compreensão do problema, a metodologia utilizada para coleta e tratamento de dados e a demonstração da relação de causa e efeito geradora do problema regulatório[132].

Consolidado o arcabouço inicial de informações relevantes, deverá a autoridade reguladora definir fundamentadamente a metodologia que será utilizada para a confirmação da razoabilidade do impacto regulatório, nos termos estabelecidos no artigo 7º do Decreto nº 10.411/2020. Os incisos do

132. DUARTE, Guilherme Jardim. *Causalidade*. In: SHIKIDA, Claudio D.; MONASTERIO, Leonardo; NERY, Pedro Fernando (editores). *Guia brasileiro de análise de dados: armadilhas & soluções*. Brasília: Enap, 2021, p. 15.

artigo 7º apresentam seis métodos distintos, não sendo um rol exaustivo, dada a possibilidade de ser utilizada outra metodologia, conforme previsto no parágrafo 2º.

De fato, a metodologia consiste num dos pontos mais complexos, técnicos e controversos da Análise de Impacto Regulatório[133]. A opção por uma dada metodologia variará de acordo com o objeto regulado, os valores que se objetiva concretizar e a sensibilidade da matéria sujeita à precificação ou mensuração econômica.

Assim como a decisão por regular de uma determinada forma estará naturalmente sujeita a posterior análise e controle, a opção por um determinado método em detrimento de outro também poderá ser investigada, exatamente pelos diferentes prognósticos que poderão ser alcançados em função da escolha metodológica da autoridade reguladora. Em consonância com isso e com o objetivo de evitar estudos enviesados, o parágrafo 1º do artigo 7º informa que a escolha por uma determinada metodologia na confecção da Análise de Impacto Regulatório deverá ser justificada e comparada com as alternativas possíveis.

Seguindo a ordem disposta no artigo 7º, a primeira modalidade de método que pode fundamentar uma AIR é a análise multicritério. Da expressão, já é possível antever que se trata de uma metodologia que alia mais de um parâmetro de investigação dos dados pertinentes para subsidiar a decisão da autoridade reguladora. Por meio da análise multicritério é feito um estudo comparativo dos perfis de impacto das alternativas viáveis, avaliando-se o desempenho de cada uma, em cenários de objetivos plúrimos, de modo a se antecipar os níveis de retorno do que se almeja alcançar. A metodologia multicritério não apontará necessariamente a solução ótima, mas aquela que reflita um encaminhamento de alinhamento de expectativas e compromisso, voltado a compatibilizar da melhor forma possível os interesses e partes envolvidas[134].

---

133. CONTI, *op. cit.*, p. 401.

134. GOMES, Luiz Flavio Autran Monteiro; GOMES, Carlos Francisco Simões. *Princípios e métodos para tomada de decisão: enfoque multicritério*. 6. ed. São Paulo: Atlas, 2019, p. 76.

Trata-se de complexa metodologia, viável para situações que envolvam variáveis não monetizáveis[135], cenários de incerteza e assimetria de informações. Como exemplo de situação que demanda uma complexa perspectiva de investigação, temos a situação em que o ente regulador de aviação avalia se deve estabelecer um limite de idade para que aeronaves possam continuar operando no sistema de transporte aéreo. Dentre os elementos que deverão ser investigados, aponta-se a qualidade do serviço prestado aos consumidores (alcançando segurança das aeronaves, conforto, repercussão tarifária), a especificidade do serviço e a capacidade dos agentes regulados em absorver custos pela atualização da frota.

A segunda metodologia prevista no decreto regulamentar é a mais lembrada e a mais criticada. Trata-se da análise de custo-benefício, que pode ser definida como o método que guia o regulador a considerar todos os custos e benefícios envolvidos, diretos e indiretos, que advirão das propostas de mudança de normas regulatórias[136]. Monetizados os custos e benefícios, serão reputadas adequadas as opções em que o benefício seja superior ao custo.

A ideia básica que justifica o pensamento guiado pela relação custo-benefício é a de que nenhuma ação estatal deve ser realizada se os benefícios não justificarem os custos de sua implantação. Desafiador, no entanto, é o alinhamento de expectativas entre instituições públicas e privadas em regulações ou intervenções estatais em matérias naturalmente sujeitas a apresentar contrapostos interesses, como segurança ambiental e solvabilidade bancária[137].

---

135. BRASIL. Secretaria de Advocacia da Concorrência e Competitividade – SEAE. *Guia para elaboração de análise de impacto regulatório (AIR)*. 2021. Disponível em: https://www.gov.br/economia/pt-br/assuntos/noticias/2021/abril/arquivo/af_min_guia_tecnico_plano_plurianual_alta.pdf. Acesso em 14 de novembro de 2022, p. 37

136. OLIVEIRA, Rafael Carvalho Rezende. *Comentários ao art. 5°*. In: SANTA CRUZ, André; DOMINGUES, Juliana Oliveira; GABAN, Eduardo Molan (org.). *Declaração de direitos de liberdade econômica - comentários à lei 13.874/2019*. Salvador: Juspodivm, 2020, p. 361.

137. SUNSTEIN, Cass R. *The cost-benefict revolution*. Cambridge: The MIT Press, 2018, p. 06.

A principal crítica à razão custo-benefício está em seu pressuposto, qual seja, a necessidade de monetização dos interesses envolvidos para a realização do caminho a ser adotado pela Administração Pública. Por se tratar de um método extremamente objetivo, a análise custo-benefício quantificará custos e benefícios envolvidos para apontar uma ou mais possibilidades de decisão à autoridade regulatória, com as variações de benefício líquido final. Há, portanto, evidente risco de se quantificar erroneamente os interesses e valores envolvidos ou monetizar um bem jurídico sensível, de mensuração econômica controversa, como a integridade física humana. De fato, quantificar a vida representa desafiadora empreitada, tanto para o setor público, que rotineiramente é demandado em ações de saúde no Brasil e precisa de organização financeira e orçamentária para honrar seus compromissos constitucionais, quanto para o setor privado, como nos casos em que seguradoras garantem contra riscos em contratos de seguro saúde e seguro de vida[138]. Entre o risco de se monetizar de maneira não ótima ou suscetível de críticas um determinado bem da vida ou, simplesmente, optar por não o mensurar economicamente, certamente a segunda opção representa maiores níveis de incerteza e insegurança, especialmente considerando-se a realidade de escassez de recursos e a complexa vida moderna.

Afastando-se da perspectiva unidimensional e neoclássica da análise custo-benefício, guiada essencialmente pela maximização econômica e pela eficiência Pareto, a metodologia, em evidente hibridização, foi levada a considerar elementos quantitativos e qualitativos. Para cenários simples, a análise custo-benefício tradicional permanece válida e aplicável, mas, para contextos complexos, em que valores econômicos devem ser considerados juntamente com outros valores, a metodologia deverá ser complementada por outros guias. Nesse sentido, a análise de custo-benefício subjetivada transcende

138. BINENBOJM, Gustavo. *Art. 5º: análise de impacto regulatório.* In: MARQUES NETO, Floriano Peixoto; RODRIGUES JR. Otavio Luiz; LEONARDO, Rodrigo Xavier (coord.). *Comentários à lei de liberdade econômica: lei 13.874/2019.* São Paulo: Thomson Reuters Brasil, 2019. p. 228.

a análise abstrata e aritmética, de modo a considerar qualitativamente os valores postos à apreciação do ente regulador, tendo como parâmetro o homem comum e não idealizações como o *homus economicus*, racional e sempre maximizador de seus interesses[139].

O terceiro método previsto no Decreto nº 10.411/2021 a fundamentar uma análise de impacto regulatório é o custo-efetividade. Trata-se de metodologia alternativa ao custo-benefício, em que se sobreleva a performance da regulação para alcançar determinados resultados específicos, como a geração de empregos e a preservação do meio ambiente[140].

A quarta metodologia é a análise de custo. Trata-se de pesquisa unidimensional, focada no impacto de custos derivados da regulação. Por mais simples que se apresente ao se comparar com as anteriores metodologias, dada a já apresentada tradição brasileira de negligenciar os custos como elemento potencialmente presente em alterações normativas, reputa-se oportuna a previsão desse método.

As duas últimas metodologias previstas no Decreto Regulamentar contemplam a variável "risco" na alteração das normas reguladoras. O controle de riscos é o exercício de antecipação de consequências indesejadas ou perigosas que potencialmente derivarão da manutenção do cenário atual ou defluirão de uma tomada de decisão. O objetivo do controle de riscos é evitar ou ao menos controlar os cenários que sejam indesejáveis, aconselhando ou determinando medidas complementares ao encaminhamento realizado. A diferença básica entre as duas metodologias é que análise de risco considera os riscos diretos, enquanto a análise de risco-risco leva em consideração também os riscos indiretos e impõe a ponderação de riscos para as alternativas antecipadas pelo pesquisador e apresentadas ao regulador no momento de decisão. Para que uma decisão reguladora esteja em consonância com essas metodologias, os riscos sociais que derivarão

139. SUNSTEIN, CASS R. *Valuing life: humanizing the regulatory state*. Chicago: The University of Chicago Press, 2014, p. 174.

140. MENEGUIN, *op. cit.*, p. 365.

de uma dada escolha, já considerados os benefícios, devem ser menores que a inação estatal ou outra política pública[141].

Definida a metodologia que guiará a realização da análise do impacto regulatório, e à luz de todos os elementos já apresentados, pode-se resumir a operabilidade da AIR da seguinte forma: o estudo inicia com a definição do problema a ser corrigido com a regulação, a demandar coleta de dados para compreender o cenário e traçar os objetivos a serem alcançados. Coletados os dados suficientes ou possíveis, o passo seguinte será a interpretação deles em função da metodologia escolhida, com as análises quantitativas, qualitativas, de risco ou de custo-benefício aplicáveis, com a identificação das opções regulatórias e a respectiva comparação dos cenários futuros imaginados. Finalizada a análise dos possíveis impactos e definida a forma como os resultados serão acompanhados, o estudo é concluído com a confecção do Relatório da Análise de Impacto Regulatório, documento que permitirá ao ente regulador conhecer o prognóstico da situação, as possíveis falhas de mercado e problemas regulatórios identificados, os valores envolvidos, as possibilidades de ação regulatória, a comparação entre as alternativas disponíveis, o direcionamento que a regulação pode alcançar e as consequências antevistas.

Com o objetivo de conferir legitimidade democrática às etapas que antecedem a mudança de normas reguladoras, o Decreto Regulamentar nº 10.411/2021 previu entre os artigos 8º e 11 a possibilidade de participação popular e consulta pública para apreciação e debate sobre as conclusões alcançadas pela Análise de Impacto Regulatório. É importante destacar que a abertura conferida à população ocorrerá, nos termos do artigo 9º, após a feitura da AIR e antes da decisão sobre a alternativa a ser adotada para a correção do problema regulatório identificado. Desse modo, preserva-se a Análise como documento eminentemente técnico e se prestigia a população interessada.

141. VISCUSI, William Kip. *Risk-risk analysis.* Journal of risk and uncertainty, 8:5-17, 1994, p. 6 disponível em: https://law.vanderbilt.edu/files/archive/130_Risk-Risk-Analysis.pdf Acesso em 03/10/2021.

Instrumento posterior à Análise de Impacto Regulatório e fundamental para que as alterações regulatórias sejam otimizadas, a Avaliação do Resultado Regulatório - ARR figura como instrumento de acompanhamento, controle e fiscalização dos resultados alcançados. Nos termos do artigo 2º, inciso III, a ARR consiste em etapa de verificação dos efeitos produzidos pela mudança normativa, considerados os objetivos pensados e os riscos imaginados. Trata-se de instituto fundamental para que as regulações sejam efetivas e eficazes em corrigir os problemas que impulsionaram o agir estatal.

Com a realização da Análise de Impacto Regulatório, seguida da implementação da ação regulatória propriamente dita, o acionamento da ARR concluirá o Ciclo Regulatório, processo que se retroalimenta em sua operação e objetiva elevar os níveis ótimos de eficiência regulatória. Ao se permitir a avaliação dos efeitos da regulação, a idoneidade das novas normas regulatórias na correção de falhas de mercado e a influência dos novos normativos no comportamento dos agentes econômicos, abre-se a oportunidade para novas e sucessivas Análises de Impacto Regulatório, com a meditação sobre a possibilidade de atualização da ação regulatória.

Finalmente, ponto relevante a ser destacado é que o Decreto nº 10.411/2011, em seu artigo 15, parágrafo 2º, informa que a Análise de Impacto Regulatório não vincula a tomada de decisão da autoridade reguladora, dada a possibilidade de adoção de alternativa contrária à sugerida pelo relatório de AIR. O parágrafo 3º do mesmo artigo, em clara tentativa de contenção à prerrogativa conferida aos entes públicos de se afastar da alternativa indicada pelo relatório, impõe a necessidade de fundamentação da adoção de opção contrária à apontada pela AIR.

O artigo 24 do Decreto 10.411/2021 estabeleceu dois marcos temporais para a produção de efeitos de seus comandos normativos: 15 de abril de 2021 para o Ministério da Economia, para as Agências Reguladoras previstas expressamente no Marco Legal dessas instituições e para o Instituto Nacional de Metrologia, Qualidade e Tecnologia - INMETRO; e 14 de outubro de 2021 para as demais entidades da Administração Pública Federal direta, autárquica e fundacional. Vale salientar que muitos entes reguladores implementaram rotina de feitura de análise de impacto regulatório antes das referidas datas.

Com o intuito de consolidar os conceitos apresentados e demonstrar os benefícios à sociedade, que podem advir da absorção do instituto estudado no sistema jurídico brasileiro, destacam-se a seguir alguns casos em que a Administração Pública Federal realizou recentes Análises de Impacto Regulatório, úteis a demonstrar os propósitos da AIR para a melhora do cenário jurídico regulatório.

A primeira Análise de Impacto Regulatório a ser analisada feita pela Agência Nacional de Energia Elétrica – **ANEEL**, foi destinada a avaliar a necessidade de aprimoramento dos comandos normativos afetos à "vida útil regulatória" de equipamentos de transmissão. O problema posto à análise da Agência Reguladora era o de identificar o impacto tarifário que adviria da substituição massiva e simultânea dos equipamentos de transmissão em elevado estágio de depreciação pelas concessionárias, assim como mensurar o risco para o sistema em manter os referidos ativos em operação.

Os dois desafios postos à análise da Agência – impacto tarifário e segurança do serviço – são relevantes e apresentam evidente relação de causalidade: a renovação dos equipamentos de transmissão de energia garante maior segurança ao sistema, mas apresenta um custo, a ser absorvido pelos agentes econômicos exploradores do serviço de transmissão e potencialmente diluído nas tarifas de energia, que podem alcançar valores elevados demais para serem absorvidos pela população consumidora. É oportuno rememorar que a Lei nº 8.987/1995, diploma normativo que dispõe sobre o regime de concessão e permissão da prestação de serviços públicos previsto no art. 175 da Constituição Federal, informa no artigo 6º que serviço adequado é o que atende simultaneamente os requisitos de regularidade continuidade, eficiência, segurança, atualidade, generalidade, cortesia na sua prestação e modicidade das tarifas. Logo, os dois problemas, por mais antagonizados que possam parecer, devem ser colmatados e compatibilizados para que o serviço regulado pela ANEEL possa ser considerado adequado.

O estudo técnico realizado (Relatório de Análise de Impacto Regulatório nº 5/2019-SRT/SRM/SGT/SCT/SFE/SFF/ANEEL) apresentou quatro cenários possíveis de encaminhamento à autoridade regulatória, destacando a recomendação pela manutenção da regulamentação vigente, compreendida como a de menor impacto entre as alternativas pensadas, especialmente tarifário, dada a não identificação de deterioração na qualidade da prestação do serviço público de transmissão de energia e a consideração de que a gestão dos riscos provenientes da permanência em operação dos equipamentos recai sobre os agentes econômicos[142].

O segundo caso demandou a realização de estudos e planejamento pela Agência Nacional de Transportes Terrestres - **ANTT** para fins de regulamentação de procedimento de cobrança de taxa de fiscalização do transporte rodoviário interestadual de passageiros.

Como foi identificado na Análise de Impacto Regulatório SEI nº 14/2019, as primeiras taxas de fiscalização impostas em função da Resolução ANTT nº 4.936/2015 estavam se encaminhando para extinção por prescrição, uma vez que não estavam sendo cobradas em função da inexistência de normativo interno que estabelecesse o procedimento de cobrança. Além do evidente risco de perdimento de valores necessários para a ANTT realizar suas funções, a não cobrança efetiva de taxas de fiscalização juridicamente válidas tem o potencial de passar a mensagem para os agentes privados prestadores do serviço regulado de que a Agência estabelece exigências que não seriam efetivamente cobradas. Logo, os agentes cumpridores seriam estimulados a deixar de realizar o recolhimento

142. BRASIL. Agência Nacional de Energia Elétrica - ANEEL. Relatório de Análise de Impacto Regulatório nº 5/2019-SRT/SRM/SGT/SCT/SFE/SFF/ANEEL. Documento disponível em: <https://www.aneel.gov.br/consultas-publicas?p_p_id=participacaopublica_WAR_participacaopublicaportlet&p_p_lifecycle=2&p_p_state=normal&p_p_mode=view&p_p_cacheability=cacheLevelPage&p_p_col_id=column-2&p_p_col_pos=1&p_p_col_count=2&_participacaopublica_WAR_participacaopublicaportlet_ideDocumento=39371&_participacaopublica_WAR_participacaopublicaportlet_tipoFaseReuniao=fase&_participacaopublica_WAR_participacaopublicaportlet_jspPage=%2Fhtml%2Fpp%2Fvisualizar.jsp Acesso em 05 de outubro de 2021

voluntário e, num pior cenário, deixar de cumprir outras exigências estabelecidas, em claro prejuízo à autoridade da Agência Reguladora[143].

A alternativa reputada pela AIR como adequada para solucionar o problema foi a de estabelecer procedimentos internos de cobrança da taxa, coadunados com a legislação vigente. Como resultado, a ANTT editou posteriormente a Resolução nº 5.910/2020, pormenorizando todo o procedimento de cobrança das empresas inadimplentes.

O terceiro caso a ser tratado foi apresentado para a Agência Nacional de Vigilância Sanitária – **ANVISA** e resultou no Relatório de Análise de Impacto Regulatório sobre Boas Práticas em Farmácias - Serviços de assistência à saúde em farmácias. O problema regulatório que lastreou o estudo realizado pela autoridade regulatória foi a falta de clareza sobre os tipos de serviços assistência à saúde que podem ser ofertados em farmácias, que não sejam de atendimento privativo em unidade hospitalar[144].

Nos termos da Lei nº 13.021/2014, farmácia pode ser definida como unidade de prestação de serviços destinada a viabilizar assistência farmacêutica, assistência à saúde e orientação sanitária e individual e coletiva. Dada a amplitude do concei to legal, algumas atividades entram numa zona de indeterminação, em que é difícil a precisão legal de serem passíveis de prestação pelas farmácias, como a vacinação ou a utilização de parâmetros bioquímicos, além da glicemia, para a realização da assistência farmacêutica.

143. BRASIL. Agência Nacional de Transportes Terrestres – ANTT. Análise de Impacto Regulatório SEI nº 14/2019. Documento disponível em: <http://governanca.antt.gov.br/AgendaRegulatoria/PublishingImages/Paginas/AIR/2020%20-%20AIR-%20Altera%20Resolucao%204936.pdf>. Acesso em 14 de novembro de 2022.

144. BRASIL. Agência Nacional de Vigilância Sanitária – ANVISA. Relatório de análise de impacto regulatório sobre boas práticas em farmácias – serviços de assistência à saúde em farmácias. Disponível em: https://www.gov.br/anvisa/pt-br/assuntos/regulamentacao/air/analises-de-impacto-regulatorio/2020/25351-925557_2019-14-relatorio-air-sobre-servicos-de-assistencia-a-saude-em-farmacias.pdf/view. Acesso em 14 de novembro de 2022.

O estudo identificou 08 possibilidades de encaminhamento para a Agência Reguladora (dispostos no Quadro 10 – opções regulatórias propostas para solucionar a falta de clareza sobre os tipos de serviços assistência à saúde que podem ser ofertados em farmácias), recomendando, ao final, a alteração de dispositivos da Resolução da Diretoria Colegiada nº 44 da ANVISA, de modo a facilitar a compreensão e o acesso à assistência farmacêutica pelos usuários desses serviços, em farmácias públicas e privadas, aumentando consequentemente a rede de assistência farmacêutica organizada pelo Ministério da Saúde. Considerando o número de farmácias existentes e a capilaridade delas em regiões distantes de grandes centros urbanos, avaliar a atualização ou revogação de regulamentos que restringem a realização de atividades não complexas de assistência farmacêutica se apresenta como ação tendente a promover benefícios à sociedade e ao setor regulado.

A quarta situação de destaque foi a Análise de Impacto Regulatório realizada pela Agência Nacional do Petróleo, Gás Natural e Biocombustíveis – **ANP** sobre a atividade de acondicionamento e movimentação de gás natural comprimido (GNC) a granel, por modais alternativos ao dutoviário, com vistas a revisar a Portaria ANP nº 41/2007, normativo que disciplina o tema.

Da leitura do documento[145], observa-se que a Agência Reguladora iniciou o procedimento com o objetivo de atualizar o normativo de 2007 ao novo Marco Legal para a indústria do gás natural trazido pela nova Lei do Gás (Le nº 14.134/2021). O estudo realizado resgata o histórico normativo do tema, demandas específicas do setor e uma análise das experiências nacional e internacionais sobre o exercício da atividade de acondicionamento para transporte e comercialização de gás natural ao consumidor final.

145. BRASIL, Agência Nacional do Petróleo, Gás Natural e Biocombustíveis – ANP, Relatório de Análise de Impacto Regulatório nº 3/2022/SIM/ANP-RJ. Documento disponível em: https://www.gov.br/anp/pt-br/assuntos/analise-de-impacto-regulatorio-air/arquivos/2577384-acondicionamento-e-movimentacao-de-gnc-a-granel.pdf. Acesso em 19 de outubro de 2023.

Os estudos realizados pela ANP apontaram a necessidade de revisão do normativo, de modo a promover celeridade e simplificação no processo autorizativo das atividades de transporte, alinhar o normativo da ANP às demandas do Mercado e à legislação superveniente, resolver problemas de sobreposição normativa e reduzir custos administrativos para a ANP e custos regulatórios para os regulados. Com o intuito de garantir um normativo que efetivamente concretize esses objetivos e seja condizente com as necessidades sociais e econômicas existentes em um tema extremamente técnico, a Agência concluiu com a AIR pela necessidade de realização de consulta e audiências públicas sobre a minuta de Resolução a substituir a atualmente vigente.

Vamos, finalmente, ao quinto e último exemplo de Análise de Impacto Regulatório. Obviamente, cinco casos não possuem a pretensão de esgotar a infinidade de possibilidades que a AIR pode ofertar ao sistema jurídico brasileiro. De todo modo, esses casos, totalmente diferentes um do outro, ajudam a contextualizar o novo instituto jurídico e demonstrar a sua potencialidade. Para esse arremate, vamos analisar o Relatório de AIR feito pela Agência Nacional de Transportes Aquaviários – **ANTAQ** sobre a possibilidade de cobrança, pela Autoridade Portuária, para o uso do "Espelho D'água" localizado nas áreas dos portos organizados.

O Espelho D'Água pode ser definido como a superfície de águas navegáveis e corresponde, no caso do mar, à área de superfície navegável até o limite de 12 milhas náuticas[146]. Diante da ausência de normatização apta a viabilizar segurança jurídica para exploração desse espaço físico localizado em águas públicas de portos organizados e a definição da respectiva

146. BRASIL, Agência Nacional de Transportes Aquaviários – ANTAQ, Relatório de Análise de Impacto Regulatório. Estudo acerca da possibilidade de cobrança, pela Autoridade Portuária, para o uso do "Espelho D'água" localizado nas áreas dos portos organizados. Documento disponível em: https://sei.antaq.gov.br/sei/modulos/pesquisa/md_pesq_documento_consulta_externa.php?9LibXMqGnN7gSpLFOOgUQFziRouBJ5VnVL5b7-UrE5SwOP-dakxxutcLF_NjDtf3yEyOMUjLmt-yhEooJwq7WsoRclH9dIAy2ytbCBsTYvD-2-sf0vjQxICg9eJPbqUwyt. Acesso em 19 de outubro de 2023.

cobrança pelo uso, a Agência realizou a AIR para definir regramento normativo sobre a matéria.

Após elencar 07 (sete) opções regulatórias para o problema, a conclusão da AIR foi pela elaboração de normatização pela Agência para regulamentar o uso de espelhos d'água nos portos organizados para atividades operacionais e não operacionais, assumindo as hipóteses de criação de novo ato normativo ou alteração em normas existentes. Para incrementar a potencialidade de aceitação do normativo, ficou recomendada a realização de audiências e consultas públicas antecedentes à confecção do ato normativo, assim como a realização de nova AIR para avaliar como a nova Resolução impactará o setor regulado.

## 3.5. UMA BREVE RECAPITULAÇÃO PARA MELHORES DECISÕES

De tudo o que restou explorado no presente capítulo, percebemos que a recente normatização proporcionada pela LINDB, Lei de Liberdade Econômica e pelo novo Marco Legal das Agências Reguladoras fornece ao sistema jurídico brasileiro um resgate institucional da Administração Pública e reafirma a potencialidade criativa e decisória de entidades especializadas, como as Agências, na solução de problemas socioeconômicos relevantes. Dentro da perspectiva institucionalista, trata-se de clara reafirmação da autoridade dos juízos administrativos em protagonizar a resolução de problemas complexos, como a Regulação, de diferentes e sensíveis setores econômicos, de modo a se viabilizar um Mercado funcional, promover e dar condições para otimizada geração de recursos e preservar valores e interesses sociais contemplados na Constituição.

O movimento do Congresso Nacional para o acolhimento de propostas teóricas que valorizem as capacidades institucionais da Administração Pública, reforçando as suas responsabilidades junto à população, resultou em instrumentos legais pragmáticos, consequencialistas e que valorizam a experiência de autoridades administrativas na resolução dos problemas para os quais possuem competência. Considerando que os órgãos administrativos são naturalmente mais propensos a compreender as complexidades inerentes à realidade juseconômica encartada em um problema ou desafio administrativo a ser resolvido, o caminho traçado pelo Legislativo brasileiro valoriza resoluções mais eficientes e realísticas, respeitando o quadro-base de separação e harmonia entre os poderes.

Vale reforçar que, ao se trabalhar com as ideias de deferência e de resgate de protagonismo da Administração Pública na definição de compreensões em Direito Público e execuções de políticas públicas, não se busca uma proposta teórica de enfrentamento do protagonismo do Judiciário na definição final das questões e problemas existentes. Se o Judiciário despontou nesse papel central foi em razão do arcabouço normativo constitucional ofertado e, basicamente, por ter sido provocado para isso. A construção de propostas teóricas que valorizem as capacidades institucionais visa a tornar mais funcionais as relações entre controlador e controlado, respeitando as fronteiras de competências dos Poderes, sem que isso signifique ausência de controle ou *accountability*.

Além disso, cumpre lembrar que caberá ao Judiciário, no final das contas, julgar se as decisões administrativas estão alinhadas com as finalidades institucionais da entidade ou se as medidas regulatórias são abusivas. O movimento legislativo não buscou refundar a forma como os Poderes se relacionam, mas garantir maior funcionalidade nas relações entre controlador e controlado, estabelecendo as regras do jogo para que as decisões administrativas passem pelo crivo do Controle, do mesmo modo que sinaliza ao Controle a necessidade de compreensão das razões jurídicas, fáticas, econômicas e institucionais que levaram à tomada de decisão tal como feita.

A exortação para melhores e mais refinadas fundamentações e a preocupação com a antevisão das consequências nos encaminhamentos administrativos representam um acolhimento e um chamamento à responsabilidade do legislador brasileiro ao administrador médio. O Congresso Nacional sinalizou para todos os administradores e gestores públicos a necessidade de melhores tomadas de decisão, aqui entendidas como as que estejam alinhadas ao direito posto e que considerem as variáveis econômica, política e institucional na tomada de decisão. Em decisões complexas, inusuais e que comportem meditações sobre cenários futuros a serem promovidos, a perspectiva eminentemente jurídica pode não se revelar a mais apta a viabilizar efetivas melhorias para a sociedade. As melhores decisões da Administração Pública são as que viabilizam as competências atribuídas ao agente decisor, concretizam as políticas públicas pensadas que motivaram o agir administrativo, explicam ao público destinatário as razões jurídicas e econômicas que ensejaram a decisão tal como tomada e promovem efetivamente as mudanças esperadas e que se perenizam no sistema.

O legislador apresenta ao gestor a possibilidade de, para "mares nunca dantes navegados" e, consequentemente, não plenamente antevistos pela legislação, lançar mão, por exemplo, de "valores jurídicos abstratos" para resolver uma questão inusual e inovar o cenário administrativo. Em contrapartida, o legislador reclama do administrador uma maior atenção no estudo dos possíveis cenários que advirão do seu encaminhamento, descartando, obviamente, cenários que se afastem do interesse público e que motivaram a sua própria razão de ocupar essa função pública. Há, portanto, uma abertura condicional a inovações, que deverão resolver o problema posto sem criar outros em sequência.

A busca por melhores decisões deixa de ser um ideário de difícil definição e passa a ser aquela que se revele institucionalmente adequada, economicamente eficiente, juridicamente fundada e socialmente aceita. Para conseguir essas decisões o legislador trouxe guias consequencialistas, empiristas e pragmáticas nas reformas legais realizadas, de modo a conceder instrumentos aos administradores e gestores em tomadas de decisão difíceis, inusuais e que demandem um olhar para o futuro e para os cenários que gerarão.

A consideração dos contributos do movimento teórico Direito e Economia, vistos no capítulo anterior, se apresenta como pressuposto teórico necessário para a compreensão das camadas egoísticas e coletivistas no desenho dos institutos jurídicos, para a mediação entre interesses públicos e privados e para entender as naturais tensões que se renovam na troca de mensagens jurídicas e econômicas. A leitura das principais fases e correntes para o pensamento juseconômico figura como alicerce para reforçar a necessidade de compreensão plural da realidade, de que os fatos são jurídicos e econômicos e de que tomadas de decisão devem considerar a pluridimensionalidade da realidade para serem eficientes e promoverem as mudanças legitimamente esperadas.

A realidade econômica e a consideração da escassez impõem a necessidade de olhar para o amanhã em uma tomada de decisão. O dia em que se decide uma questão regida pelo regimento jurídico de Direito Público já é dotado de restrições e limitações orçamentárias. Negligenciar a realidade que se avizinha, escudar-se de problemas derivados da escassa disponibilidade de recursos em sociedade em saídas normativas genéricas não se compatibiliza com o Direito, com a Economia e certamente não se alinha com os propósitos de uma sociedade.

# CAPÍTULO 4

## O ESTADO DA ARTE: INVESTIGAÇÃO JUSECONÔMICA TEMÁTICA DAS DECISÕES DO TRIBUNAL DE CONTAS DA UNIÃO, SUPERIOR TRIBUNAL DE JUSTIÇA E SUPREMO TRIBUNAL FEDERAL

Consolidada a visão geral das propostas teóricas voltadas a ofertar novas possibilidades de respostas estatais mais condizentes com a realidade juseconômica e, consequentemente, gerar melhores tomadas de decisão, abre-se a oportunidade para se investigar as decisões do Supremo Tribunal Federal, Superior Tribunal de Justiça e Tribunal de Contas da União que toquem ou tangenciem os temas e institutos jurídicos e econômicos explorados no presente livro.

O uso dos verbos "tocar" ou "tangenciar" no parágrafo anterior não foi algo acidental, à toa. Como o estudo realizado no capítulo anterior envolveu a pesquisa e reflexão sobre inovações legais e novas propostas teóricas para a resolução de problemas juseconômicos, parte-se do pressuposto de que os Tribunais tendem a ter reduzido número de decisões que efetivamente e de forma profunda apresentem as novas leis e propostas de pensar o Direito em suas decisões. É justamente por isso que a análise que se realizará neste capítulo buscará identificar análises correlatas, impressões próximas e posturas dos Tribunais Superiores que potencialmente se amoldem às perspectivas apresentadas nos capítulos anteriores.

Estudos sobre Pragmatismo, Consequencialismo, Institucionalismo e Empirismo vêm sendo percebidos cada vez mais na literatura jurídica brasileira, assim como o acolhimento do movimento Direito e Economia em escritos de variados ramos jurídicos em nosso país. Dessa forma, se mostra natural o início do reflexo dessas pesquisas na jurisprudência brasileira. De todo modo, ainda são pontuais as influências desses modos de pensar o fenômeno jurídico em decisões administrativas e de controle ao se comparar com a cultura e tradição dogmática estabelecida.

O estudo dos Tribunais indicados se dá por uma razão simples e óbvia: por mais refinadas que sejam as teorias doutrinárias desenvolvidas ou exitosas e as experiências identificadas em sistemas jurídicos estrangeiros, a efetiva consolidação de ideias que toquem o pensamento jurídico brasileiro depende em grande medida do acolhimento pelos Tribunais e órgãos de controle. Os princípios da inafastabilidade da jurisdição, da legalidade, e o direito de petição são fundamentos suficientes para garantir a relevância do Judiciário e do TCU na acomodação final de novos desenhos institucionais.

Um ponto antes deve ficar marcado para que o norte da investigação a ser desempenhada seja equilibrado: a noção de deferência desenvolvida nos Estados Unidos surgiu dentro do Poder Judiciário, num exercício de autocontenção e de prestígios às capacidades institucionais das Agências Reguladoras, com vistas a se manter o equilíbrio e a harmonia entre os Poderes. Logo, quaisquer medidas do Legislativo ou do Executivo que representem a concretização da ideia de deferência deverão ser voltadas ao aperfeiçoamento do atuar administrativo e não voltadas a diminuir o Judiciário.

Como foi adiantado nos capítulos anteriores, as inovações legais voltadas ao resgate institucional das decisões da Administração Pública despontam como uma tentativa de se permitir respostas mais rápidas, céleres e eficientes no enfrentamento de demandas e concretização dos compromissos constitucionais. Arrimam-se na premissa de que os órgãos que compõem a Administração Pública são os mais vocacionados institucionalmente para a análise de questões juseconômicas. Trabalha-se, portanto, a ideia de deferência para o resgate da harmonia nas relações institucionais. Para tanto, condiciona-se a deferência no sistema jurídico brasileiro ao incremento do ônus argumentativo e justificativo nas decisões administrativas, o que está alinhado com a ideia de promoção de melhores tomadas de decisão pela Administração Pública. A postura de autocontenção do Judiciário na análise de decisões ou ações administrativas será observada nas situações em que o órgão controlado, diante de uma situação inusual ou de múltiplas possibilidades de encaminhamento, não apenas tiver decidido e pinçado um conceito jurídico vago, com aparente sustentação constitucional para resolver a questão posta. À luz do principiado pela LINDB, há que se fundamentar também na realidade apresentada à autoridade administrativa e nas consequências do decidido, especialmente em casos inusuais em que despontam a valoração de norma fluida ou de baixa densidade normativa para o encaminhamento conferido.

Feita essa necessária digressão, vamos ao resultado da pesquisa das expressões e palavras-chave que gravitem em torno das teorias, institutos e propostas teóricas explorados neste livro para a promoção de melhores decisões da Administração Pública. A investigação se deu nos principais buscadores de jurisprudência dos Tribunais Superiores, acompanhada de reflexões sobre julgados que explorem ou resvalem no tema buscado.

## 4.1. "CONSEQUENCIALISMO"

O primeiro passo a ser dado será com a pesquisa sobre **Consequencialismo**, proposta teórica que tem se destacado e que desponta com a preocupação dos cenários que podem advir de tomadas de decisão.

Ao se pesquisar o termo "consequencialismo" o cenário que se encontra é de poucos, mas significativos e recentes julgados. No TCU, por exemplo, 13 (treze) Acórdãos são identificados, destacando-se as referências aos ensinamentos de

Richard Posner pela necessidade de consideração das consequências sistêmicas ao se decidir um caso (Acórdão 561/2021) e a força do artigo 20 da LINDB no acolhimento dessa proposta de se decidir (Acórdão 2.591/2021).

Já no STJ, a busca revela 01 (um) Acórdão e 45 (quarenta e cinco) decisões monocráticas. Da leitura dessas decisões, torna-se evidente a relação que o Tribunal faz entre Consequencialismo e a LINDB no sistema jurídico brasileiro (AREsp nº 2.237.209; AREsp nº 2.159.750; TP nº 4.086; EDcl no TP 3.501), com destaque ao Recurso Especial nº 1.654.038/2019, em que os comandos normativos da Lei de introdução são compreendidos à luz da proposta consequencialista de Neil MacCormick, explorado brevemente no segundo capítulo.

No Recurso Especial nº 1.654.038, o Superior Tribunal de Justiça analisou pedido de reintegração de posse e de demolição de imóveis particulares construídos sobre área *non aedificandi* ao longo de ferrovia. Mesmo diante da constatação de construção de residências a menos de 15 metros do limite das linhas de trem, o Tribunal entendeu que as peculiaridades do caso (como o abandono das linhas, de modo que o trânsito de trens na linha próxima às casas encontra-se desativado e sem indícios de reativação em razão da falta de manutenção dos trilhos e equipamentos) autorizaram a manutenção dos imóveis construídos, excepcionando o comando normativo contigo no inciso III do art. 4º da Lei n. 6.766/79.

A preponderância do direito à moradia sobre o interesse público na prestação de serviços de transporte ferroviário (não mais executado) restou arrimada, como dito, em fundamentos consequencialistas. Nesse sentido, destaca-se:

> 21. Ganhos econômicos não podem ser acompanhados de desastres sociais. O próprio artigo 170, CF/88 dispõe que a ordem econômica tem por fim assegurar a todos uma existência digna. E ao Judiciário cabe o papel de buscar fazer preponderar os valores consagrados na Lex Mater, ainda que, para tanto, seja necessário realizar um "controle de consequencialidade" da própria decisão judicial. Ou seja, é legítimo ao julgador, diante de decisões igualmente possíveis para

a solução de determinado caso, valer-se daquela que produzira os melhores resultados, que trará as melhores consequências práticas. Vale salientar, inclusive, que tal preocupação encontra assento legal, diante do comando normativo inserto no art. 5º da Lei de Introdução às Normas do Direito Brasileiro, in verbis: "Art. 5º. Na aplicação da lei, o juiz atendera aos fins sociais a que ela se dirige e às exigências do bem comum" (grifo nosso).

22. É bem verdade que existem várias correntes que criticam a existência de um chamado consequencialismo jurídico, principalmente por, em determinadas hipóteses, implicar a mitigação - ou até mesmo a rejeição - das regras de direito positivo, bem como por ser, de certa forma, impossível ao aplicador prever todas as consequências futuras de um ato a ser praticado. Todavia, comungamos, aqui, da visão de Neil MacCormick, segundo a qual, no âmbito do consequencialismo, não seriam aceitáveis os seguintes extremos: a) a adoção de argumento consequencialista como único fundamento para uma decisão, já que desta retiraria elementos de racionalidade em face da incerteza do futuro; b) a desconsideração de qualquer consequência pratica que a decisão possa acarretar. A saída argumentativa estaria em uma posição intermediaria entre esses extremos. Em outras palavras, o consequencialismo seria admissível, ao possibilitar a extração da melhor interpretação possível com base nos elementos normativos postos e nas consequências decorrentes da escolha de uma determinada posição, sem descurar da efetivação dos valores constitucionalmente consagrados.

23. Dito isso e à luz do direito fundamental à moradia, dos princípios da razoabilidade e da proporcionalidade, da proteção à legítima confiança, sem olvidar as consequências práticas nefastas que uma decisão de procedência do pedido acarretaria, entendemos que outra posição não pode ser adotada senão a de que deve preponderar, neste caso, o direito à moradia da população local envolvida.

> 24. Entretanto, que fique bem claro: a tese ora firmada não impede que a parte autora, em conjunto com o Poder Público, busque alternativas para, diante de uma futura e efetiva reativação da malha ferroviária, conciliar o interesse econômico na exploração desse empreendimento com a proteção do direito à moradia dessas comunidades, de forma a evitar que, para um ganho econômico, se tenha que concretizar uma catástrofe social. Afinal, benefícios econômicos não podem ser auferidos a qualquer preço.

Outra decisão do STJ que vale a pena destacar é o julgamento do Agravo Interno no Agravo em Recurso Especial nº 1.585.959, em que o Superior Tribunal de Justiça decidiu que o reembolso das despesas médico-hospitalares efetuadas pelo beneficiário de plano de saúde com tratamento/atendimento fora da rede credenciada pode ser admitido somente em hipóteses excepcionais, como nos casos de inexistência ou insuficiência de estabelecimento ou profissional credenciado no local e urgência ou emergência do procedimento.

No caso levado ao Judiciário, um usuário da Unimed de Cuiabá alegou ter sido submetido a procedimento de urgência em hospital conveniado à Unimed Paulista, que integra a rede da Unimed de Cuiabá. A posterior negativa do reembolso se deu em razão do fato de o hospital em que foi realizada a cirurgia não estar disponível para intercâmbio, atendendo somente pacientes de São Paulo. Além disso, a operadora informou que o plano da autora excluía a cobertura de hospitais que fossem de fora da área de atuação e que possuíssem tabela própria, como ocorreu no caso.

Ao negar o reembolso no caso, o STJ apontou que o procedimento era eletivo, afastando a situação de urgência/emergência alegada, e que a relação contratual firmada pelo usuário excluía o atendimento no Hospital escolhido. Nesse ponto, o Tribunal destacou a necessidade de se fazer valer o entabulado entre as partes, não podendo o princípio da vulnerabilidade do consumidor desnaturar os compromissos e obrigações estabelecidos contratualmente. Em complemento, o STJ invocou os dispositivos da LINDB, destacando a necessidade de os operadores do Direito possuírem um viés consequencialista em tomadas de decisão. Pontuou-se ainda que uma jurisprudência permissa para situações como a apresentada traria consequências econômicas desastrosas, penalizando os demais participantes dos planos de saúde com o posterior rateio nos reajustes, além de gerar uma desestruturação administrativa aos planos. Em arremate, o Tribunal alertou que o princípio da função social do contrato funda-se na ideia de mutualismo, não havendo como se tutelar uma situação gerada por escolha unilateral pelo autor que não se valeu da rede credenciada

No STF, 10 (dez) Acórdãos e 15 (quinze) decisões monocráticas contemplam o termo "consequencialismo", resultado muito tímido ao se comparar com o STJ. Curiosamente, o mais lembrado caso analisado pelo Supremo por autores brasileiros que escrevem em Direito e Economia, linha de pensamento de sustentação da presente pesquisa e de sintonia com o pensamento consequencialista, não aparece ao se pesquisar o termo. Trata-se da decisão que analisou a possibilidade de penhora e excussão do bem de família do fiador e a repercussão para o sistema de locação de imóveis. O Supremo Tribunal Federal declarou no julgamento do Recurso Extraordinário nº 407.688-8/SP a constitucionalidade do inciso VII do artigo 3º da Lei nº 8.009/90, que excepcionou da regra de impenhorabilidade do bem de família o imóvel de propriedade de fiador em contrato de locação e que foi compreendida como não ofensiva ao direito de moradia, constitucionalizado no artigo 6º da Constituição Federal.

Dentre os fundamentos utilizados para afastar a proteção do imóvel do fiador destaca-se a repercussão no mercado de locação de residências, estabelecido no Brasil essencialmente com a garantia da fiança. Proteger o imóvel do fiador, no entender do Supremo, inviabilizaria ou encareceria o acesso à moradia a vários locatários. A garantia de penhora foi entendida como elemento fundamental a viabilizar a moradia a diversas pessoas que apenas conseguem pactuar locações com fianças. Logo, proteger o fiador nesses casos representaria um abalo no sistema de locações dos imóveis residências, representando, ao final das contas, a vulnerabilidade do instituto da moradia para a sociedade.

A decisão do STF ultrapassou a análise apenas dos envolvidos no litígio e das normas jurídicas aplicáveis, alcançando a compreensão do funcionamento do mercado de locações. A causa demandou uma consideração das razões econômicas que guiam uma política regulatória (legislativa) e mostrou como uma decisão judicial pode ser mais ou menos eficiente na concretização de resultados esperados constitucionalmente. No julgado, o STF adotou uma postura de deferência ao Legislativo enquanto instituição legítima a definir como a regulação das locações seria conduzida pelo Estado[1].

Ao julgar a questão da penhorabilidade do bem de família do fiador, o Supremo Tribunal Federal olhou para a realidade econômica e adotou uma postura claramente consequencialista, de modo a valorizar em sua decisão os possíveis cenários futuros que potencialmente adviriam. O STF considerou além dos diplomas normativos aplicáveis ao caso a repercussão econômica de sua decisão para o mercado atingido por seu julgamento.

Ponto relevante a ser destacado é que o julgamento do Recurso Extraordinário nº 407.688-8/SP ocorreu em 05 de novembro de 2013, muito antes da institucionalização legal de comandos consequencialistas na Lei de Introdução às Normas do Direito brasileiro, ocorrida em 2018. De fato, o pensamento consequencialista é identificado em muitos outros julgados do Poder Judiciário brasileiro, especialmente nos casos que envolvem sensível repercussão econômica ou sistêmica. A LINDB, como já dito, despontou no consequencialismo jurídico nacional como um trilhar legislativo de apontamento e juridicização de regras para os casos que comportarem a variável consequencialista nas decisões. Não foi a LINDB, portanto, que instituiu o consequencialismo jurídico no Brasil, mas é nela que encontramos um passo significativo na juridicização do consequencialismo.

1. CYRINO, Andre. *Direito constitucional regulatório – elementos para uma interpretação institucionalmente adequada da Constituição econômica brasileira*. Rio de Janeiro: Processo: 2018. p. 04.

Outro julgamento emblemático, anterior à reforma de 2018 e que também não apareceu na pesquisa, é identificado no Recurso Extraordinário nº 693.456/SP, em que o Supremo decidiu pela obrigatoriedade de desconto da remuneração pelos dias parados de servidores públicos que exercitarem o direito de greve, salvo para as situações que derivem de comportamento ilícito do Poder Público. Na oportunidade, o STF destacou que a paralisação, que possui assentamento constitucional, possui consequências. Desse modo, apontou que a conclusão pela impossibilidade dos descontos representaria violação aos princípios da indisponibilidade dos bens e do interesse público, com os prejuízos da paralisação sendo arcados exclusivamente pelo Poder Público e pela coletividade[2].

Após a realização da reforma legislativa de 2018, destaca-se entre as primeiras decisões judiciais do Supremo que refletiram sobre os novos comandos legais da LINDB o julgamento da Ação Cautelar nº 3.637, ação essa voltada a alcançar a suspensão de retenções realizadas no repasse do Fundo de Participação dos Estados ao Estado de Rondônia e que apareceu na pesquisa sobre "consequencialismo" no buscador de jurisprudência do Supremo. Em 13 de setembro de 2018, menos de seis meses antes da promulgação das novas regras da LINDB, o STF, no julgamento dos embargos de declaração opostos ante a improcedência da referida cautelar, trouxe o pensamento consequencialista da lei para a fundamentação do julgado.

Ao reforçar a ideia de necessidade de concretização do dever geral de efetividade jurisdicional, o Supremo Tribunal Federal, fazendo alusão ao artigo 20 da LINDB, trouxe em sua fundamentação o consequencialismo jurídico como proposta teórica voltada a garantir os princípios da segurança jurídica e do interesse social. Especificamente para o caso, o STF, ao considerar as penosas consequências que adviriam da retenção realizada pela União, notadamente, o comprometimento da realização de despesas públicas correntes, a

2. MENDONÇA, José Vicente Santos de. *Direito constitucional econômico: a intervenção do Estado na economia à luz da razão pública e do pragmatismo*. 2. ed. Belo Horizonte: Forum, 2018. p. 87.

impossibilidade de prestação de serviços públicos essenciais à população de Rondônia e o comprometimento de uma gestão fiscal sustentável, deferiu o parcelamento dos valores devidos pelo Estado à União em 24 (vinte e quatro) parcelas, acolhendo pedido subsidiário de analogia ao estatuído na Lei Complementar nº 156/16, artigo 5º.

Como se percebe no julgado, o olhar do Tribunal para a realidade e para os cenários futuros que adviriam do não acolhimento da cautelar não foi o único fundamento que ensejou o deferimento do pedido subsidiário. O consequencialismo jurídico despontou como reforço argumentativo para se lastrear a decisão em uma analogia possível, ante a realidade do caso posto à apreciação. Os princípios da segurança jurídica, efetividade da tutela jurisdicional e interesse social fundamentaram uma decisão consequencialista de acolhimento dos pedidos acauteladores, decisão essa que trouxe impactos relevantes para o ente federado que ajuizou a ação, ante a sensível realidade que restou demonstrada nos autos. O consequencialismo, portanto, teve um papel meramente adjetivo, de reforço argumentativo voltado ao convencimento e sustentabilidade da decisão, sem que isso tenha significado um divórcio de regras legais e princípios jurídicos reconhecidos.

Ainda dentro da análise de decisões do Supremo Tribunal Federal que tocam o Consequencialismo (e que não apareceram na pesquisa), temos nos debates havidos no Recurso Extraordinário nº 286.963-5, julgado em 2005, um ponto a destacar, agora dentro dos debates e da busca de convencimento entre os Ministros. Na oportunidade, o STF decidia sobre a outorga de competências ao Conselho Monetário Nacional para normatizar sobre as taxas de juros, algo já pacificado atualmente. Do julgado vale destacar o seguinte trecho do debate havido entre os Ministros Eros Grau e Marco Aurélio:

> Eros Grau: "V.Exa. tem a exata medida dos efeitos da decisão, se tomada, no sentido de se impedir que o Conselho Monetário Nacional continue a expedir resoluções através do Banco Central, no sentido de dar regulação às atividades do mercado financeiro? V.Exa. tem a dimensão das consequências?"

> Marco Aurélio: "A carta de 1988 objetivou – é o princípio básico – colocar um ponto final nas delegações ... não julgo vislumbrando apenas as consequências, julgo a partir da Carta da República".
>
> Eros Grau: "As políticas governamentais não são as políticas deste ou daquele partido. Insisto que não podemos ignorar a realidade".

"Efeitos da decisão" do Supremo Tribunal Federal que tocam em "políticas governamentais" e que, portanto, não podem desconsiderar a realidade. Assim o Ministro Eros Grau chamou o Ministro Marco Aurélio para avaliar as consequências de se seguir com a tese de impossibilidade de o Banco Central editar atos normativos regulatórios do Mercado Financeiro Nacional. Independentemente da sustentabilidade normativa, argumentativa e racional do que defendia o Ministro Marco Aurélio, o Ministro Eros Grau apontou para os desestabilizadores efeitos que decorreriam da tese, de modo que tão importante quanto a fundamentação normativa estava o amparo da decisão na realidade.

Finalmente, temos a recentíssima decisão do Supremo Tribunal Federal nos autos do Recurso Extraordinário 949.297 e Recurso Extraordinário 955.227 (Temas 881 e 885), em que se decidiu pela possibilidade de cancelamento de decisões definitivas, ou seja, já transitadas em julgado, a partir da data em que for publicada a decisão que contiver mudança de entendimento do STF em questões tributárias. No mesmo julgamento, decidiu-se que a Receita poderá cobrar os tributos decorrentes da mudança de entendimento a partir da publicação da ata de julgamento que chancelar a cobrança. Trata-se de paradigmática decisão, de difícil compreensão de como será absorvida pelo Mercado, pelas empresas e pela sociedade como um todo.

Alerta-se para a dificuldade de antevisão da acomodação da decisão arrimando-se nas considerações apresentadas em plenário pelo Ministro Luiz Fux, que seguiu o voto vencido do Ministro Edson Fachin. O Ministro Fux destacou a gravidade do que estaria sendo decidido pelo Supremo Tribunal Federal e o grave impacto das consequências do julgado. Nesse sentido, destaca-se:

> "Eu acho belíssimas as teses tributárias, belíssimas as homenagens que se fazem, mas nós temos de ter em mente as consequências jurídicas da nossa decisão, os riscos sistêmicos, o abalo que se cria em relação ao Risco Brasil. Quer dizer, se você pré-anunciar que no Brasil a coisa julgada pode ser desfeita a qualquer tempo, isso realmente conjura o Brasil de um país considerado de uma Justiça eficiente a fazer parte do Ranking *Doing Business* do Banco Mundial"

A sinalização para o consequencialismo é evidente. Há uma clara preocupação no comentário destacado com o desacoplar entre as teses jurídicas e a realidade. O alerta é justamente para que teses juridicamente aceitáveis, fundadas em uma linha de raciocínio plausível e arrimadas em defensáveis argumentos, sejam filtradas pelas consequências sistêmicas que elas possam causar e pelos potenciais prejuízos socioeconômicos.

## 4.2. "LEI DE INTRODUÇÃO ÀS NORMAS DO DIREITO BRASILEIRO"

A segunda etapa da pesquisa foi a da investigação de decisões que abordavam a **Lei de Introdução às Normas do Direito Brasileiro (LINDB)** como elemento de fundamentação. Como foi destacado, trata-se de diploma legislativo imantado por ideais consequencialistas, realistas e pragmatistas, de modo a valorizar o juízo e a autoridade de entidades administrativas especializadas, técnicas e capazes de melhor interpretar a realidade posta.

Diferentemente da pesquisa sobre "consequencialismo", o resultado aqui é de muitos julgados, em que é possível se identificar casos relevantes nos quais os dispositivos inseridos na reforma de 2018 já estão sendo utilizados para fundamentar ou auxiliar na fundamentação dos casos enfrentados pelos Tribunais.

No TCU, o resultado obtido foi de 2.443 (dois mil quatrocentos e quarenta e três) Acórdãos e 31 (trinta e um) resultados para jurisprudência selecionada do Tribunal. Desconsiderando os diversos julgados que exploram o conceito de "erro grosseiro", contido no artigo 28 da LINDB, destaca-se para a presente pesquisa o entendimento firmado no Acórdão 60/2020, em que o Tribunal reduziu multas de 30 (trinta) para 10 (dez) mil reais ao sopesar as dificuldades reais enfrentadas por agentes administrativos responsáveis por determinado Registro de Preços. Na fundamentação foi ressaltada a necessidade de consideração dos obstáculos e dificuldades reais enfrentadas pelo gestor quando da aplicação de sanções, assim como a ponderação das circunstâncias do caso concreto que influenciaram a ação adotada, em prestígio ao artigo 22 da LINDB e às considerações da realidade vivenciada pelo responsável por uma tomada de decisão administrativa, a qual influi sensivelmente no julgamento realizado e na antevisão dos cenários possíveis.

Outro julgado do TCU identificado na busca e que explora a LINDB dentro da perspectiva apresentada nos capítulos anteriores é o Acórdão 2061/2021. O caso analisado pelo Tribunal consiste em acompanhamento do processo de desestatização do Centro Nacional de Tecnologia Eletrônica Avançada S.A. - CEITEC, abrangido no Plano Nacional de Desestatização - PND. Ao realizar a análise do processo decisório para a desestatização da Empresa Pública, o TCU entendeu que os Ministérios da Economia e da Ciência, Tecnologia, Inovações e Comunicações, entidades que encampavam o processo, atuaram de modo a não evidenciar os pressupostos de fato e de direito idôneos a ensejar a desestatização. Para o Tribunal, o processo decisório dos Ministérios estaria arrimado em valores jurídicos abstratos que desconsideraram as consequências práticas da desestatização, em desalinhamento com o artigo 20 da LINDB.

Ponto relevante a ser destacado é que o Tribunal de Contas da União não colocou o caso como uma situação que gravitasse em torne de uma análise da legalidade da desestatização, mas da insuficiente motivação e de desconsideração das consequências práticas da decisão. O Tribunal foi claro em destacar que a situação apresentada não seria ilegal, mas entendeu que o processo decisório dos Ministérios estava desprovido de fundamentação idônea. Nesse sentido, apontou que a decisão pela desestatização estava distanciada do comando normativo do parágrafo 1ª do artigo 1º do Decreto nº 9.589/2018, que informa a necessidade de que todas as proposições de desestatização sejam encaminhadas ao Conselho do Programa de Parcerias de Investimentos da Presidência da República – CPPI acompanhadas de estudos que embasem e justifiquem a dissolução da Empresa como a melhor alternativa. Do mesmo modo, não houve avaliação de riscos e impacto das medidas nas metas setoriais da área objeto de desestatização, o que estaria em desconformidade com o dever de supervisão previsto nos artigos 25 e 26 do Decreto-Lei 200/1967.

Aos olhos do TCU, portanto, faltaram procedimentos administrativos preliminares que amparassem a conclusão pela desestatização como a ação necessária para o efetivo atendimento do interesse público e a melhor promoção de consequências econômicas para a companhia e a sociedade, em sintonia com os mandamentos contidos, entre outros dispositivos, no artigo 20 da LINDB.

Mudando de Tribunal, a pesquisa sobre "lei de introdução às normas do direito brasileiro" no STJ apontou 1.418 (mil quatrocentos e dezoito) Acórdãos e 17.818 (dezessete mil, oitocentos e dezoito) decisões monocráticas. Dado o elevado número, restringiu-se a análise mais detida aos julgados mais recentes, que tendem a revelar um amadurecimento do Tribunal sobre os conceitos e temas institucionalizados com a reforma de 2018.

Nesse sentido, destaca-se o julgamento do Recurso Especial nº 1.850.512, julgado em março de 2022 e responsável pela conclusão do Tema 1076, em que o STJ rechaçou a possibilidade de apreciação equitativa na fixação dos honorários de sucumbência quando o valor da condenação ou o proveito econômico forem elevados. Basicamente, pleiteava-se o rechace dos comandos normativos contidos no artigo 85, parágrafos 2º, 3º, 4º, 5º, 6º e 8º, do Código de Processo Civil por serem reputados desproporcionais e desarrazoados quando aplicados a processos de elevado valor econômico.

Na oportunidade, o STJ entendeu que os dispositivos legais atacados fornecem novas regras legítimas para o cálculo dos honorários, de modo que a jurisprudência anterior, que sinalizava a possibilidade de apreciação equitativa, não mais teria guarida. Isso não deveria ser entendido como um desprestígio ao Poder Judiciário, mas algo natural em um sistema republicano, em que escolhas legislativas traduzidas em leis devem ser respeitadas. Em complemento e resgatando lições de Análise Econômica do Direito e Economia Comportamental, o STJ destacou que a fixação por equidade dos honorários não desestimularia nem sancionaria o ajuizamento de ações temerárias, como execuções fiscais de elevado valor que são posteriormente extintas por questões simples, como patente ilegitimidade passiva ou evidente decadência do crédito. Em arremate, apontou-se que afastar regras claras em prol de valores jurídicos abstratos, como os princípios da razoabilidade e proporcionalidade, sem atentar para as consequências práticas, como o estímulo a comportamentos processuais antieconômicos, e ineficientes, contrariaria justamente o artigo 20 da LINDB, um dos principais eixos institucionais do pensamento consequencialista no sistema jurídico brasileiro.

Já no Recurso Especial nº 1.888.049, julgado em setembro de 2021 e responsável pela conclusão do Tema 1094, o STJ decidiu pela possibilidade de candidato aprovado em concurso público assumir cargo que, segundo o edital, exige título de Ensino Médio profissionalizante ou completo, com curso técnico em área específica, caso não seja portador desse título, mas detenha diploma de nível superior na mesma área profissional. Invocando novamente a Análise Econômica do Direito e o Consequencialismo, o Tribunal, arrimado no artigo 20 da LINDB, registrou que aceitar titulação superior à exigida no edital do concurso traria efeitos (consequências práticas) benéficos para o serviço público, como a ampliação do leque de candidatos e uma potencial melhora no serviço prestado pelos candidatos mais qualificados e comprovadamente aptos ao exercício da função pública.

Outro julgado do ano de 2021 do STJ que pode ser destacado é o Agravo Interno no Recurso Especial nº 189.645. Na oportunidade, o Tribunal enfrentou o tema referente à natureza do rol de procedimentos e eventos em saúde elaborado pela ANS e utilizado pelos Planos e Seguros de Saúde. Ao concluir pela legitimidade da Autarquia em fixar o rol como taxativo, excluindo da relação contratual a cobertura de tratamento clínico ou cirúrgico experimental, o STJ destacou que a competência da ANS deriva de delegação legislativa e é guiada por diretrizes técnicas, de modo que é possível apontar que as Resoluções da Agência materializam a vontade do legislador e concretizam políticas públicas. Intervenções do Judiciário na imposição de cobertura de tratamentos possuiriam a potencialidade de geração de externalidades negativas para as operadoras de planos privados, distorcendo os cálculos e estudos atuarias que guiaram as ofertas e preços dos contratos junto a consumidores. Ao resgatar a noção de autocontenção do Judiciário (que se comunica com a ideia de deferência a decisões regulatórias) em prestígio ao complexo processo decisório das Agências, o Tribunal apontou que os artigos 20 a 30 da LINDB demandam dos juristas a consideração das consequências práticas que advirão de uma tomada de decisão – tanto nas decisões administrativas quanto nas de controle, como as realizadas pelo Judiciário. Dessa forma, o Judiciário deve atuar de modo a não proporcionar cenários desastrosos, com a determinação da cobertura de tratamentos de saúde desprovidos de sustentação científica e econômica, o que, no final, irá incrementar os custos e restringir a oferta de planos e seguros de saúde à população em geral.

A busca no STF apresentou como resultado 199 (cento e noventa e nove) Acórdãos e 1.981 (mil novecentos e oitenta e um) decisões monocráticas. Ponto relevante a se destacar é que em muitas dessas decisões os dispositivos da LINDB não são efetivamente utilizados na fundamentação, mas tão somente relatados, em especial, pelo caráter infraconstitucional da discussão, como as linhas conceituais de coisa julgada e direito adquirido, contidas no artigo 6º da LINDB. Outra razão que justifica o não enfrentamento das questões apresentadas é a ausência de prévia discussão em instâncias inferiores – basicamente, os recorrentes alegaram a inobservância dos comandos contidos na LINDB apenas junto ao STF, sem enfrentamento nos Tribunais recorridos.

De todo modo, há decisões que lançaram os olhos de forma detida em dispositivos da LINDB, especialmente, os de competência originária do STF. Nesse sentido, destaca-se a decisão nos Embargos de Declaração na Reclamação nº 53.373, julgados em outubro de 2022. Trata-se de decisão monocrática, na qual o ministro Gilmar Mendes conferiu efeitos integrativos à decisão que determinou imediata cassação dos afastamentos remunerados concedidos a promotores de justiça do Estado de São Paulo que pretendiam disputar eleição. Sem se distanciar da jurisprudência definida nos Acórdãos proferidos na ADPF 388 e ADI 2.534, no sentido de que procuradores e promotores só podem concorrer a cargos eletivos se pedirem exoneração do cargo, o Relator invocou a Lei de Introdução às Normas do Direito Brasileiro para ressaltar que decisões judiciais devem ser antecedidas de detida consideração das consequências da invalidação dos atos administrativos, de modo a reduzir ou afastar, sempre que possível, os impactos provocados na esfera jurídica dos particulares que de boa-fé acreditaram na legitimidade e regularidade da ação estatal. Em razão disso e arrimados nos postulados da segurança jurídica e proteção da confiança legítima, os embargos de declaração restaram acolhidos para reconhecer que a cassação dos atos reclamados importa na imediata interrupção dos afastamentos autorizados pelo Procurador-Geral de Justiça de São Paulo, preservados os efeitos jurídicos por eles produzidos até a data da invalidação.

Em alguns julgados do STF, o princípio da segurança jurídica, mencionado no julgado anterior, possui curiosa relação com casos que envolvem a discussão da manutenção de situações consolidadas por muitos anos e a fundamentação com o artigo 20 da LINDB. Nesse sentido, tem-se os votos nas decisões identificadas nos Embargos de Declaração na Arguição de Descumprimento de Preceito Fundamental nº 915 e no Agravo Regimental em Mandado de Segurança nº 31.244. No MS, o voto vencedor apontou que o princípio da segurança jurídica não pode ser invocado para, isoladamente, consolidar vantagens ilegais pelo simples decurso do tempo. O artigo 20 da LINDB é invocado para destacar que valores jurídicos abstratos (como o princípio da segurança jurídica) não são suficientes para perpetuar uma ilegalidade. Já na ADPF, o voto vencedor ressalta que a segurança jurídica impõe em muitos casos a modulação de efeitos das decisões e o não desfazimento de situações consolidadas. Em arremate, aponta que o Judiciário deve atentar para as consequências práticas das decisões, nos termos do artigo 20 da LINDB, para evitar a interrupção na prestação de políticas públicas constitucionalmente respaldadas.

Avançando na pesquisa, tem-se o julgamento da Ação Civil Ordinária 3121, ocorrido em outubro de 2020, em que o STF acolheu parcialmente o pedido do Estado de Roraima para determinar que a União realizasse transferência de recursos adicionais para suprir a metade dos custos suportados com a prestação de serviços públicos aos imigrantes oriundos da Venezuela. Além de toda a fundamentação do pacto federativo e da responsabilidade que o Estado brasileiro possui na manutenção da abertura da fronteira para recepcionar refugiados venezuelanos, o voto vencedor fez breve alusão à LINDB, no sentido de que as decisões judiciais devem ser balizadas por princípios da proporcionalidade e equidade, depreensíveis dos artigos 4º, 21 e parágrafo único, 23 e 26, parágrafo 1º, inciso I. Em relação a esse fundamento, vale destacar que "princípios jurídicos" se amoldam ao conceito de "valor jurídico abstrato", que, nos termos do artigo 20 da LINDB, demanda a consideração das consequências práticas da decisão. Como a determinação foi para que a União suportasse metade dos custos, há relativa indicação de consequências para o caso concreto, mas reduzida sinalização em consequências sistêmicas para casos semelhantes ao julgado. De todo modo, o possível déficit de antevisão das consequências não foi levantado em sede de embargos de declaração.

Finalmente, na Ação Civil Ordinária 3271, julgada em abril de 2022, o STF acolheu pedido formulado pelo Estado de Mato Grosso em face da União para que a Ré concedesse a garantia em contrato de operação de crédito, negado pelo possível extravasar dos limites de despesas de pessoal. No caso, havia um desalinhar de compreensões sobre o prazo para reenquadramento dos limites de gastos do Estado entre a Secretaria do Tesouro Nacional (posição da União) e o Tribunal de Contas do Estado (que exerceu função de orientação ao Estado). Sem desconhecer as competências da STN, o STF resgatou na Lei de Responsabilidade Fiscal a função dos Tribunais de Contas de verificar os cálculos dos limites de despesa total com pessoal, de modo a atestar que o Estado atuou seguindo orientação técnica do Tribunal de Contas e, consequentemente, com boa-fé. A LINDB é aproveitada no julgado no voto do Relator ao destacar que as interpretações das normas de Direito Público devem ser guiadas com atenção às consequências práticas do agente e que a implementação de novas interpretações pela Administração Pública deve comportar modulação da nova orientação. Curiosamente, não há destaque ao artigo 20, que trata das consequências, ao passo em que há indicação aos artigos 23 (que trata da possibilidade de dos regimes de transição) e 24 (que aponta a necessidade de consideração das orientações gerais à época em que o ato administrativo houver sido editado).

## 4.3. "INSTITUCIONALISMO" E "CAPACIDADE INSTITUCIONAL"

A terceira etapa da pesquisa se deu com a procura sobre o termo "**institucionalismo**", proposta teórica fundamental para a compreensão da importância da necessidade de se preservar as competências e compreensões de órgãos técnicos, como Agências Reguladoras. Nenhum resultado foi encontrado na busca de jurisprudência do TCU e do STF. No STJ, 08 (oito) decisões monocráticas fizeram o uso do termo "institucionalismo grupal", que não se relaciona à abordagem teórica apresentada no presente trabalho, mas a conceito de Direito Societário.

Na tentativa de buscar a ideia subjacente ao institucionalismo no resgate de determinadas decisões administrativas, realizou-se pesquisa da expressão "**capacidade institucional**". No TCU, 241 (duzentos e quarenta e um) acórdãos, dos quais é possível se identificar a exploração de temas semelhantes aos trabalhados ao se desenvolver a ideia de institucionalismo.

De um modo geral, as decisões do TCU utilizam a expressão para apontar a baixa capacidade institucional de entes subnacionais na materialização de políticas públicas constitucionalmente estabelecidas e para gestão de recursos públicos ou para fazer remissão a precedentes do STF que apontam a capacidade institucional do próprio TCU em atribuições técnicas conferidas constitucionalmente à Corte de Contas. De todo modo, destaca-se o Acórdão 2380/2021, em que o TCU analisou denúncia de possíveis irregularidades na contratação de profissionais por tempo determinado. Na oportunidade, o voto do relator destacou no Decreto nº 9.739/2019 que o fortalecimento da capacidade institucional dos órgãos e entidades da Administração Pública Federal se dá tanto com a realização de concursos públicos (artigo 2º, §2º, III) quanto com a contratação de pessoal para o atendimento de necessidade temporária de excepcional interesse público (artigo 2º, §2º, VI). No entanto, destacou que o robustecimento perene das instituições públicas, à luz do texto constitucional, se dá com a realização de concursos públicos, apontando que o histórico de casos analisados pelo TCU indica que a contratação temporária não tem se revelado eficaz na solução dos problemas de falta de pessoal.

A pesquisa por "capacidade institucional" no STJ trouxe como resultado 09 (nove) Acórdãos e 118 (cento e dezoito) decisões monocráticas. No Recurso Especial nº 1.287.461, julgado em junho de 2022, o Tribunal analisou situação em que a Agência Nacional de Aviação Civil postulava a redistribuição de *slots* (direito de pousar e decolar em aeroportos), *hotrans* (horários de transporte) e ativos concedidos a empresa de aviação civil em recuperação judicial, que dispunha de 61 (sessenta e um) horários de voos ociosos em aeroporto sobrecarregado. Na oportunidade, o STJ entendeu que a Agência Reguladora possui competência fiscalizatória com vistas a preservar empresa aérea em crise e que o Poder Judiciário não pode se imiscuir na atividade administrativa a ponto de impor a observação absoluta do princípio da preservação da empresa, mesmo em prejuízo à concorrência do setor e aos usuários do serviço público concedido. Em complemento, a Agência Reguladora é apontada como detentora de competência e capacidade institucional superiores às do Judiciário para definir o interesse econômico da coletividade, nele considerado o dos usuários diretos do sistema, que desejam voar e transportar cargas, bem como ponderado se o interesse público será melhor atendido com a manutenção dos slots com a empresa em recuperação ou com outras, já operacionais ou ingressantes no mercado.

No Recurso Especial nº 1.824.995, julgado em outubro de 2019, o Superior Tribunal de Justiça julgou caso em que o Instituto Nacional de Metrologia, Qualidade e Tecnologia (INMETRO) aplicou multa em empresa que comercializou produto fora dos padrões estabelecidos pela Autarquia na Portaria Inmetro nº 248/2008. A questão posta, no entender do Tribunal, seria um claro exemplo de controle jurisdicional de ato discricionário, mais precisamente, discricionariedade técnica, espaço em que é conferida à Administração ampla liberdade decisória para melhor resolver o problema social posto. A conclusão administrativa derivaria de setores e equipe técnica especializados, resultado de esforços de servidores dotados de conhecimentos específicos em Economia, Direito e demais áreas do saber necessárias à atuação da Autarquia sancionadora. Aos olhos do Tribunal, a situação posta demandaria uma postura de autocontenção e a autolimitação da capacidade institucional do Poder Judiciário, em prestígio às capacidades institucionais da Administração Pública e em sintonia com o princípio da separação dos Poderes. Finalmente, destacou que a portaria atacada consiste em manifestação de legítimo poder normativo da Autarquia, derivada de um processo administrativo em que as escolhas técnicas realizadas refletiriam, ao final, a capacidade institucional do Inmetro em exercer as competências a ele atribuídas. Ao registrar não terem sido identificadas irregularidades formais ou materiais no processo administrativo sancionador, o STJ manteve a multa aplicada, confirmando a competência da instituição que, atuou dentro dos limites legais estabelecidos.

Mais um julgado a que pode ser dado destaque é a decisão observada no Agravo de Instrumento em Recurso Especial nº 2.033.626, apreciado em maio de 2022. Tratava-se de mais um caso em que um órgão administrativo (PROCON) aplicou multa a sociedade empresária em decorrência do exercício do poder de polícia. Afastada situação de irregularidade formal ou irrazoabilidade na atuação sancionatória, a decisão apontou que haveria um dever de deferência do Judiciário à decisão tomada, que decorreu de um juízo técnico para o qual faleceria ao órgão de controle capacidade institucional.

Finalmente, tem-se a pesquisa de "capacidade institucional" no Supremo. Na busca realizada, foram identificados 38 (trinta e oito) Acórdãos e 397 (trezentos e noventa e sete) decisões monocráticas. Um dos julgados do STF mais citados pelo TCU e pelo STJ que tratam do tema é o Agravo Interno em Recurso Extraordinário nº 1.083.955, julgado em maio de 2019. De fato, trata-se de decisão paradigmática tanto para a compreensão da noção de "capacidades institucionais" como para a noção de "deferência" e "consequencialismo", institutos interligados no raciocínio condutor do voto. Dado o profundo alinhamento do julgado com a pesquisa realizada e considerando que o resultado da busca trouxe acórdãos que remetiam às principais ideias desenvolvidas nessa decisão específica, transcreve-se a seguir o inteiro teor da Ementa:

> 1. A capacidade institucional na seara regulatória, a qual atrai controvérsias de natureza acentuadamente complexa, que demandam tratamento especializado e qualificado, revela a reduzida expertise do Judiciário para o controle jurisdicional das escolhas políticas e técnicas subjacentes à regulação econômica, bem como de seus efeitos sistêmicos.
>
> 2. O dever de deferência do Judiciário às decisões técnicas adotadas por entidades reguladoras repousa na (i) falta de expertise e capacidade institucional de tribunais para decidir sobre intervenções regulatórias, que envolvem questões policêntricas e prognósticos especializados e (ii) possibilidade de a revisão judicial ensejar efeitos sistêmicos nocivos à coerência e dinâmica regulatória administrativa.
>
> 3. A natureza prospectiva e multipolar das questões regulatórias se diferencia das demandas comumente enfrentadas pelo Judiciário, mercê da própria lógica inerente ao processo judicial.
>
> 4. A Administração Pública ostenta maior capacidade para avaliar elementos fáticos e econômicos ínsitos à regulação. Consoante o escólio doutrinário de Adrian Vermeule, o Judiciário não é a autoridade mais apta para decidir questões policêntricas de efeitos

acentuadamente complexos (VERMEULE, Adrian. Judging under uncertainty: An institutional theory of legal interpretation. Cambridge: Harvard University Press, 2006, p. 248–251).

5. A intervenção judicial desproporcional no âmbito regulatório pode ensejar consequências negativas às iniciativas da Administração Pública. Em perspectiva pragmática, a invasão judicial ao mérito administrativo pode comprometer a unidade e coerência da política regulatória, desaguando em uma paralisia de efeitos sistêmicos acentuadamente negativos.

6. A expertise técnica e a capacidade institucional do CADE em questões de regulação econômica demanda uma postura deferente do Poder Judiciário ao mérito das decisões proferidas pela Autarquia. O controle jurisdicional deve cingir-se ao exame da legalidade ou abusividade dos atos administrativos, consoante a firme jurisprudência desta Suprema Corte. Precedentes: ARE 779.212-AgR, Rel. Min. Roberto Barroso, Primeira Turma, DJe de 21/8/2014; RE 636.686-AgR, Rel. Min. Gilmar Mendes, Segunda Turma, DJe de 16/8/2013; RMS 27.934 AgR, Rel. Min. Teori Zavascki, Segunda Turma, DJe de 3/8/2015; ARE 968.607 AgR, Rel. Min. Luiz Fux, Primeira Turma, DJe de 15/9/2016; RMS 24.256, Rel. Min. Ilmar Galvão, DJ de 18/10/2002; RMS 33.911, Rel. Min. Cármen Lúcia, Segunda Turma, DJe de 20/6/2016.

7. Os controles regulatórios, à luz do consequencialismo, são comumente dinâmicos e imprevisíveis. Consoante ressaltado por Cass Sustein, "as normas regulatórias podem interagir de maneira surpreendente com o mercado, com outras normas e com outros problemas. Consequências imprevistas são comuns. Por exemplo, a regulação de novos riscos pode exacerbar riscos antigos (...). As agências reguladoras estão muito melhor situadas do que os tribunais para entender e combater esses efeitos" (SUSTEIN, Cass R., "Law and Administration after Chevron". Columbia Law Review, v. 90, n. 8, p. 2.071-2.120, 1990, p. 2.090).

8. A atividade regulatória difere substancialmente da prática jurisdicional, porquanto: "a regulação tende a usar meios de controle ex ante (preventivos), enquanto processos judiciais realizam o controle ex post (dissuasivos); (...) a regulação tende a utilizar especialistas (...) para projetar e implementar regras, enquanto os litígios judiciais são dominados por generalistas" (POSNER, Richard A. "Regulation (Agencies) versus Litigation (Courts): an analytical framework". In: KESSLER, Daniel P. (Org.), Regulation versus litigation: perspectives from economics and law, Chicago: The University of Chicago Press, 2011, p. 13).

9. In casu, o Conselho Administrativo de Defesa Econômica – CADE, após ampla análise do conjunto fático e probatório dos autos do processo administrativo, examinou circunstâncias fáticas e econômicas complexas, incluindo a materialidade das condutas, a definição do mercado relevante e o exame das consequências das condutas das agravantes no mercado analisado. No processo, a Autarquia concluiu que a conduta perpetrada pelas agravantes se enquadrava nas infrações à ordem econômica previstas nos artigos 20, I, II e IV, e 21, II, IV, V e X, da Lei 8.884/1994 (Lei Antitruste).

10. O Conselho Administrativo de Defesa Econômica – CADE detém competência legalmente outorgada para verificar se a conduta de agentes econômicos gera efetivo prejuízo à livre concorrência, em materialização das infrações previstas na Lei 8.884/1994 (Lei Antitruste).

11. As sanções antitruste, aplicadas pelo CADE por força de ilicitude da conduta empresarial, dependem das consequências ou repercussões negativas no mercado analisado, sendo certo que a identificação de tais efeitos anticompetitivos reclama expertise, o que, na doutrina, significa que "é possível que o controle da "correção" de uma avaliação antitruste ignore estas decisões preliminares da autoridade administrativa, gerando uma incoerência regulatória. Sob o pretexto de "aplicação da legislação", os tribunais podem simplesmente desconsiderar estas complexidades que

> lhes são subjacentes e impor suas próprias opções" (JORDÃO, Eduardo. Controle judicial de uma administração pública complexa: a experiência estrangeira na adaptação da intensidade do controle. São Paulo: Malheiros - SBDP, 2016, p. 152-155).
>
> 12. O Tribunal a quo reconheceu a regularidade do procedimento administrativo que impusera às recorrentes condenação por práticas previstas na Lei 8.884/1994 (Lei Antitruste), razão pela qual divergir do entendimento firmado no acórdão recorrido demandaria o reexame dos fatos e provas, o que não se revela cognoscível em sede de recurso extraordinário, face ao óbice erigido pela Súmula 279 do STF.
>
> 13. Agravo regimental a que se NEGA PROVIMENTO.

Dada a centralidade do julgado para a compreensão da visão do STF sobre o tema, pode-se afirmar que aos olhos do Tribunal o instituto da deferência desponta em prestígio às capacidades institucionais de órgãos administrativos especializados, como as Agências Reguladoras, aptos a compreender uma realidade extremamente complexa e técnica e promover decisões que se revelem mais satisfatórias para a sociedade e para o Mercado. Como faltaria ao Judiciário essa formação técnica e uma vocação de compreensão célere e dinâmica da realidade juseconômica, a ideia de deferência orienta para uma postura de autocontenção judicial e prestígio aos juízos administrativos, reflexos das capacidades institucionais administrativas.

A deferência foi apresentada como contemplada pela jurisprudência brasileira brevemente dentro da pesquisa sobre "capacidade institucional". De fato, os institutos se comunicam e possuem uma complementariedade conceitual. Logo, uma pesquisa sobre deferência se revelaria repetitiva.

## 4.4. "ABUSO DO PODER REGULATÓRIO" E "ANÁLISE DE IMPACTO REGULATÓRIO"

Guiando a pesquisa para contribuições conceituais identificadas com a edição da Lei de Liberdade Econômica, a busca pela expressão "**abuso do poder regulatório**", prevista no artigo 4º da Lei nº 13.874/2019, apontou 04 (quatro) Acórdãos no TCU. Desses julgados, destaca-se o Acórdão nº 1448/2022, em que o Tribunal analisou denúncia de ilegalidade na cobrança por serviço de segregação e entrega de contêineres (SSE) em terminais portuários. O TCU entendeu que a cobrança, tal como realizada, contrariava orientações do CADE e do próprio Tribunal, pois permitia que terminais portuários exercessem abusivo poder de mercado, aumentando os custos de concorrentes. Como a cobrança era fundada em Resolução da Agência Nacional de Transportes Aquaviários (ANTAQ), o TCU entendeu que a situação se amoldaria a abusivo exercício do poder regulatório, o que resultou na suspensão de dispositivos da Resolução nº 72/2022 da ANTAQ.

No STJ, a busca por "abuso do poder regulatório" apresenta duas decisões monocráticas como resultado. Os referidos julgados, no entanto, não adentraram o tema, dado que foram obstaculizados pela impossibilidade de análise fática ou probatória em sede de recurso especial. No STF, o resultado foi de apenas um julgado, que também trouxe a abusividade regulatória apenas no relatório, pois a causa foi julgada extinta por perda do objeto.

Outra expressão relevante identificada na lei de liberdade econômica e que se alinha com as preocupações com a realidade e com as consequências de mudanças normativas é a "**análise de impacto regulatório**", prevista no artigo 5º da Lei nº 13.874/2019. No TCU, a pesquisa resultou em 91 (noventa e um) Acórdãos. Dentre eles, destaca-se o Acórdão 2325/2022, em que o Tribunal, em acompanhamento de ações do Governo Federal para melhoria do ambiente regulatório, em especial, na supervisão da implementação do Decreto nº 10.411/2022, que regulamenta o instituto da Análise de Impacto Regulatório (AIR). No relatório de instrução que subsidiou a decisão, a AIR é apontada como instrumento de melhoria da qualidade normativa para o ambiente de negócios. De todo modo, ao se fiscalizar 53 (cinquenta e três) órgãos e instituições da Administração Pública Federal, algumas deficiências foram constatadas, como ausência de pessoal capacitado, insuficiência de dados para análise e ausência em quase 70% dos órgãos de orientação para implantação do Decreto regulamentador. E de todos os órgãos fiscalizados, apenas 06 (seis) tinham realizado AIR previamente à publicação do ato normativo. Em razão desse cenário e arrimado na compreensão de que a análise de impacto regulatório despontaria como instrumento de melhora do ambiente regulatório e de negócios em favor da sociedade, o TCU recomendou à Casa Civil que avaliasse a oportunidade de divulgar as boas práticas identificadas na elaboração de AIR na Administração Pública Federal, assim como deu ciência das deficiências identificadas no relatório de inspeção.

No Acórdão 1448/2022, já apresentado quando foi feita a pesquisa sobre "abuso do poder regulatório", o TCU, em complemento à suspensão de determinados dispositivos do Regulamento impugnado, deu ciência à ANTAQ de que a ausência de AIR estaria em desacordo com a legislação em vigor.

No STJ, a busca trouxe 07 (sete) decisões monocráticas e no STF, 10 (dez). Não se observou nesses julgados, no entanto, efetiva consideração dos Tribunais sobre o instituto.

Finalmente, tem-se a pesquisa sobre institutos ou expressões derivadas essencialmente da Ciência Econômica e que também são comuns à proposta teórica "Direito e Economia", os quais foram observados em determinados julgados e estão em processo de absorção pelo sistema jurídico brasileiro. Como os resultados identificados foram diminutos, optou-se nessa fase da pesquisa por não se realizar um levantamento detido e comparativo entre os Tribunais, mas em se apontar decisões que se destacam até o presente momento.

## 4.5. "CUSTOS DE TRANSAÇÃO" E "TEORIA DA AGÊNCIA"

Ao se pesquisar a expressão "**custos de transação**" no banco de jurisprudência do STF, destaca-se o julgamento do Recurso Extraordinário nº 958.252, em que o STF decidiu ser lícita a terceirização da atividade-fim da empresa tomadora de serviços, o voto do Relator tece em minuciais a contribuição de Ronald Coase aos estudos que envolvem os custos de transação na formação e no final acabamento da Empresa inserida em um contexto de Mercado. Nesse sentido, vale resgatar a ideia de que os custos de transação, quando muito elevados, podem ser internalizados pela empresa, e vice-versa. A terceirização, aos olhos do Tribunal, é vista como uma oportunidade de diminuição dos custos da empresa e, consequentemente, do valor dos produtos a serem ofertados em sociedade, o que resultará em ganho de competitividade da sociedade empresária e benefícios diretos aos consumidores.

Já no julgamento da Arguição de Descumprimento de Preceito Fundamental nº 449, ocorrido em maio de 2019, o STF declarou inconstitucional lei municipal que proibia o uso de carros particulares, cadastrados ou não em aplicativos, para o transporte remunerado individual de pessoas. Em complemento ao fundamento normativo constitucional de atribuição de competência para a União tratar da matéria e da necessidade de prestígio aos princípios da liberdade de iniciativa, de profissão e do pleno emprego, o Supremo realiza profundo resgate de teorias juseconômicas para afastar o diploma legislativo inicial. Nesse sentido, aponta que a Teoria da Escolha Pública (*Public Choice*) alerta para a necessidade de se investigar se normatizações de eventos econômicos foram capturadas por grupos de interesses influentes, em detrimento da população em geral. Finalmente, os aplicativos são identificados como instrumentos de redução de conhecidas falhas de mercado, como a assimetria de informações e os elevados custos de transação, de modo que impedir o funcionamento deles traria prejuízos a consumidores do serviço de transporte público.

Um destaque complementar, já que a Teoria da Escolha Pública apareceu na pesquisa de custos de transação, é a identificação da **Teoria da Agência** e a obra de Joseph Stiglitz, *Economics os the Public Sector*, mencionados no voto do Ministro Cezar Peluso na Ação Direta de Inconstitucionalidade nº 3.510 em que o STF decidiu pela possibilidade de pesquisas em células-tronco embrionárias. A Teoria da Agência foi mencionada ao se analisar os conflitos de interesses que podem comprometer a independência de Comitês de Ética e Pesquisa das Instituições e Serviços de Saúde.

Outro julgado que pode ser destacado no STF relativo a preocupação com custos nas transações praticadas em

Mercado é o julgamento da Ação Direta de Inconstitucionalidade nº 855, ocorrido em março de 2008. Na oportunidade, o princípio da proporcionalidade guiou o Supremo para declarar inconstitucional norma que previa a necessidade de pesagem de botijões de gás em balança de alta precisão. No caso, a análise de custo-benefício levou à conclusão pela inviabilidade da medida, que encareceria significativamente os botijões, elevando os custos de aquisição do produto final e prejudicando segmento humilde da população

Voltando os olhos para "custos de transação", a pesquisa no STJ aponta a decisão monocrática proferida no Agravo em Recurso Especial nº 1.166.401 como destaque. A questão levada ao STJ girava em torno da manutenção ou não de cláusula de eleição de foro. Na decisão, o Tribunal rememorou que pessoas jurídicas são capazes para eleger determinada comarca como a competente para decidir problemas havidos na relação contratual firmada, de modo que intervenções judiciais que relativizem o que foi livremente pactuado representam risco ao princípio da segurança jurídica e podem gerar externalidades negativas, como a elevação dos custos de transação.

## 4.6. "FALHAS DE MERCADO" E "ESCASSEZ"

Ao se pesquisar sobre "**falhas de mercado**", destaca-se no STF a Ação Direta de Inconstitucionalidade nº 4923, julgada em novembro de 2017, em que o STF registrou que a regulação no sistema jurídico brasileiro é destinada a corrigir falhas de mercado, mas não se resume ao viés econômico, sinalizando a possibilidade de medidas regulatórias para a concretização de interesses públicos e sociais.

Finalmente, tem-se a pesquisa sobre "**escassez**". Dos resultados encontrados e filtrados para a compreensão da dinâmica econômica e a influência na fundamentação jurídica, destaca-se a decisão proferida nos autos da Arguição de Descumprimento de Preceito Fundamental nº 449, que tratou de lei municipal contra aplicativo para transporte, já analisada quando da investigação sobre "custos de transação". Em complemento ao que foi trabalhado, vale pontuar a observação realizada pelo STF no sentido de que determinado grupo social (taxistas), que possuía influência nos legislativos municipais, atuou para que as leis proibitivas fossem editadas, de modo a gerar um cenário de escassez na oferta da prestação dos serviços de transporte, cenário que não trazia benefícios à sociedade.

No STJ, a decisão no Recurso Especial nº 1.366.337, julgado em abril de 2015, traz lúcida explicação sobre a escassez ao analisar o argumento da reserva do possível. Nesse sentido, o relator destacou que, em sua dimensão fática, a escassez está relacionada à ideia de desigualdade, já que bens escassos não podem ser usufruídos por todos. Ao olhar para as escolhas administrativas possíveis de serem tomadas, aponta que caberá ao administrador elencar prioridades, uma vez que a destinação de recursos para uma área representará a escassez para o setor que não venha a ser contemplado.

Finalizada a pesquisa dos julgados, é possível perceber que STF, STJ e TCU caminham para o acolhimento de perspectivas mais adaptáveis à compreensão da realidade juseconômica e de prestígio ao juízo e escolhas realizadas por autoridades administrativas. Muito dessa abertura verificada nos Tribunais se deu em função dos novos parâmetros legais ofertados pelo Congresso, com a juridicização do consequencialismo na LINDB, com a preocupação na mudança das regras do jogo e a Análise de Impacto Regulatório na Lei que disciplina o processo decisório das Agências Reguladoras; e a positivação de contributos próprios da Análise Econômica do Direito - como abuso regulatório e custos de transação - na Lei Liberdade Econômica. Há, portanto, uma evidente retomada de diálogo entre os Poderes, de modo a garantir uma funcional relação entre eles e prestigiar as capacidades institucionais e efetivas vocações de cada um dos Poderes e instituições que compõem a República brasileira. Atentar para a realidade, buscar a eficiência, atender demandas sociais de modo mais célere e prestigiar juízos técnicos é o que se espera de um Estado que efetivamente se preocupe em resolver as necessidades sociais existentes e concretizar as políticas públicas constitucionalmente estabelecidas.

# CONSIDERAÇÕES FINAIS

O final de um livro oferece experiências distintas para quem o lê e para quem o escreve. Você, caro leitor, companheiro nessa jornada, busca um fechamento, uma conclusão de tudo que foi trabalhado e das ideias desenvolvidas ao longo desse livro, seja para validá-las (caso esteja indo comigo), seja para descartá-las. E as duas posições são totalmente aceitáveis! O importante é participarmos, no plano geral, de um consórcio de esforços para criarmos o amanhã, cada um com suas contribuições críticas na construção e reconstrução do Direito.

Para mim, que estou aqui escrevendo, tenho vívida uma imagem alegórica para descrever o que sinto nesse momento de "considerações finais". Fecho os olhos e imagino um campo aberto, vivo e fértil, com algumas trilhas, caminhos e montanhas, tendo eu a felicidade de estar no ponto mais alto que pude alcançar. Daqui, consigo não apenas avistar o ponto de partida como também, por alguma obra do destino ou defeito na "Matrix", posso olhar para mim mesmo, lá atrás, prestes a dar os primeiros passos. Eu me vejo e me reconheço, ao mesmo tempo que sei que não sou mais o mesmo. Isso desperta em mim um sentimento de urgência de contar tudo o que vivi nesse caminho para aquele rapaz que lá está. Então... regresso. E é isso que faremos aqui, o regresso, tecendo passos entre os principais temas que desenvolvemos para dialogar com a nossa versão de antes, que até imagina algo do caminho, mas que agora precisa do reforço de algumas ideias e mensagens para a consolidação do que foi visto nessa jornada.

Com o objetivo de entender melhor as escolhas administrativas e auxiliar na construção de melhores decisões da Administração Pública, o primeiro esforço empreendido se deu com a análise dos principais elementos que compõem o pensamento econômico. Estudar esses pontos básicos de Economia foi fundamental para se trabalharmos com uma proposta pluridimensional do fenômeno jurídico, de modo a se respeitar as mensagens enviadas pelo sistema econômico na construção de normas e institutos jurídicos, sem que isso subjugue o funcionamento operacional do sistema jurídico.

Como já foi adiantado, uma das características presentes nas decisões que podem ser consideradas melhores na solução de problemas da sociedade é o respeito à realidade econômica para a qual se destinam. E para garantir essa consentaneidade das decisões jurídicas com o contexto socioeconômico é que a ideia de escassez foi explorada, partindo da premissa de que a vida em sociedade é de poucos recursos para infinitos usos pessoais e sociais. É preciso ter adensada a ideia de escassez para elencar prioridades em tomadas de decisão, especialmente as que toquem em direitos sociais.

A compreensão sólida da escassez dos recursos é a premissa necessária para garantir decisões racionais e eficientes pela Administração Pública. Cada vez mais a sociedade está consciente dos direitos que possui, da necessidade de que ações públicas estejam alinhadas a um otimizado uso dos recursos públicos e do custo inerente às decisões estatais. Há, portanto, um progressivo incremento de expectativa social por decisões que se traduzam em efetiva concretização de interesse público, que os responsáveis pela criação e execução de políticas públicas não pode deixar de considerar.

Em paralelo, sentimos que a própria ideia de sustentabilidade institucional das decisões administrativas, ponto fundamental para definir uma decisão como melhor que outra, parte tanto da necessária compreensão normativa do que seja aplicável ao caso, como da receptividade da decisão pelos órgãos de controle. Imaginar a permanência futura da decisão, no entanto, não deve ser guiado exclusivamente pelo medo ou receio de desfazimento, como se vê atualmente, mas pelo árido trabalho de convencimento, pelo uso de argumentos que demonstrem a razoabilidade jurídica, política e econômica da decisão adotada. O incremento do ônus argumentativo, inclusive se valendo de fundamentações econômicas derivadas do tripé escassez-racionalidade-eficiência, torna uma decisão melhor que outra desprovida de fundamentação.

A preocupação com ações estatais que mais gerem problemas que soluções foi brevemente vista no estudo de falhas de mercado, último ponto para assentamento da base econômica do livro. Todos que querem contribuir para a promoção de melhores decisões em direito público devem ter em mente que por mais relevantes ou bem-intencionados sejam os objetivos ou valores pensados para uma ação estatal, há que se avaliar o impacto por ela gerada na dinâmica econômica que interferirá. Mais vale uma gradual ou pontual mudança positiva que uma decisão que tenha a boa intenção de resolver todos os problemas, mas que simplesmente não saiba compreender outros valores legitimamente envolvidos ou não anteveja uma reação forte, em sentido contrário, do setor econômico atingido.

A apresentação dessa base em Economia foi fundamental para aproximar os universos jurídico e econômico. A separação metodológica do Direito e Economia não pode ser feita em prejuízo da necessidade de compreensão holística, integral da realidade. E a pluridimensionalidade dos eventos sociais recamados de influxos políticos, jurídicos e econômicos encontra no movimento teórico Direito e Economia o amparo necessário para soluções adequadas em todas as dimensões sociais em que toque ou exerça influência.

Exploramos em sequência as diferentes Escolas do Direito e Economia, grandes autores dessa forma de compreensão do fenômeno jurídico e apresentamos leituras juseconômicas dos principais institutos jurídicos que fundam o nosso sistema jurídico. O objetivo foi duplo: aproximar a AED dos que estudam o Direito público brasileiro (já que o Direito e Economia costuma ser pouco utilizado em nosso meio para a construção de propostas teóricas que explorem o agir estatal) e desfazer preconceitos ou incompreensões que existem sobre a Análise Econômica do Direito. Acreditamos que o movimento teórico Direito e Economia pode auxiliar na construção de novas compreensões para tomadas de decisão em Direito Público, alertando para perspectivas pluridimensionais que existem em questões que reclamam do Estado uma definição e que muitas vezes fogem daquele que precisa decidir.

Para o refinamento de intervenções estatais no funcionamento da Economia, trabalhamos conceitos e teorias próprias da Análise Econômica do Direito, como a compreensão das noções de assimetria de informações em tomadas de decisão, custos de transação, custos regulatórios, teoria da captura, razões econômicas para a objetivação da responsabilidade civil, riscos e necessidades para o planejamento estatal, camadas egoísticas e solidaristas dos direitos de propriedade e de contratar e o papel das instituições na formação de um ambiente de Mercado. Regular atividades econômicas privadas sem entender as implicações recíprocas existentes entre os fundamentos jurídicos e econômicos é correr o risco de deduzir compreensões no Direito que se divorciem da racionalidade econômica e ontológica desses eventos.

A Análise Econômica do Direito acolhida neste livro, como acredito ter deixado claro, não se resume à leitura econômica dos instrumentos e institutos jurídicos existentes, de modo a envergar o Direito a uma inclinação econômica previamente eleita. Enxergamos o Direito e Economia como o caminho possível para se garantir o diálogo criativo entre os sistemas jurídico e econômico e poder proporcionar decisões que respeitem o código operacional de cada um desses sistemas à luz das regras e dos princípios fornecidos pela Constituição Federal brasileira.

Assentados os conceitos econômicos (capítulo 1) e reaproximado o Direito da Economia (capítulo 2), exploramos as novas propostas teóricas jurídicas voltadas a elevar os níveis de promoção de direitos, concretizar políticas públicas e resgatar a institucionalidade das escolhas administrativas (capítulo 3). Nessa fase, o Consequencialismo, o Pragmatismo, o Empirismo e o Institucionalismo foram apresentados, sempre com olhar atentar para a realidade.

O alinhamento dessas propostas teóricas com a Análise Econômica do Direito se dá justamente por ser o Direito e Economia um braço do Realismo, forma de pensar a interpretação/aplicação do Direito com olhos para as consequências verificadas no mundo real. A preocupação com a realidade, com as mudanças de cenários (consequências) em função de tomadas de decisão, a celeridade em se resolver questões sociais, a necessidade de se respeitar experiências positivas bem como aprender com iniciativas que não se revelaram exitosas desponta como o caminho para a construção de novas formas de se abordar e pensar questões socioeconômicas, especialmente as de difícil resolução, complexas e que comportem grande variedade de encaminhamentos.

Dado o primado da legalidade no regime jurídico público brasileiro, o acolhimento de propostas pragmáticas, empiristas, consequencialistas e institucionalistas demandou a edição de leis voltadas a juridicizar as preocupações doutrinárias com a realidade verificada ao final do processo de interpretação/aplicação do Direito. Essa condição própria do sistema jurídico brasileiro nos impeliu a fazer um estudo dos principais diplomas legais voltados ao acolhimento dos influxos teóricos para melhores tomadas de decisão em Direito Público.

No estudo das principais leis editadas nesse recente movimento legislativo, destacamos a grande revolução (ainda em andamento) promovida no regime jurídico de Direito Público com a Lei de Introdução às Normas do Direito Brasileiro (LINDB). Foram esmiuçados os comandos legais que, dentre outras coisas, preconizam a necessidade de atenção para as consequências práticas derivadas de tomadas de decisão fundadas em valores jurídicos abstratos; que denotam a necessidade de valorização pelo controlador da realidade vivenciada pelas autoridades administrativas e respectiva expertise nas matérias; e alertam para a necessidade de consideração das circunstâncias em que o agente administrativo estava quando decidiu como decidiu. Conforme foi trabalhado, os dispositivos da LINDB abriram a oportunidade para se trabalhar com a ideia de deferência das escolhas realizadas pela Administração Pública em um contexto com múltiplas possibilidades de atuação e de forte controle.

O instituto da deferência, desenvolvido no sistema jurídico americano para explicar os limites de poder normativo das Agências Reguladoras, foi apresentado como passível de absorção no sistema jurídico brasileiro para mediar as relações entre Administração Pública e órgãos de controle. A deferência ocorrerá nas situações em que as escolhas e decisões administrativas se mostrem juridicamente fundadas, justificadas por razões de ordem juseconômicas e alinhadas com as vocações institucionais das entidades administrativas controladas. Trata-se, portanto, de um guia (não vinculante) para o olhar do controlador ao escolhido pelo agente público ao resolver um problema.

A deferência possível de ser absorvida em nosso sistema jurídico se dá, nos termos em que foi destacado no capítulo 3, com o exercício interpretativo pela controladoria, dividido em duas fases: na primeira, o órgão de controle deve apreciar se a decisão administrativa está amparada em comando legislativo, dotado de relativa indeterminação, que atribuiu competência ao ente administrativo controlado. Em caso positivo, avança-se para a segunda fase, em que o controlador deve avaliar se a decisão está dentro do âmbito de indeterminação e pode ser considerada razoável ou admissível à luz dos dispositivos legais, argumentos levantados e justificativas realizadas. Nessa etapa é que acreditamos ser possível se valer de argumentos de ordem econômica para reforçar a robustez da decisão, justificando a escolha administrativa realizada e os cenários antevistos, de modo a incrementar as chances de aceitabilidade da decisão adotada.

A LINDB trouxe tanto um guia de atuação para cenários de necessidade de arrimo em valor jurídico abstrato quanto um instrumento de controle. O Congresso Nacional destacou a necessidade de aposição das consequências nos casos em que ao "valor jurídico abstrato" seja conferido densidade relevante ao decidir, ao mesmo tempo em que se abre ao órgão de controle a possibilidade de avaliação do julgamento realizado, do cenário antevisto e das consequências sinalizadas pelo agente ou órgão que decidiu. E justamente para as situações em que a LINDB nos fornece uma nova forma de compreensão jurídica de como solucionar problemas submetidos ao regime jurídico de Direito público é que entendemos aplicável o arrimo em fundamentações juseconômicas para promoção de maior sustentabilidade institucional do escolhido pela Administração.

A revalorização das escolhas administrativas, nesse contexto, se apresenta possível com o acolhimento e abrasileiramento da Doutrina Chevron, alargando-se a noção de deferência para as escolhas administrativas realizadas em contextos complexos, difíceis e inusuais. Sem se divorciar do ordenamento jurídico aplicável ao caso, o agente responsável pela tomada de decisão que conceda peso argumentativo a um conceito indeterminado ou um "valor jurídico abstrato" terá incrementado o ônus argumentativo para que se justifique e convença da plausibilidade e razoabilidade do encaminhamento adotado.

O segundo ponto de análise relativo às mudanças legais se deu com o estudo do novo processo decisório das Agências Reguladoras, fundamentalmente alicerçado no estudo do novo Marco Legal das Agências Reguladoras (Lei nº 13.848/2019) e da Lei de Liberdade Econômica (Lei nº 13.874/2019). Como foi desenvolvido, esses diplomas normativos se entrelaçam e se comunicam com a LINDB para fortalecer os juízos administrativos, especialmente em tomadas de decisão relativas a matérias técnicas, complexas ou inusuais, preocupadas com as efetivas mudanças que gerarão para a sociedade. Assim como foi adiantado no estudo da deferência, esse movimento legislativo sinaliza às autoridades administrativas reguladoras que incrementem os níveis de fundamentação e justificação das escolhas realizadas, seja para auxiliar o controle posterior, seja para elevar os níveis de aceitação e acomodação do decidido pelo ente responsável pela concretização da política regulatória.

Alcançando camadas ainda mais sofisticadas para o processo regulatório, a Análise de Impacto Regulatório (AIR) é apresentada como um instrumento vocacionado a proporcionar melhorias de eficiência e efetividade às políticas regulatórias brasileiras. Naturalmente, a AIR ainda precisa alcançar um amadurecimento dentro da Administração Pública, que somente advirá dos experimentalismos a que se propõe.

Dada a dinâmica social atualmente existente e a que se avizinha em cenários futuros, os problemas regulatórios tendem a se tornar mais complexos e desafiadores às autoridades competentes. Conferir instrumentos e ferramentas refinadas à Administração é necessidade que se impõe para que o Estado tenha condições de concretizar as finalidades públicas a ele constitucionalmente atribuídas, reinventando instituições, conceitos jurídicos, e construindo práticas administrativas que viabilizem novas alternativas à sociedade para velhos e novos problemas.

Sem se resumir ao apreciar das relações de custo-benefício, a Análise de Impacto Regulatório é instrumento de governança regulatória voltado a conferir efetividade às estratégias pensadas pelo Estado Regulador, a partir de perspectivas consequencialistas. Trata-se de instituto que tem como pressuposto a existência de custos regulatórios e que busca conferir maior eficácia aos encaminhamentos administrativos e diminuir o peso do Estado sobre o funcionamento da Economia, garantindo maior segurança jurídica às mudanças regulatórias.

Assim como a potencialidade do instituto é enorme e os fins que se propõe a tutelar são elevados, o risco de a AIR se tornar mais um procedimento burocrático e desprovido de relevância material para a tomada de decisões existe e deve ser considerado. A Administração Pública brasileira já está tomada de *check-lists* essencialmente formalistas e não precisa de mais um formulário de gaveta para chancelar ações administrativas que existiriam independentemente do documento que as antecedeu. Devemos, enquanto participantes da construção do Direito, colocar em prática os procedimentos de análise consequencialista próprios da AIR, abraçar o empirismo e retificar os erros que naturalmente surgirão no caminho. Abrir-se a propósitos regulatórios elevados sem que a repreensão do controle interno ou externo e a busca por culpados nas tentativas malsucedidas silenciem os que se engajam no alcance de soluções para os casos difíceis e imaginam novas alternativas para refinamentos das decisões administrativas.

O legislador ofereceu às autoridades públicas regulatórias um instrumento com potencial a garantir regulações mais dinâmicas, eficazes em corrigir falhas de mercado, modular comportamentos voltados aos fins públicos reconhecidos no sistema jurídico e, enfim, garantir que as normas regulatórias entrem em compasso com a realidade regulada.

De todo modo, precisamos aguardar (e torcer) pelos próximos capítulos da AIR que serão escritos e verificar se análise aqui feita guardará alguma referibilidade com o que se desenhará para o instituto no futuro.

Apresentadas as novas leis e os institutos jurídicos juridicizados para a promoção de melhores decisões da Administração Pública, cabe reforçar a reflexão realizada sobre os diálogos institucionais que se imagina com o movimento legal para o resgate das decisões e escolhas das entidades administrativas.

A deferência ou a valorização de escolhas técnicas realizadas pela Administração na consecução de políticas públicas não deve ser compreendida como um instrumento de reação dos Poderes Legislativo e Executivo ao protagonismo do Poder Judiciário e demais órgãos de controle na final definição de questões jurídicas que possuem, em algum nível, repercussão técnica ou econômica. Ao contrário, trata-se de um caminhar que busca valorizar os campos de atuação de cada uma das instituições e Poderes previstos constitucionalmente, para não só conferir maior potencialidade de eficiência nas ações estatais ofertadas à população, como também para restabelecer a funcionalidade nas relações entre controladores e controlados.

Dentro da perspectiva apresentada, o Judiciário permanece como um farol a guiar as entidades e instituições administrativas em seus respectivos desideratos e objetivos constitucionais. Há de se atentar, todavia, que, assim como o farol, não se deve permanecer com o olhar fixo, direcionado exclusivamente para a lâmpada incandescente, na expectativa de encontrar o único caminho correto, justo ou eficiente. Ao agir assim, a Administração desprezará o seu contexto, a sua realidade, suas potencialidades e tudo aquilo que existe ao seu redor além da luz que sinaliza um possível destino. Em um sistema em que autoridades administrativas dependem essencialmente de sinalizações judiciais e de demais órgãos de controle para poderem refletir sobre como resolverão os problemas que se apresentam à sua porta e concretizar as competências a elas atribuídas, há claro risco de se produzir uma Administração ofuscada, que se divorcia de suas prerrogativas e de seus próprios juízos, e é guiada por uma luz que está lá não para traçar todo o caminho ou determinar qual o único percurso a ser feito dentre as possibilidades que se renovam diuturnamente, mas para ajudar em momentos difíceis e sinalizar um porto seguro.

Confirmando o nosso alinhamento à tradição jurídica brasileira em se conferir relevo ao do Poder Judiciário e dos demais órgãos de controle na análise e definição de temas importantes, o quarto e último apresenta pesquisa de institutos e expressões que remetam às teorias exploradas e desenvolvidas no livro.

Na oportunidade, foi realizada pesquisa de jurisprudência nos sítios eletrônicos do Supremo Tribunal Federal, Superior Tribunal de Justiça e Tribunal de Contas da União de expressões e palavras que remetessem aos novos influxos teóricos desenvolvidos na pesquisa e aos diplomas legais que absorveram essas propostas de compreensão do fenômeno jurídico no sistema jurídico brasileiro.

E como pode ser percebido na pesquisa realizada, por mais recentes que sejam as alterações legais e a natural demora que existe na acomodação de novas teorias e institutos jurídicos pela doutrina e pela jurisprudência, já é possível se perceber em julgados dos órgãos de controle pesquisados a consideração de alguns dos elementos e ideias trabalhadas no livro. Há, portanto, caminho aberto para a possibilidade de restabelecimento da funcional relação dos Poderes e prestígio às vocações e capacidades institucionais das entidades para a realização dos objetivos e programas sociais previstos na Constituição.

A sustentável autocontenção e a deferência do Judiciário para as escolhas administrativas demandarão a efetiva absorção das propostas jurídicas apresentadas. Para a deferência, há que se trabalhar com decisões administrativas que se revelem efetivamente melhores do que as comumente identificadas na prática jurídicas. O legislador sinalizou e o administrador deve adotar em suas escolhas fundamentações jurídicas e justificações econômicas robustas, alicerçadas nos novos institutos legais, garantindo decisões que procurem, quando possível e cabível, antever as consequências práticas e econômicas que gerarão à sociedade. Não basta voluntarismo para imaginar que se está construindo decisões melhores: elas devem se provar melhores, devem promover maiores níveis de eficiência, devem concretizar mais direitos e devem se justificar perante o auditório para o qual se destinem. Com esse adensamento prático de ideias é que será possível se falar em decisões da Administração Pública que demandem deferência pelos órgãos de controle, por serem elas materializadoras das melhores escolhas administrativas possíveis, dado o contexto em que são tomadas, os cenários antevistos e as justificativas apresentadas.

Decisões administrativas devem ser pensadas, no final das contas, para melhorar a vida das pessoas. Isso não significa ter a pretensão de nunca frustrar expectativas por provimentos administrativos específicos, mas entender que a Administração Pública não é um fim em si mesma e que o Direito não vive apartado da realidade. Há que se ter a eterna preocupação, pontual e sistêmica, com os encaminhamentos adotados e dos cenários gerados por tomadas de decisão, de modo a garantir eficiência na geração de recursos e otimizados níveis de concretização de direitos constitucionalmente estabelecidos. Ter isso em mente é fundamental.

# REFERÊNCIAS BIBLIOGRÁFICAS


ACEMOGLU, Daren; ROBINSON, James. ***Por que as nações fracassam: as origens do poder, da prosperidade e da pobreza***. Rio de Janeiro: Elsevier, 2012.

ACKERMAN, Bruce. ***The new separation of powers***. *Harvard Law Review* 113, no. 3 (2000): p. 694. Disponível em: https://doi.org/10.2307/1342286. Acesso em 17 de agosto de 2023.

ALVES, Anne Carolina Marciquevik; KLEIN, Vinícius. ***James Buchanan: a convergência entre as normas jurídicas, o espaço político e a análise econômica***. In. BECUE, Sabrina Maria Fadel; KLEIN, Vinicius (org). ***Análise econômica do direito: principais autores e estudos de casos***. Curitiba: CRV, 2019.

AMARAL, Antonio Carlos Rodrigues do. ***O juiz-legislador: consequencialismo e constituição à la carte no Brasil. A democracia e a necessária restauração do equilíbrio entre os poderes da república***. In MARTINS, Ives Gandra da Silva; CHALITA, Gabriel; NALINI, José Renato (Org.). ***Consequencialismo no poder judiciário***. Indaiatuba: Foco, 2019.

ANDRADE, José Maria Arruda de. ***Economicização do direito concorrencial***. São Paulo: Quartier Latin, 2014.

ARAGÃO, Alexandre Santos de. ***Curso de Direito Administrativo***. Rio de Janeiro: Forense, 2012.

ARAÚJO, Fernando. ***Economia: conceitos introdutórios para juristas***. Porto Alegre: Livraria do Advogado, 2022.

____. ***Introdução à economia***. 3ª ed. Coimbra: Almedina, 2005.

____. ***Teoria econômica do contrato***. Coimbra: Almedina, 2007.

ARAÚJO, Luiz Nelson Porto; Dufloth, Rodrigo V. **Ensaios em law & economics**. São Paulo: LiberArs, 2019.

ARAÚJO, Thiago Cardoso. ***Análise econômica do direito no Brasil: uma leitura à luz da teoria dos sistemas***. Rio de Janeiro: Lumen Juris, 2017.

ARKELOF, George A. ***The market for "lemons": quality uncertainty and the market mechanism***. In: *The Quaterly Journal os Economics*, Vol. 84, Nº 3 (August, 1970), p. 489. Disponível em: < https://viterbi-web.usc.edu/~shaddin/cs590fa13/papers/AkerlofMarketforLemons.pdf/>. Acesso em 03 de Março de 2023.

ASQUINI, Alberto. ***Perfis da empresa***. Revista de Direito Mercantil, Industrial, Econômico e Financeiro, São Paulo, v. 35, n. 104, out/dez/96. São Paulo: RT, 1996.

ÁVILA, Humberto. ***Argumentação jurídica e a imunidade do livro eletrônico***. In: Revista da Faculdade de Direito da UFRGS v. 19, Março/2001. Porto Alegre: Síntese.

____. ***Constituição, liberdade e interpretação***. 2 ed. São Paulo: Malheiros, 2021.

____. ***Teoria da indeterminação no direito: entre a indeterminação aparente e a determinação latente***. São Paulo: Malheiros/Juspodivm, 2022.

____. ***Teoria da segurança jurídica***. 3. ed. São Paulo: Malheiros, 2014.

____. ***Teoria dos princípios: da definição à aplicação dos princípios jurídicos***. 5. ed. São Paulo: Malheiros, 2006.

BANCO MUNDIAL. ***Ranking Doing Business***. Disponível em: https://portugues.doingbusiness.org/pt/data/exploreeconomies/brazil. Acesso em 19/08/2021.

BANERJEE, Abhijit. DUFLO, Esther. ***Good Economics for Hard Times: Better Answers to Our Biggest Problems***. New York: Hachette Book Group, 2019.

____. **Poor economics: a radical rethinking of the way to fight global poverty**. New York: Public Affairs, 2011.

BASTOS, Celso Ribeiro; MARTINS, Ives Gandra. ***Comentários à Constituição do Brasil***. Vol. 7. São Paulo: Saraiva, 1990.

BATTESINI, Eugênio. ***A história do pensamento em direito e economia revisitada: dos precursores à pós-modernidade***. Revista Jurídica Luso Brasileira - RJLB, Ano 5 (2019), nº 1, 2019, Disponível em: SSRN: https://ssrn.com/abstract=3557546. Acesso em 10 de agosto de 2023.

____. ***Direito e Economia: Novos horizontes no estudo da responsabilidade civil no Brasil***. São Paulo: LTr, 2011.

BECKER, Gary S; POSNER, Richard A. ***Uncommon Sense: economic insights, from marriage to terrorism***. Chicago: The University of Chicago Press, 2009.

BELLUZZO, Luiz Gonzaga; GALÍPOLO, Gabriel. ***A escassez na abundância capitalista***. São Paulo: Editora Contracorrente, 2019.

BENJO, Isaac. ***Fundamentos de economia da regulação***. Rio de Janeiro: Thex Editora, 1999.

BERCOVICI, Gilberto. ***Constituição econômica e desenvolvimento: uma leitura a partir da constituição de 1988***. São Paulo: Malheiros, 2005.

BERGER, Luiz Marcelo***. Friedrich Hayek, leis e o cálculo econômico***. In. BECUE, Sabrina Maria Fadel; KLEIN, Vinicius (org). ***Análise econômica do direito: principais autores e estudos de casos***. Curitiba: CRV, 2019.

BERNSTEIN, Peter L. ***Desafio aos deuses: a fascinante história do risco***. Trad. Ivo Korytowski. Rio de Janeiro: Alta Books, 2018.

BINENBOJM, Gustavo. ***Art. 5º: análise de impacto regulatório***. In: MARQUES NETO, Floriano Peixoto; RODRIGUES JR. Otavio Luiz; LEONARDO, Rodrigo Xavier (coord.). ***Comentários à lei de liberdade econômica: lei 13.874/2019***. São Paulo: Thomson Reuters Brasil, 2019.

____. ***Poder de polícia, ordenação, regulação: transformações político-jurídicas, econômicas e institucionais do direito administrativo ordenador***. 3ª ed. Belo Horizonte: Fórum, 2020.

____. ***Uma teoria do direito administrativo: direitos fundamentais, democracia e constitucionalização***. 3 ed. Rio de Janeiro: Renovar, 2014.

BOBBIO, Norberto. ***Teoria do ordenamento jurídico***. 4. ed. Brasília: Edunb, 1994.

BONAVIDES, Paulo. ***Curso de direito constitucional***. 13. ed. São Paulo: Malheiros, 1999.

BRASIL. Agência Nacional de Energia Elétrica – ANEEL. **Relatório de Análise de Impacto Regulatório nº 5/2019-SRT/SRM/SGT/SCT/SFE/SFF/ANEEL**. Documento disponível em: <https://www.aneel.gov.br/consultas-publicas?p_p_id=participacaopublica_WAR_participacaopublicaportlet&p_p_lifecycle=2&p_p_state=normal&p_p_mode=view&p_p_cacheability=cacheLevelPage&p_p_col_id=column-2&p_p_col_pos=1&p_p_col_count=2&_participacaopublica_WAR_participacaopublicaportlet_ideDocumento=39371&_participacaopublica_WAR_participacaopublicaportlet_tipoFaseReuniao=fase&_participacaopublica_WAR_participacaopublicaportlet_jspPage=%2Fhtml%2Fpp%2Fvisualizar.jsp. Acesso em 05 de outubro de 2021

BRASIL, Agência Nacional do Petróleo, Gás Natural e Biocombustíveis – ANP, **Relatório de Análise de Impacto Regulatório nº 3/2022/SIM/ANP-RJ**. Documento disponível em: https://www.gov.br/anp/pt-br/assuntos/analise-de-impacto-regulatorio-air/arquivos/2577384-acondicionamento-e-movimentacao-de-gnc-a-granel.pdf. Acesso em 19 de outubro de 2023.

BRASIL, Agência Nacional de Transportes Aquaviários – ANTAQ, **Relatório de Análise de Impacto Regulatório. Estudo acerca da possibilidade de cobrança, pela Autoridade Portuária, para o uso do "Espelho D'água" localizado nas áreas dos portos organizados**. Documento disponível em: https://sei.antaq.gov.br/sei/modulos/pesquisa/md_pesq_documento_consulta_externa.php?9LibXMqGnN7gSpLFOOgUQFziRouBJ5VnVL5b7-U-rE5SwOPdakxxutcLF_NjDtf3yEyOMUjLmt-yhEooJwq7WsoRcIH-9dIAy2ytbCBsTYvD2-sfovjQxICg9eJPbqUwyt. Acesso em 19 de outubro de 2023.

BRASIL. Agência Nacional de Transportes Terrestres – ANTT. **Análise de Impacto Regulatório SEI nº 14/2019**. Documento disponível em: <http://governanca.antt.gov.br/AgendaRegulatoria/PublishingImages/Paginas/AIR/2020%20-%20AIR-%20Altera%20Resolucao%204936.pdf>. Acesso em 14 de novembro de 2022.

BRASIL. Agência Nacional de Vigilância Sanitária – ANVISA. **Relatório de análise de impacto regulatório sobre boas práticas em farmácias – serviços de assistência à saúde em farmácias**. Disponível em: https://www.gov.br/anvisa/pt-br/assuntos/

regulamentacao/air/analises-de-impacto-regulatorio/2020/25351-925557_2019-14-relatorio-air-sobre-servicos-de-assistencia-a-saude-em-farmacias.pdf/view. Acesso em 14 de novembro de 2022.

BRASIL. MINISTÉRIO DA ECONOMIA. **Análise de impacto regulatório: perguntas frequentes**. Documento disponível no seguinte sítio eletrônico: https://www.gov.br/economia/pt-br/assuntos/air/o-que-e-air/copy_of_1.AIRFAQ.pdf. Acesso em 14 de novembro de 2022.

BRASIL. Secretaria de Advocacia da Concorrência e Competitividade – SEAE. ***Guia para elaboração de análise de impacto regulatório (AIR)***. 2021. Disponível em: https://www.gov.br/economia/pt-br/assuntos/noticias/2021/abril/arquivo/af_min_guia_tecnico_plano_plurianual_alta.pdf. Acesso em 14 de novembro de 2022.

BROWNE, George. ***O pragmatismo de Charles Sanders Peirce: conceitos e distinções***. In: ARAÚJO, Clarice von Oertzen de; ALVES, Pedro Spíndola Bezerra (organizadores). ***Reflexões sobre o pragmatismo filosófico e jurídico: escritos do professor George Browne***. Curitiba: CRV, 2019.

BRUM, Gilberto Valle. ***Políticas públicas, princípios e consequencialismo: notas sobre o artigo 20 da Lei de Introdução às Normas do Direito Brasileiro***. In. MAFFINI, Rafael; RAMOS, Rafael. ***Nova LINDB: consequencialismo, deferência judicial, motivação e responsabilidade do gestor público***. Rio de Janeiro: Lumen Juris, 2020.

BUCHANAN, James. ***The limits of liberty: between anarchy and leviathan***. Indianapolis: Liberty Fund, 2000.

BUSCAGLIA, Edgardo; RATLIFF, William. **Law and economics in developing countries**. Stanford:Hovver Institut Pressa, 2000.

BUTLER, EAMONN. ***Escolha pública: um guia***. Trad. Matheus Pacini. São Paulo: Bunker editorial, 2015.

CABRAL, Flavio Garcia. ***O conteúdo jurídico da eficiência administrativa***. Belo Horizonte: Fórum, 2019.

CALABRESI, Guido. ***The cost of acidentes: a legal and economic analysis***. New Haven: Yale University Press, 1970.

____. ***The Future of Law and Economics: essays in reform and recollection***. New Haven: Yale University Press, 2016.

CALABRESI, Guido; MELAMED, A. Douglas. ***Property Rules, Liability Rules, and Inalienability: One View of the Cathedral***. Harvard Law Review, vol. 85, no. 6, 1972, pp. 1089–128. JSTOR, https://doi.org/10.2307/1340059. Acesso em 03 de agosto de 2023.

CAMPILONGO, Celso Fernandes. ***Política, sistema jurídico e decisão judicial***. 2. ed. São Paulo: Saraiva, 2011.

CANOTILHO, Joaquim José Gomes. ***Direito constitucional e teoria da constituição***. 7. ed. Coimbra: Almedina, 2003.

CARDEN, Art; HORWITZ, Steven. ***Is market failure a sufficient condition for government intervention?*** Livrary of Economics and Liberty, v. 1, 2013. Disponível em https://www.econlib.org/library/Columns/y2013/CardenHorwitzmarkets.html. Acesso em: 31/10/2020.

CARDOSO, Henrique Ribeiro. ***Direito regulatório comportamental: a sintonia fina entre estado e cidadão***. In: LEAL, Fernando; CARDOSO, Henrique Ribeiro (coord.). VASCONCELOS, Agtta Christie Nunes; NETO, Pedro Meneses Feitosa. ***Direito Regulatório, comportamental e consequencialismo: nudges e pragmatismo em temas de direito***. Rio de Janeiro: Lumen Juris, 2020.

CAVALLI, Cassio. ***Empresa, Direito e Economia***. Rio de Janeiro: Forense, 2013.

CHRISTOPOULOS, Basile Georges Campos. ***Controle de constitucionalidade de normas orçamentárias: o uso de argumentos consequencialistas nas decisões do Supremo Tribunal Federal***. 2014. Tese (Doutorado em Direito Econômico e Financeiro) - Faculdade de Direito, Universidade de São Paulo, São Paulo, 2014. doi:10.11606/T.2.2014.tde-11022015-103805. Disponível em < https://www.teses.usp.br/teses/disponiveis/2/2133/tde-11022015-103805/publico/BASILE_GEORGES_CAMPOS_CHRISTOPOULOS_TESE.pdf >. Acesso em: 2022-06-23

CYRINO, André. ***Atos de liberação***. In: MARQUES NETO, Floriano Marques; RODRIGUES JR., Otavio Luiz; LEONARDO, Rodrigo Xavier. ***Comentários à lei de liberdade econômica: lei 13.874/2019***. São Paulo: Thomson Reuters Brasil, 2019.

____. ***Direito administrativo de carne e osso: estudos e ensaios***. Rio de Janeiro: Processo, 2020

____. ***Direito constitucional regulatório – elementos para uma interpretação institucionalmente adequada da Constituição econômica brasileira***. Rio de Janeiro: Processo: 2018.

CYRINO, Andre; NUNES, Daniel Capecchi. ***A Constituição, as instituições e as delegações legislativas: um caso de mutação***. A&C – Revista de Direito Administrativo & Constitucional, Belo Horizonte, ano 17, n. 70, p. 175-198, out./dez. 2017. p. 182 Disponível em DOI: 10.21056/aec.v17i70.487. Acesso em 27 de agosto de 2023.

COASE, Ronald Harry. ***A firma, o mercado e o direito***. Trad. Heloisa Gonçalves Barbosa. Rio de Janeiro: Forense, 2016.

____. ***Law and Economics at Chicago***. The Journal of Law & Economics, vol. 36, no. 1, 1993, pp. 239–54. JSTOR, http://www.jstor.org/stable/725475. Acesso em 17 de julho de 2023.

COMMONS, John R. ***Institutional Economics***. The American Economic Review, vol. 21, no. 4, 1931, pp. 648–57. JSTOR, http://www.jstor.org/stable/495. Acesso em 22 de julho de 2023.

CONTI, Thomas V. ***Análise de impacto regulatório: razões e consequências***. In: ARAÚJO, Luiz Nelson Porto; DUFLOTH, Rodrigo V. (org.) ***Ensaios em law and economics***. São Paulo: Editora Liber Arts, 2019.

COOTER, Robert; ULEN, Thomas. **Law and economics**. 6. Ed. Berkeley Law Books. http://scholarship.law.berkeley.edu/books/2

COOTER, Robert D.; SCHÄFER, Hans-Bernd. ***O nó de Salomão: como o direito pode erradicar a pobreza das nações***. Trad. Magnum Koury de Figueiredo. Curitiba: CRV, 2017.

COUTO E SILVA, Almiro do. ***Conceitos fundamentais do direito no estado constitucional***. São Paulo: Malheiros, 2015.

CRISTOVAM, Jose Sergio da Silva; OUSA, Thanderson Pereira. ***Motivação, invalidação e modulação de efeitos do ato administrativo a partir da Lei nº 13.655/2018***. (In). MAFFINI, Rafael; RAMOS, Rafael (org.). ***Nova LINDB: consequencialismo, deferência judicial, motivação e responsabilidade do gestor público***. Rio de Janeiro: Lumen Juris, 2020.

DIAS, Jean Carlos; PEREIRA, Bernardo Augusto da Costa. ***Análise econômica do processo civil brasileiro***. São Paulo: Ed. Juspodivm, 2021.

DINIZ, Maria Helena. ***As lacunas no Direito***. 2. ed. São Paulo: Saraiva, 1989.

DIRECTOR, Aaron. ***Defense, controls and inflation***. Chicago: The University of Chicago Press. 1952.

**DIREITO E ECONOMIA, Episódio 76: *perspectivas e desafios da economia institucional***. Entrevistado: Ramon Garcia Fernandez. Entrevistadora: Ana Frazão. 20 de julho de 2023. Podcast. Disponível em: https://podcasts.apple.com/br/podcast/ep-76-perspectivas-e-desafios-da-economia-institucional/id1516123877?i=1000621739061. Acesso em 01 de agosto de 2023

DORNBUSCH, Rudiger. ***Macroeconomia***. Rudiger Dornbusch, Stanley Fischer, Richard Startz; 11. ed. Porto Alegre: AMGH, 2013.

DUARTE, Guilherme Jardim. ***Causalidade***. In: SHIKIDA, Claudio D.; MONASTERIO, Leonardo; NERY, Pedro Fernando (editores). ***Guia brasileiro de análise de dados: armadilhas & soluções***. Brasília: Enap, 2021.

DUBEUX, Julio Ramalho. ***A comissão de valores mobiliários e os principais instrumentos regulatórios do mercado de capitais brasileiro***. Porto Alegre: Sergio Antonio Fabris, 2006.

DWORKIN, Ronald. ***Is Wealth a Value?*** Journal of Legal Studies, 9, 1980, p.191-226. Disponível em: https://www.journals.uchicago.edu/doi/abs/10.1086/467636?journalCode=jls. Acesso em 19 de agosto de 2023.

ELALI, André. ***Tributação e regulação econômica: um exame da tributação como instrumento de regulação econômica na busca da redução das desigualdades regionais***. São Paulo: MP, 2007.

ESTADOS UNIDOS DA AMÉRICA, Suprema Corte. Chevron U.S.A., Inc. versus NRDC, 467 U.S. 837, 1984.

FABRI, Andréa Queiroz. ***Falhas de mercado: por uma nova visão do planejamento econômico***. *In:* ***Direito econômico: evolução e institutos: obra em homenagem ao professor João Bosco Leopoldino da Fonseca*** / Aline Bertolin ... [et al]; organização Amanda Flávio de Oliveira. Rio de Janeiro: Forense, 2009.

FAGUNDES, Seabra. ***O controle dos atos administrativos pelo Poder Judiciário***. 7 ed. atualizada por Gustavo Binenbojm Rio de Janeiro, Forense, 2005.

FARIA, Guiomar Theresinha Estrella. ***Interpretação econômica do direito***. Porto Alegre: Livraria do Advogado, 1994.

FARIAS, Cristiano Chaves de Farias; ROSENVALD, Nelson; NETTO, Felipe Peixoto Braga Netto. ***Curso de Direito Civil: responsabilidade civil***, volume 3. 2ª ed. São Paulo: Atlas, 2015.

FERRAZ JUNIOR, Tercio Sampaio: ***Consequencialismo, Neoconstitucionalismo e argumentação jurídica***. *(in)* ***Consequencialismo no poder judiciário***. DALLARI, Adilson Abreu ... [et. al.]; org. MARTINS, Ives Gandra da Silva; CHALITA, Gabriel; NALINI, José Renato. Indaiatuba: Editora Foco, 2019.

____. ***Introdução ao estudo do Direito: técnica, decisão, dominação***. São Paulo, Atlas, 2010.

____. ***Teoria da norma jurídica: ensaio de pragmática da comunicação normativa***. 5. Ed. São Paulo: Atlas, 2021.

FERREIRA, Antonio Carlos; FERREIRA, Patrícia Cândido Alves Ferreira. **Ronald Coase: um economista voltado para o Direito (Estudo introdutório para a edição brasileira de A firma, o mercado e o Direito)**. In: COASE, Ronald Harry. ***A Firma, o Mercado e o Direito***. Rio de Janeiro: Forense, 2016.

FRANÇA, Philip Gil. ***Controle do ato administrativo e consequencialismo jurídico na era da IA: judicialização, discricionariedade, compliance e LGPD***. 5. ed. São Paulo: Thomson Reuters Brasil, 2021.

FRANÇA, Vladimir da Rocha. ***Eficiência administrativa na constituição federal***. *Revista de direito administrativo*, v. 220, p. 165-177, 2000.

____. ***Estrutura e motivação do ato administrativo***. São Paulo: Malheiros, 2007.

____. ***Princípio da legalidade administrativa e competência regulatória no regime jurídico-administrativo brasileiro***. In: Revista de informação legislativa, v. 51, n. 202, p. 7-29, abr./jun. 2014.

FRAZÃO, Ana. **Consequencialismo inconsequente - Os riscos da incorporação de uma visão superficial e irrefletida do consequencialismo nas decisões judiciais**. Jota, Brasília, p. 1 - 5, 15 jun. 2022. Disponível em < https://www.jota.info/opiniao-e-analise/colunas/constituicao-empresa-e-mercado/consequencialismo-inconsequente-15062022 >. Acesso em 04 de março de 2023.

____. ***Empresa, Mercado e Tecnologia***. Belo Horizonte: Fórum, 2019.

FREITAS, Juarez. ***A interpretação sistemática do direito***. 4ª ed. São Paulo: Malheiros, 2004.

____. **O controle dos atos administrativos e os princípios fundamentais**. 5ª ed. São Paulo: Malheiros, 2013.

FRIEDMAN, Milton. ***Capitalismo e Liberdade***. São Paulo: Editora LTC, 2014.

GALESKI JÚNIOR, Irineu; RIBEIRO, Márcia Carla Pereira. **Teoria geral dos contratos: contratos empresariais e análise econômica**. São Paulo: Revista dos Tribunais, 2015.

GAROFANO, Rafael Roque. ***Contratualidade administrativa: abrangência e complexidade do fenômeno contratual da administração pública***. Rio de Janeiro: Lumen Juris, 2015.

GODOY, Arnaldo Sampaio de Moraes. ***Direito e economia: introdução ao movimento law and economics***. Revista Jurídica da Presidência da Reública, Brasília, v. 7, n. 73, 2005.

____. ***Introdução ao realismo jurídico norte-americano***. Brasília: edição do autor, 2013.

GOMES, Luiz Flavio Autran Monteiro; GOMES, Carlos Francisco Simões. ***Princípios e métodos para tomada de decisão: enfoque multicritério***. 6. ed. São Paulo: Atlas, 2019.

GONÇALVES, Guilherme Leite. ***Teoria dos Sistemas Sociais: direito e sociedade na obra de Niklas Luhmann***. São Paulo: Saraiva, 2013.

GORGA, Erica. **Tradições do direito – Parte II: Common Law é mais eficiente do que a civil Law? Considerações sobre tradições de Direito e eficiência econômica**. In: ZyLBER- SZTAJN, D; SZTAJN, R. (Org.). **Direito e economia**. Rio de Janeiro: Elsevier, 2005

GRAU, Eros Roberto. ***A ordem econômica na Constituição de 1988***. 14. ed. São Paulo: Malheiros, 2010.

____. ***Elementos de direito econômico***. São Paulo: Revista dos Tribunais, 1981.

____. ***Ensaio e discurso sobre a interpretação/aplicação do Direito***. 5. ed. São Paulo: Malheiros, 2009.

____. ***O direito posto e o direito pressuposto***. 7. ed. São Paulo: Malheiros, 2008.

GUEDES, Marcelo. ***Da análise de impacto regulatório***. In: SANTA CRUZ, André; DOMINGUES, Juliana Oliveira; GABAN, Eduardo Molan (org.). ***Declaração de direitos de liberdade econômica - comentários à lei 13.874/2019***. Salvador: Juspodivm, 2020.

GUERRA, Sergio. PORTO, Antônio José Maristrello; GAROUPA, Nuno. **Análise de Impacto Regulatório: Dimensões Econômicas de sua Aplicação**. Economic Analysis of Law Review, V. 10, nº 2, p. 173-190, Mai-Ago, 2019.

HACKING, Ian. ***The emergence of probability: a philosophical study of early ideas about probability, induction, and statistical inference***. 2ª ed. Cambridge: Cambridge University Press, 2007.

HALONEN-AKATWIJUKA, Maija; HART, Oliver. ***Short-term, long-term, and continuing contracts***. NBER Working Paper, No. 21005, National Bureau of Economic Research, Cambridge, Massachusetts. Disponível em http://dx.doi.org/10.3386/w21005. Acesso em 11 de Agosto de 2023.

HAYEK, Friedrich August von. ***O caminho da servidão***. São Paulo: Instituto Ludwig von Mises Brasil, 2010.

____. ***The constitution of liberty: the definitive edition***. Chicago: The University of Chicago Press, 2011.

HENRIQUES, Diana Carolina Biseo; BORGES, Jéssica Suruagy Amaral. ***A aplicação de sanções ao agente público à luz do art. 22, §3º da LINDB***. In: VALIATI, Thiago Priess; HUNGARO, Luis Alberto; CASTELLA, Gabriel Morettini e. (Org.). ***A lei de introdução e o direito administrativo brasileiro***. Rio de Janeiro: Lumen Juris, 2019.

HOLMES, Stephen; SUNSTEIN, Cass R. ***O custo dos direitos: porque a liberdade depende dos impostos***. Trad. Marcelo Brandão Cipolla. São Paulo. Martins Fontes, 2019.

HUME. ***Investigação sobre o entendimento humano***. São Paulo: Hedra, 2009.

____. ***Tratado da Natureza Humana***. Trad. de Débora Danowiski. Livro III, Parte I, Seção II. São Paulo, Editora UNESP, 2000.

JAKOBI, Karin Bergit; RIBEIRO, Marcia Carla Pereira. ***A análise econômica do direito e a regulação do mercado de capitais***. São Paulo: Atlas, 2014.

JORDÃO, Eduardo. ***Estudos antirromânticos sobre controle da administração***. São Paulo: Juspodivm, 2022.

JUST, Gustavo. ***Interpretando as teorias da interpretação***. São Paulo: Saraiva, 2014.

JUSTEN FILHO, Marçal. ***Art. 20 da LINDB - Dever de transparência, concretude e proporcionalidade nas decisões públicas***. Revista De Direito Administrativo, 13–41. https://doi.org/10.12660/rda.v0.2018.77648. p. 15. Disponível em < https://bibliotecadigital.fgv.br/ojs/index.php/rda/article/view/77648/74311>. Acesso em 22 de dezembro de 2022.

KAHNEMAN, Daniel. ***Rápido e devagar: duas formas de pensar***. Rio de Janeiro: Objetiva, 2012.

KELSEN, Hans. ***Teoria Pura do Direito***. Trad. João Baptista Machado. 6. ed. São Paulo: Martins Fontes, 1998.

KEYNES, John Maynard. ***A Teoria Geral do Emprego, do Juro e da Moeda***. São Paulo: Nova Cultural, 1996.

____. ***The general theory of employment***. Quartely Journal of Economics, vol. 51, nº 2, 1937, pp. 209-223. https://www.hetwebsite.net/het/texts/keynes/keynes1937qje.htm Acesso em 19/06/2021.

KLEIN, Vinicius. ***Os contratos empresariais de longo prazo: uma análise a partir da argumentação judicial***. Rio de Janeiro: Lumen Juris, 2015.

KUHN, Thomas S. ***A estrutura das revoluções científicas***. São Paulo: Perspectiva, 2018.

LARENZ, Karl. ***Metodologia da Ciência do Direito***. 6. ed. Lisboa: Fundação Calouste Gulbenkian, 1997.

LEAL, Fernando. ***Inclinações pragmáticas no direito administrativo: nova agenda, novos problemas***. (in) VASCONCELOS, Agtta Christie Nunes; FEITOSA NETO, Pedro Meneses (org.). ***Direito regulatório comportamental e consequencialismo: nudges e pragmatismo em temas de direito***. Rio de Janeiro: Lumen Juris, 2020.

____. ***Consequencialismo, racionalidade e decisão jurídica: o que a teoria da decisão e a teoria dos jogos pode oferecer?*** In: PINHEIRO, Armando Castelar; PORTO, Antônio J. Maristrello; SAMPAIO, Patrícia Regina Pinheiro. ***Direito e economia: diálogos***. Rio de Janeiro: FGV Editora, 2019.

LEAL, Fernando; ARGUELHES, Diego Werneck. ***O argumento das "capacidades institucionais" entre a banalidade, a redundância e o absurdo***. Revista Direito, Estado e Sociedade. Disponível em https://revistades.jur.puc-rio.br/index.php/revistades/article/view/184 Acesso em 18 de agosto de 2023

LOPES, Christian Sahb Batista. ***Correção monetária – tempo e dinheiro no direito***. Belo Horizonte: Lider, 2011.

LOPES, José Reinaldo de Lima. ***Curso de filosofia do direito – o direito como prática***. 2ª ed. Barueri: Atlas, 2022.

MACCORMICK, Neil. ***Argumentação jurídica e teoria do direito***. Trad. Waldéa Barcellos. São Paulo: Martins Fontes, 2009.

____. ***Retórica e estado de direito***. Trad. Conrado Hubner Mendes e Marcos Paulo Veríssimo. Rio de Janeiro, Elsevier, 2008.

MACHADO, Gabriel Soares do Santos Machado. ***Formalismo judicial como alavanca dc resultados globais superiores***. In: VASCONCELOS, Agtta Christie Nunes; FEITOSA NETO, Pedro Meneses. (Org.). ***Direito regulatório comportamental e consequencialismo: nudges e pragmatismo em temas de direito***. Rio de Janeiro: Lumen Juris, 2020..

MACHADO SEGUNDO, Hugo de Brito. ***Epistemologia falibilista e teoria do direito***. (in) Revista do instituto de direito brasileiro da universidade de Lisboa. Ano 3. 2014, n. 1.

MACKAAY, Ejan; ROUSSEAU, Stéphane. ***Análise Econômica do Direito***. Tradução de Rachel Sztajn. 2. ed. São Paulo: Atlas, 2015

MACKAAY, Ejan. ***History of law and economics***. In: BOUCKAERT, Bouckaert; DE GEEST, Gerrit. ***Encyclopedia of law and economics. Volume I – The history and metodology of law and economics***. Massachusetts: Edward Elgar Publishing Inc., 2000.

MAINE, Henry James Summer. ***Ancient Law: It's connection whith the early history of Society and its relation to modern ideas***. 11ª ed. London: John Murray, 1887.

MANKIW, Nicholas Gregory. ***Introdução à economia***. Trad. Allan Vidigal Hastings, Elisete Paes e Lima. 3. ed. São Paulo: Cengage Learning, 2016.

MARQUES NETO, Floriano de Azevedo. ***Limites à regulação: liberdade de iniciativa - caso "UBER, STF"***. In: MARQUES NETO, Floriano Peixoto; MOREIRA, Egon Bockmann; GUERRA, Sergio. **Dinâmica da Regulação. Estudo de Casos da Jurisprudência Brasileira: a convivência dos tribunais e órgãos de controle com agências reguladoras, autoridade da concorrência e livre iniciativa**. Belo Horizonte: Forum, 2020.

____. ***Limites à abrangência e à Intensidade da regulação estatal***. RDPE. Ano 1, n. 1, jan-mar/2003. Belo Horizonte. Forum, 2003. p. 12. Acesso em http://www.direitodoestado.com.br/codrevista.asp?cod=70.

MARRARA, Thiago. ***Administração que cala consente? Dever de decidir, silêncio administrativo e aprovação tácita***. Revista Digital De Direito Administrativo, 8(1), 19-49, p. 24. Disponível em https://doi.org/10.11606/issn.2319-0558.v8i1p19-49. Acesso em 02/11/2022.

MARTINS, Leonardo; DIMOULIS, Dimitri. ***Teoria geral dos direitos fundamentais***. São Paulo: Saraiva, 2008.

MARTINS, Ricardo Marcondes. ***Teoria do ato administrativo à luz das alterações da LINDB***. In: VALIATI, Thiago Priess; HUNGARO, Luis Alberto; CASTELLA, Gabriel Morettini e. (Org.). ***A lei de introdução e o direito administrativo brasileiro***. Rio de Janeiro: Lumen Juris, 2019.

MATHIS, Klaus. ***Consequentialism in law***. In MATHIS, Klaus (Org.). ***Efficiency, sustainability, and justice to future generations***. Londres: Springer, 2011.

MAXIMILIANO, Carlos. ***Hermenêutica e aplicação do Direito***. 10. ed. Rio de Janeiro: Forense, 1988.

MAZZUCATO, Mariana. ***O estado empreendedor: desmascarando o mito do setor público vs. setor privado***. São Paulo: Penguim, 2014.

MEDEIROS, Isaac Kofi. ***Ativismo judicial e princípio da deferência à administração pública***. Rio de Janeiro: Lumen Juris, 2020.

MENDES, Marcos. ***Por que é difícil fazer reformas econômicas no Brasil?*** Rio de Janeiro: Elsevier, 2019.

MENDONÇA, José Vicente Santos de. ***Art. 4º: requisitos para regulação pública***. In: MARQUES NETO, Floriano Peixoto; RODRIGUES JR. Otávio Luiz (org.). ***Comentários à lei da liberdade econômica: Lei 13.874/2019***. São Paulo: Thomson Reuters Brasil, 2019.

____. ***As Fases do Estudo sobre Regulação da Economia na Sensibilidade Jurídica Brasileira***. *In:* ***Temas Contemporâneos de Direito Administrativo, Econômico, da Infraestrutura e Regulatório***, organizado por Jamile Bergamaschine Mata Diz. São Paulo: Évora, 2019.

____. **Direito constitucional econômico: a intervenção do Estado na economia à luz da razão pública e do pragmatismo**. 2. ed. Belo Horizonte: Forum, 2018.

MENEGUIN, Fernando B. ***A análise de impacto regulatório e o aprimoramento das normas***. In: YEUNG, Luciana. ***Análise econômica do direito: temas contemporâneos***. São Paulo: Actual, 2020.

MILANOVIC, Branko. ***Capitalismo sem rivais: o futuro do sistema que domina o mundo***. Massachusetts: Harvard University Press, 2019.

MONTEIRO, Jorge Vianna. ***Lições de economia constitucional brasileira***. Rio de Janeiro: Editora FGV, 2004.

MOREIRA NETO, Diogo de Figueiredo. ***Poder, direito e Estado: o direito administrativo em tempos de globalização – in memoriam de Marcos Juruena Villela Souto***. Belo Horizonte: Fórum, 2011.

MOREIRA, Egon Bockmann. ***A nova lei de introdução: segurança reforçada ao direito administrativo***. In: VALIATI, Thiago Priess; húngaro, Luis Alberto; CASTELLA, Gabriel Morettini e. (Org.). ***A lei de introdução e o direito administrativo brasileiro***. Rio de Janeiro: Lumen Juris, 2019.

____. ***Normatividade legal V. regulatória – caso "tv a cabo, STF"***: ADI nº 4.923, STF. In: MARQUES NETO, Floriano Peixoto; MOREIRA, Egon Bockmann; GUERRA, Sergio. ***Dinâmica da Regulação. Estudo de Casos da Jurisprudência Brasileira: a convivência dos tribunais e órgãos de controle com agências***

***reguladoras, autoridade da concorrência e livre iniciativa***. Belo Horizonte: Forum, 2020.

MOREIRA, Egon Bockmann; GUIMARÃES, Bernardo Strobel. ***A desapropriação no estado democrático de direito***. In: ARAGÃO, Alexandre Santos de, MARQUES NETO, Floriano de Azevedo (coord.). ***Direito administrativo e seus novos paradigmas***. 2. Ed. Belo Horizonte: Forum, 2018, p. 566.

MORIN, Edgar. ***Introdução ao pensamento complexo***. Porto Alegre: Sulina, 2005.

MULLAINATHAN, Sendhil; SHAFIR, Eldar. ***Escassez: uma nova forma de pensar a falta de recursos na vida das pessoas e nas organizações***. Rio de Janeiro: Best Business, 2016.

NOBRE JUNIOR, Edilson Pereira. ***As normas de direito público na lei de introdução ao direito brasileiro: paradigmas para interpretação e aplicação do direito administrativo***. São Paulo: Contracorrente, 2019.

NOBRE JUNIOR, Edilson Pereira. ***Ativismo judicial e direitos sociais***. São Paulo: Juspodivm, 2022.

____. ***O controle jurisdicional da função normativa das agências reguladoras***. São Paulo: Contracorrente, 2021.

NOBREGA, Marcos. ***Direito e economia da infraestrutura***. Belo Horizonte: Forum. 2020.

NOHARA, Irene Patrícia. ***Motivação do ato administrativo na disciplina de direito público da LINDB***. (in) VALIATI, Thiago Priess; HUNGARO, Luis Alberto; CASTELLA, Gabriel Morettini e. ***A lei de introdução e o direito administrativo brasileiro***. Rio de Janeiro: Lumen Juris, 2019.

NORTH, Douglas C. ***Instituições, Mudança Institucional e Desempenho Econômico***. São Paulo: Três Estrelas, 2018.

NORTH, Douglas C.; THOMAS, Robert. ***The rise of the western world: a new economic history***. 1973. Cambridge: Cambridge University Press. https://doi.org/10.1017/CBO9780511819438 p. 7. Acesso em 08 de agosto de 2023.

NOZICK, Robert. ***Anarquia, estado e utopia***. São Paulo: Editora WMF Martins Fontes, 2011.

NUNES, Marcelo Guedes. ***Jurimetria: como a estatística pode reinventar o direito***. São Paulo: Editora Revista dos Tribunais, 2016.

NUSDEO, Fabio. ***Curso de economia: introdução ao direito econômico***. São Paulo: Editora Revista dos Tribunais, 2015.

NUSSBAUM, Martha. ***Sem fins lucrativos: por que a democracia precisa de humanidades***. São Paulo: Martins Fontes, 2015.

OCDE. **Regulatory policy outlook 2018**. Disponível em: https://www.oecd-ilibrary.org/sites/9789264303072-en/1/2/1/index.html?itemId=/content/publication/9789264303072-en&_csp_=46cd5ed37844c9dc6cf21c84716ab307&itemIGO=oecd&itemContentType=book#chapter-d1e894. Acesso em 21 de setembro de 2021.

OLIVEIRA, Rafael Carvalho Rezende. ***Comentários ao art. 5º***. In: SANTA CRUZ, André; DOMINGUES, Juliana Oliveira; GABAN, Eduardo Molan (org.). ***Declaração de direitos de liberdade econômica - comentários à lei 13.874/2019***. Salvador: Juspodivm, 2020.

____. ***Curso de direito administrativo***. 5ª ed. São Paulo: Método, 2017.

OLIVEIRA, Regis Fernandes de. ***Curso de direito financeiro***. 3. Ed. São Paulo: Editora Revista dos Tribunais, 2010.

PAGANI, Rodrigo de Souza. ALENCAR, Letícia Lins de. ***O dever de contextualização na interpretação e aplicação do Direito Público***. (in) VALIATI, Thiago Priess; HUNGARO, Luis Alberto; CASTELLA, Gabriel Morettini e (org.). ***A lei de introdução e o direito administrativo brasileiro***. Rio de Janeiro: Lumen Juris, 2019.

PARGENDLER, Mariana; SALAMA, Bruno. ***Law and economics in the civil law world: the case of brazilian courts***. Disponível em: http://bibliotecadigital.fgv.br/dspace/handle/10438/13790.

PERELMAN, Chaim. ***Ética e direito***. Trad. Maria Ermentina Galvão. São Paulo: Martins Fontes, 2002.

PETTER, Lafayete Josué. ***Direito econômico***. 4. ed. Curitiba: Verbo Jurídico, 2009

____. ***Princípios constitucionais da ordem econômica***. 2. ed. São Paulo: Revista dos Tribunais, 2008.

POGREBINSCHI, Thamy. ***Pragmatismo: teoria social e política***. Rio de Janeiro: Relume Dumará, 2005.

POLINSKY, A. Mitchell. ***An introduction to law and economics***. New York: Aspen Publishers, 2003.

PORTO, Antônio José Maristello. ***Análise Econômica da Responsabilidade Civil***. In, TIMM, Luciano Benetti (org) ***Direito e economia no Brasil***. 2 ed. São Paulo: Atlas, 2014.

PORTO, Antônio José Maristrello; GAROUPA, Nuno. ***Curso de análise econômica do direito***. São Paulo: Atlas, 2020.

POSNER, Richard Allen. ***A economia da justiça***. São Paulo: Martins Fontes, 2010.

____. **Economic analysis of law**. 3 ed. New York: Wolkers Kluwer, 1986.

____. **Divergent paths. *the academy and the judiciary***. Massachusetts: Harvard University Press, 2016.

____. ***Para além do direito***. São Paulo: Martins Fontes, 2009.

PRADO FILHO, José Inácio Ferraz de Almeida. ***Concorrência, ordem jurídica e nova economia institucional: uma análise custo-transacional da formação da política econômica antitruste***. Rio de Janeiro: Lumen Juris, 2018.

REBOUÇAS, Rodrigo Fernandes. ***Autonomia privada e análise econômica do contrato***. São Paulo: Almedina, 2017.

RESNIK, Michael D. ***Choices: an introduction to decision theory***. Minneapolis: University os Minnesota Press, 2000.

RIBEIRO, Leonardo Coelho. **O direito administrativo como "caixa de ferramentas": uma nova abordagem da ação pública**. São Paulo: Malheiro, 2016.

RIBEIRO, Marcia Carla Pereira; DOMINGUES, Victor Hugo; KLEIN, Vinicius. ***Análise Econômica do Direito: justiça e desenvolvimento***. Curitiba, CRV, 2016.

ROBBINS, Lionel, ***An essay on the nature and significance of economic Science***. London: Macmillan and Co, 1932.

RODRIGUES, José Eduardo Ramos Rodrigues. ***Aspectos polêmicos em torno do patrimônio cultural***. In: RODRIGUES, José Eduardo Ramos Rodrigues; MIRANDA, Marcos Paulo de Souza. ***Estudos de direito do patrimônio cultural***. Belo Horizonte: Forum, 2014.

RODRIGUES, Vasco. ***Análise económica do direito: uma introdução***. 2. ed. Coimbra: Almedina, 2016.

RODRIGUEZ, José Rodrigo (organizador). ***O novo direito e desenvolvimento: presente passado e futuro. Textos selecionados de David M. Trubek***. São Paulo: Saraiva, 2009.

ROPPO, Enzo. ***O contrato***. Trad. Ana Coimbra e M. Januário C. Gomes. Coimbra: Almedina, 2009.

ROSE-ACKERMAN, Susan. ***Law and economics: paradigm, politics or philosophy***. (in) MERCURO, Nicholas. ***Law and economics***. Boston: Kluwer Academic Publisher, 1989.

ROSS, Alf. ***Direito e justiça***. Trad. Edson Bini. Bauru: Edipro, 2000.

SALAMA, Bruno Meyerhof. ***Estudos em direito & economia: micro, macro e desenvolvimento***. Disponível em: <https://works.bepress.com/bruno_meyerhof_salama/135/>. Acesso em 04 de novembro de 2019.

SARMENTO, Daniel. ***"Os princípios constitucionais da liberdade e da autonomia privada."*** *In*: ***Dos princípios constitucionais: considerações em torno das normas principiológicas da Constituição***, por George Salomão LEITE. São Paulo: Malheiros, 2003.

SCHIER, Adriana da Costa Ricardo; LIMA, Maria Cristina. ***O processo decisório das agências reguladoras: elementos de instrução à decisão regulatória (artigos 4º ao 6º da Lei nº 13.848/2019)***. In: SCHIER, Adriana da Costa Ricardo; FORTINI, Cristiana; CASIMIRO, Lígia Maria Silvia Melo de; VALLE, Vanice Regina Lírio do (Coord.). ***Marco legal das agências reguladoras na visão delas: comentários à Lei nº 13.848/2019 e à IN nº 97/2020***. Belo Horizonte: Fórum, 2021.

SCHUARTZ, Luis Fernando. ***Consequencialismo jurídico, racionalidade decisória e malandragem***, In: MACEDO JR, Ronaldo Porto; BARBIERI, Catarina Helena Cortada. ***Direito e Interpretação: racionalidades e instituições***. São Paulo: Saraiva, 2011.

SEN, Amartya. ***Desenvolvimento como liberdade***. São Paulo: Companhia das Letras, 1999.

SERAU JUNIOR, Marco Aurélio. ***Economia e seguridade social: análise econômica do direito – seguridade social***. Curitiba: Juruá, 2012.

SILVA, Almiro do Couto e. ***Conceitos fundamentais do direito no estado constitucional***. São Paulo: Malheiros, 2015.

SILVA, José Afonso da. ***Curso de direito constitucional positivo***. São Paulo: Malheiros, 2005.

SILVA, Lucas Emanuel da; FARIAS, Tácito Augusto. ***Uma revisita a Ronald H. Coase***. Revista de Desenvolvimento Econômico – RDE - Ano XVIII – V. 3 - N. 35 - Dezembro de 2016 - Salvador, BA

SILVEIRA NETO, Otacílio dos Santos. ***A Constituição Econômica e os contornos moduladores da liberdade monetária no Brasil***. (in) Revista de Direito Constitucional e Internacional, v. 132, p. 113-126, 2022. p. 114. Disponível em < https://www.thomsonreuters.com.br/content/dam/ewp-m/documents/brazil/pt/pdf/other/rdci-132-otacilio-dos-santos-silveira-neto.pdf>. Acesso em 24 de dezembro de 2022.

SMITH, Adam. ***A riqueza das nações: investigação sobre a natureza e suas causas***. Trad. Luiz João Baraúna. São Paulo: Nova Cultural, 1996.

STIGLITZ, Joseph E. **Capitalismo progressista: la respuesta a la era del malestar**. Barcelona: Penguim, 2019.

____. **The price of inequality**. London: Penguin Books, 2012.

SUNDFELD, Carlos Ari. ***Direito administrativo: o novo olhar da LINDB***. Belo Horizonte: Fórum, 2022.

____. ***Direito administrativo para céticos***. 2 ed. São Paulo: Malheiros, 2014

SUNSTEIN, Cass R. ***The cost-benefict revolution***. Cambridge: The MIT Press, 2018.

____. ***Why nudge? The politics of libertarian paternalism***. New Haven: Yale University Press, 2014.

____. ***Simpler: the future of government***. New York: Simon & Schuster Paperbacks. 2013.

____. ***Valuing life: humanizing the regulatory state***. Chicago: The University of Chicago Press, 2014.

SUNSTEIN, Cass R.; VERMEULE, Adrian. ***Interpretations and institutions***. John M. Olin Program in Law and Economics Working Paper No. 156, 2002. Disponível em: https://chicagounbound.

uchicago.edu/law_and_economics/280/ Acesso em 15 de agosto de 2023.

____. ***Lei e leviatã: resgatando o estado administrativo***. Trad. Nathalia Penha Cardoso de França. São Paulo: Contracorrente, 2021.

SUNSTEIN, Cass R.; THALER, Richard H. ***Nudge: improving decisions about health, wealth, and happiness***. New York: Penguim Books, 2009.

TAVARES, André Ramos. ***Direito constitucional econômico***. 2. ed. São Paulo: Método, 2006.

TEPEDINO, Gustavo. ***Temas de direito civil***. 3. ed. Rio de Janeiro: Renovar, 2004.

TIMM, Luciano Benetti. ***Artigos e ensaios de direito e economia***. Rio de Janeiro: Lumen Juris, 2018.

____. (organizador). ***Direito e economia no Brasil***. 2 ed. São Paulo: Atlas, 2014.

____; GUARISSE, João Francisco Menegol. ***Análise econômica dos contratos***. In TIMM, Luciano Benetti (org.). **Direito e economia no Brasil**. 2 ed. São Paulo: Atlas, 2014

____. **Direito contratual brasileiro: críticas e alternativas ao solidarismo jurídico**. 2. ed. São Paulo: Atlas, 2015.

THALER h., Richard. ***Misbehaving: the making of behavioral economics***. New York: W. W. Norton, 2015.

TORRES, Silvia Faber. ***O princípio da subsidiariedade no direito público contemporâneo***. Rio de Janeiro: Renovar, 2001.

TOSTA, André Ribeiro. ***Instituições e o direito público: empirismo, inovação e um roteiro de análise***. Rio de Janeiro: Lumen Juris, 2019.

TOULMIN, Stephen Edelston. ***Os usos do argumento***. Trad. Reinaldo Guarany. 3. ed. São Paulo: WMF Martins Fontes, 2022.

TRAVASSOS, Marcelo Zenni. ***A legitimação jurídico-moral da regulação estatal à luz de uma premissa liberal-republicana: autonomia privada, igualdade e autonomia pública. Estudo de caso sobre os argumentos paternalistas***. Rio de Janeiro: Renovar, 2015.

TULLOCK, Gordon; BUCHANAN, James. ***The calculus of consent: logical foundations of constitucional democracy***. Ann Arbor: University os Michigan Press, 1962.

URTI, Maurício Soares; GUERRA, Sergio. ***Análise de impacto regulatório*** *– caso "ANS": relatório de AIR/2017, ANS*. In: MARQUES NETO, Floriano Peixoto; MOREIRA, Egon Bockmann; GUERRA, Sergio. ***Dinâmica da Regulação. Estudo de Casos da Jurisprudência Brasileira: a convivência dos tribunais e órgãos de controle com agências reguladoras, autoridade da concorrência e livre iniciativa***. Belo Horizonte: Forum, 2020.

VALLE, Vanice Regina Lirio do. ***Deferência judicial às escolhas regulatórias: o que podemos aprender com standards aplicados pela Suprema Corte estadunidense***. Revista de Direito Administrativo, Rio de Janeiro, v. 280, n. 2, p. 137-164, maio/ago. 2021.

VARIAN, Hal R. ***Microeconomia: uma abordagem moderna***. Trad. Elfio Ricardo Doninelli. Rio de Janeiro: Elsevier.

VELJANONOVSKI, Cento. ***The economics of* law**. 2 ed. Londres: The Institute of economic affairs, 2006.

VIALLI, Thiago Priess. ***O impacto da nova lei de introdução às normas do direito Brasileiro (Lei nº 13.655/2018) em relação aos setores de infraestrutura***. (in) VALIATI, Thiago Priess; HUNGARO, Luis Alberto; CASTELLA, Gabriel Morettini e (org.). ***A lei de introdução e o direito administrativo brasileiro***. Rio de Janeiro: Lumen Juris, 2019. p. 213.

VILANOVA, Lourival. ***As estruturas lógicas e o sistema do direito positivo***. 4. ed. São Paulo: Noeses, 2010.

____. ***Causalidade e relação no direito***. 5. ed. São Paulo: Noeses, 2015.

VILELA, Danilo Vieira. ***Agências reguladoras e a efetivação da ordem econômica constitucional brasileira***. Salvador: Juspodivm, 2018.

VISCUSI, William Kip. ***Risk-risk analysis*. Journal of risk and uncertainty**, 8:5-17, 1994, p. 6 disponível em: https://law.vanderbilt.edu/files/archive/130_Risk-Risk-Analysis.pdf. Acesso em 03/10/2021.

WAPSHOTT, Nicholas. ***Keynes X Hayek: as origens – e a herança – do maior duelo econômico da história***. Rio de Janeiro: Record, 2016.

WILLIAMSON, Oliver E. ***Transaction cost economics: the natural progression***. The American Economic Review, vol. 100, no. 3, 2010, pp. 673–90. JSTOR, Disponível em: http://www.jstor.org/stable/27871227. Acesso em 08 de agosto de 2023.

WINSTON, Clifford**. Government failure vs. market failure: microeconomics policy reseacrh and government performance**. Washington, DC: Brookings Institution Pree, 2007. Disponível em <https://www.brookings.edu/wp-content/uploads/2016/06/20061003.pdf>. Acesso em 27/09/2021.

## ANOTAÇÕES

## ANOTAÇÕES

EDITORA
JusPODIVM
www.editorajuspodivm.com.br

Impresso por:

Docuprint

CNPJ 01.036.332/0001-99

JUS3312